Modern Education Technology

主编 黄河明

现代教育技术

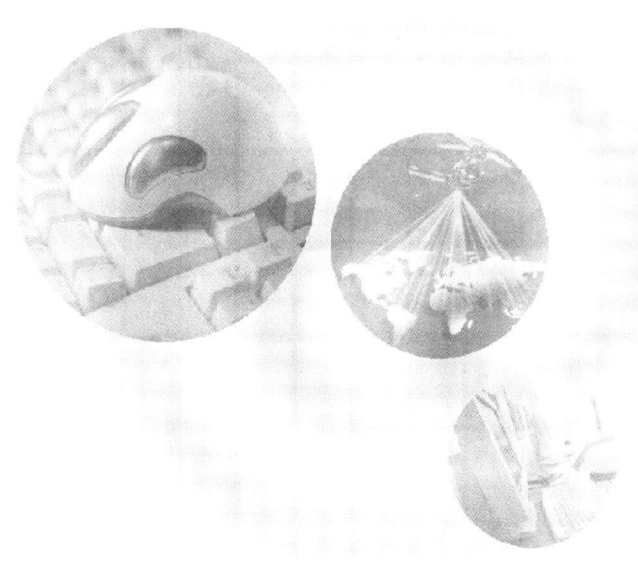

四川出版集团
四川教育出版社
·成都·

图书在版编目（CIP）数据

现代教育技术/黄河明主编. —3版. —成都：四川教育出版社，2007（2007重印）
ISBN 978-7-5408-4466-0

Ⅰ. 现… Ⅱ. 黄… Ⅲ. 教育技术学-师范大学-教材 Ⅳ. G40-057

中国版本图书馆CIP数据核字（2007）第022537号

责任编辑	孙晓燕
封面设计	何一兵
版式设计	顾求实
责任校对	伍登富
责任印制	黄　萍
出　　版	四川出版集团　四川教育出版社
	（成都市槐树街2号　邮政编码610031）
印　　刷	成都市书林印刷厂
版　　次	2005年5月第3版
印　　次	2007年3月第6次印刷
成品规格	140mm×203mm
印　　张	9.625　插页2
字　　数	251千
印　　数	12201—14200册
定　　价	19.80元

如发现印装质量问题，请与本社调换。电话：（028）86259359
编辑部电话：（028）86259381　邮购电话：（028）86259694

内容简介

本书的目的是让学生了解现代教育技术基本知识，掌握教学媒体的应用手段和方法。本书对现代教育技术的基本知识、基本方法和基本技能作比较全面、系统的介绍，以教学设计为主导，阐述教育技术理论和教学方法；以媒体的信息表现形式为主线，逐一讲解各种媒体的教学技术手段和应用方法，并在应用常规视听教学手段的基础上，指导教师应用计算机辅助教学，了解信息技术和课程整合教学的基本方法与教学模式。

本书包括课堂教学内容（共六章）和教学实验内容（共十四课题）两大部分。第一章：教学媒体的概念、类型、特点、作用和基础理论；第二章：教学设计的原理、方法、教学媒体的选择、电子教学教案编写和教学评价；第三章至第六章：扩音、录放音、投影、电视、多媒体组合、多媒体计算机、CAI和计算机网络，各种媒体教学的基本知识、应用方法、各种媒体教学软件的编制方法、信息技术和课程整合教学的基本方式与教学模式。实验课题集中编排，有利于教师根据各系学生专业应用的需要和学校的实验条件进行选择，有利于在教学时间和实验顺序上进行灵活安排。

本书除作为高等师范院校公共课《现代教育技术》的教材使用外，也可供中等师范学校现代教育技术课教学、中学师资培训、现代教育技术专业人员培训选用，还可供各类学校教师、现代教育技术工作者和教学管理者阅读参考。

《现代教育技术》
编写人和审订人名单

主　编　黄河明
主　审　贺世俊

王瑞万	叶明玉	刘跃军	许子林
何共初	何明雄	张　勇	罗业伟
郑瑞方	周　红	周培塘	杨晓亮
范永康	陈红鸽	钟代军	胡克勤
贺世俊	姜云西	郭兴吉	秦　严
秦剑波	黄河明	谢春鉴	雷　钢
孙京燕	黄堂红		

前 言

现代教育技术是一门新型的应用学科。它的产生和发展为加速教育事业的进程注入了新的活力和动力，并成为现代教育的重要标志。为了适应现代教育技术发展，遵照教育部和省教育厅的有关指示精神，结合我省高等师范院校现代教育技术发展的实际情况，我们组织编写了这本《现代教育技术》教材。本教材系高等师范院校开设公共课教学用书，并可供大中小学、师范学校的教师及现代教育技术工作人员阅读参考。

《现代教育技术》教材在突出师范性的特点时，注意体现教材的思想性、科学性、系统性和实用性，以传授现代教育技术方法为主线，全面、系统地介绍和阐述现代教育技术的基础理论知识、结构原理、基本方法和基本技能。本教材包括课堂教学内容（共六章）和教学实验内容（共十四课题）两大部分。第一章介绍教学媒体的概念、类型、特点和基础理论，以及媒体在教学信息传播中的作用；第二章介绍教学设计的原理、方法，介绍在教学设计中怎样选择媒体、怎样编写电子教学教案和怎样进行教学评价；第三章至第六章着重介绍声音媒体（扩音、录放音）教学、图形媒体（投影）教学、图像媒体（电视）教学、多媒体（多媒体组合、多媒体计算机、CAI、计算机网络、信息技术和课程整合）教学等方面的基本知识、应用方法和教学软件的编制方法。实验课题集中编排，有利于教师根据各系学生专业应用的需要和学校的实验条件进行选择，有利于在教学时间和实验顺序上进行灵活安排。

在编写《现代教育技术》过程中，我们注意从高等师范教育的特点和科系设置的实际情况，特别是从高等师范院校开设《现代教育技术》公共课的共性和特殊性出发，以学生的基础知识和接受能力为基点，对有关的设备技术知识遵循适用、必需、宜教、易懂的原则进行编写，着重向学生传授基础理论知识和基本技能，加强信息化教学方法的教学，强化实际操作能力的培养，提高其信息化教学应用能力，为把学生培养成为一个合格的教师奠定良好的基础。本教材以媒体的信息表现形式为主干，媒体技术手段为支干，构成信息化教学应用知识体系，并从多媒体的角度引入CAI、计算机网络应用等现代信息传播知识。在知识结构和应用上，融进编者许多新颖的观点。在教材内容编排上，力求做到图文并茂，并选择思考练习、范例和实验作业等基本训练项目，强化教学效果，以利于教学任务的完成。因此，本教材具有较强的理论性、科学性、整体性、适应性和超前性的特点，在教学中除了安排基础理论，基本知识和基本技能的教学外，还特别介绍了现代教育技术的发展信息及在教学中的应用，以适应信息社会发展和培养跨世纪人才的需要。

本书由黄河明教授主编并执笔，绪论由周红、谢春鉴撰稿，第一章由陈红鸽撰稿，第二章由叶明玉、张勇、周红撰稿，第三章由雷钢、罗业伟撰稿，第四章由秦严、胡克勤、何明雄、秦剑波、杨晓亮撰稿，第五章由钟代军、何共初、谢春鉴、刘跃军撰稿，第六章由郑瑞方、郭兴吉撰稿。本书完稿后由四川、重庆十三所师范院校的教师参与审订，由贺世俊主审。本书统稿、作图和审订工作，全部采用计算机手段完成。

本书在编写过程中，得到四川省教育厅高教处和电教馆的关心和指导，得到四川师大、四川师院、内江师专、乐山师专、西昌师专、自贡师专、达县师专、成都师专、阿坝师专、宜宾师专、重庆师专、涪陵师专、绵阳师专等院校的大力支持。在此对上述单位的有关领导和有关人员表示衷心感谢。

在编写过程中,我们参照和引用了现已发行的几种电化教育学教材内容及相关资料,在此予以说明和深表谢意。由于受理论水平、实践经验及资料所限,虽经努力,但教材中仍有不足之处,乃至失误,敬请批评指正。

四川省电化教育学会
副理事长兼秘书长 贺世俊
2004年11月

目 录

绪 论 ……………………………………………………（1）
  一、现代教育技术的特点和作用 ………………………（2）
  二、现代教育技术的发展 ………………………………（7）
  三、现代教育技术的理论基础 …………………………（12）
  四、信息时代对教育人才的要求 ………………………（17）

第一章 教学媒体 ………………………………………（19）
  第一节 媒体 …………………………………………（19）
    一、媒体的类型 ……………………………………（20）
    二、媒体的教学特性 ………………………………（22）
  第二节 媒体与信息传播 ……………………………（24）
    一、信息传播 ………………………………………（24）
    二、教学信息传播过程 ……………………………（25）
    三、信息传播理论 …………………………………（26）
  第三节 媒体与教学 …………………………………（27）
    一、媒体教学理论 …………………………………（28）
    二、媒体在教学中的应用 …………………………（31）

第二章 教学设计 ………………………………………（34）
  第一节 教学设计的理论基础 ………………………（34）
    一、系统理论和系统方法 …………………………（34）
    二、现代教学理论和教学观念 ……………………（35）

1

三、学习理论 …………………………………………… (37)
第二节　教学设计 ……………………………………… (37)
　一、教学设计的内容及特点 …………………………… (37)
　二、教学设计的一般过程 ……………………………… (38)
　三、课堂教学设计的一般方法 ………………………… (42)
　四、网络环境的教学设计 ……………………………… (44)
第三节　教学评价 ……………………………………… (51)
　一、当前教学评价发展趋势 …………………………… (51)
　二、教学效果评价 ……………………………………… (52)
　三、教学资源评价 ……………………………………… (54)
　四、教学统计信息评价 ………………………………… (55)

第三章　声音媒体教学 …………………………………… (57)
第一节　声音媒体 ……………………………………… (57)
　一、声音信息 …………………………………………… (57)
　二、声音媒体传播技术手段 …………………………… (60)
第二节　声音媒体教学方法 …………………………… (60)
　一、声音媒体教学方法基础 …………………………… (60)
　二、声音媒体教学方法类型 …………………………… (60)
　三、声音媒体教学方法应用 …………………………… (61)
第三节　扩音、广播教学应用 ………………………… (62)
　一、扩音教学 …………………………………………… (62)
　二、广播教学 …………………………………………… (68)
第四节　录音、放音教学应用 ………………………… (70)
　一、录音、放音教学基本模式 ………………………… (70)
　二、录音、放音教学设备应用方法 …………………… (70)
　三、录音带使用常识 …………………………………… (74)
第五节　语言实验室教学应用 ………………………… (75)
　一、语言实验室的教学特点 …………………………… (75)

二、语言实验室的教学课型 …………………… (77)
　　三、语言实验室的类型 ………………………… (80)
　　四、语言实验室的使用 ………………………… (84)
　第六节　计算机声音教学 ………………………… (85)
　　一、计算机声音教学方法 ……………………… (85)
　　二、计算机声音教学设备系统 ………………… (86)
　　三、计算机声音教学应用方法 ………………… (87)

第四章　图形媒体教学 ……………………………… (89)
　第一节　图形媒体 ………………………………… (89)
　　一、图形信息 …………………………………… (89)
　　二、图形媒体传播技术手段 …………………… (91)
　第二节　图形媒体教学方法 ……………………… (92)
　　一、图形媒体教学方法基础 …………………… (92)
　　二、图形媒体教学方法种类 …………………… (92)
　　三、图形媒体教学方法应用 …………………… (96)
　第三节　投影教学 ………………………………… (98)
　　一、投影教学设备系统 ………………………… (98)
　　二、投影器使用方法 …………………………… (106)
　　三、投影片制作方法 …………………………… (108)
　第四节　计算机图形教学 ………………………… (110)
　　一、计算机图形教学方法 ……………………… (111)
　　二、计算机图形教学设备系统 ………………… (111)
　　三、计算机图形教学应用方法 ………………… (113)
　第五节　摄影基础知识 …………………………… (115)
　　一、照相机 ……………………………………… (115)
　　二、摄影胶卷 …………………………………… (124)
　　三、摄影基本概念 ……………………………… (126)
　　四、拍摄 ………………………………………… (131)

五、数码照相机……………………………………(136)

第五章　图像媒体教学……………………………(144)
第一节　图像媒体……………………………………(144)
　　一、图像信息……………………………………(144)
　　二、图像媒体传播技术手段……………………(146)
第二节　图像媒体教学方法…………………………(147)
　　一、图像媒体教学方法基础……………………(147)
　　二、图像媒体教学方法种类……………………(148)
　　三、图像媒体教学方法应用……………………(150)
第三节　电视教学……………………………………(151)
　　一、电视基础知识………………………………(151)
　　二、电视教学设备系统…………………………(155)
　　三、电视设备应用方法…………………………(162)
　　四、电视教学节目制作方法……………………(165)
第四节　计算机图像教学……………………………(183)
　　一、计算机图像技术的特点……………………(183)
　　二、计算机图像教学方法………………………(184)
　　三、计算机图像教学设备系统…………………(186)
　　四、计算机图像教学方法应用…………………(186)

第六章　多媒体和网络教学………………………(190)
第一节　多媒体教学法………………………………(190)
　　一、多媒体教学模式……………………………(190)
　　二、多媒体教学方法……………………………(192)
第二节　计算机辅助教学……………………………(194)
　　一、CAI 基本概念………………………………(194)
　　二、CAI 教学方法………………………………(195)
　　三、CAI 的特点…………………………………(199)

四、CAI 的作用……………………………………(201)
　　五、CAI 系统………………………………………(202)
第三节　教师怎样应用 CAI ……………………………(207)
　　一、用计算机搜集教学资料………………………(208)
　　二、用计算机辅助教学工作………………………(208)
　　三、用计算机辅助教学管理………………………(210)
　　四、用计算机编制教学课件………………………(213)
第四节　计算机网络……………………………………(222)
　　一、计算机网络……………………………………(222)
　　二、计算机网络应用………………………………(224)
第五节　信息技术和课程整合…………………………(226)
　　一、信息技术教育的任务和目标…………………(227)
　　二、中小学信息技术课程的教学目标……………(229)
　　三、中小学信息技术课程的教学内容、课时安排和教学
　　　　评价……………………………………………(230)
　　四、信息技术和课程整合的目标…………………(235)
　　五、信息技术和课程整合的基本方式……………(235)
　　六、信息技术和课程整合的教学模式……………(237)

实验一　教学录音带的制作 …………………………(250)
实验二　投影胶片制作 ………………………………(253)
实验三　投影器的使用 ………………………………(256)
实验四　摄影 …………………………………………(258)
实验五　电视录像节目播放、收录和转录 …………(261)
实验六　电视节目制作 ………………………………(266)
实验七　计算机设计电子教案 ………………………(270)
实验八　计算机扫描输入资料 ………………………(273)
实验九　计算机制作多媒体演示软件 ………………(275)
实验十　计算机图形制作 ……………………………(278)

实验十一　计算机制作二维动画 ……………………………………（280）
实验十二　多媒体教学课件编制 ……………………………………（284）
实验十三　多媒体教学 ………………………………………………（287）
实验十四　网络教学课件制作 ………………………………………（289）

绪　论

现代教育技术是现代科学技术在教育中的运用，是教育现代化的标志之一。

现代教育技术是关于学习过程与学习资源的设计、开发、利用、管理和评价的理论与实践的学科。现代教育技术也是传播知识信息的一种应用性科学技术，是师范院校的学生必须掌握的一种基本职业技能。

现代教育技术是一门综合性的专业学科，也是一种教育事业。现代教育技术涉及教学、研究、技术和管理等领域，具体包括教育技术基本理论（其中有教育技术的理论基础、教育技术的应用规律、教育技术在教育中的地位、作用、新技术的应用和发展方向的研究）、媒体理论和媒体应用技术（其中有媒体性质和教学功能、教学应用系统的组成和应用技能、媒体应用技术和艺术、媒体教学手段和媒体教学方法）、教学系统的设计和开发（以"学"为主的设计和以"教"为主的设计、教学系统开发的内容与策略）、信息技术理论和应用（其中有信息与信息传播理论、计算机与网络技术的应用技能、网络教育和虚拟现实教育、信息资源检索和利用、教育信息加工与处理、教育软件开发）、信息技术条件下的教学模式（其中有多媒体课堂教学模式、网络远程教学模式、网络资源教育模式、人机交互自主学习模式等）、教学过程和教学资源的管理、测量与评价。

学习"现代教育技术",我们有必要先了解以下几个问题:

(1) 现代教育技术的特点和作用;
(2) 现代教育技术的发展;
(3) 现代教育技术的理论基础;
(4) 信息时代对教育人才的要求。

一、现代教育技术的特点和作用

(一) 现代教育技术的特点

现代教育技术有四个基本特点:

1. 应用知识的综合性与跨学科性

现代教育技术作为一种应用性科学技术,涉及的学科知识广泛,包括社会科学和自然科学中的许多门学科知识,是现代科学技术与近代教育科学、文学艺术等知识的综合应用。

现代教育技术中的视听设备应用、教材制作和教学信息传播都利用了新的科技成果。在教学过程中,要使用视听设备,就要懂得设备的基本结构原理和操作技术,就需要了解光学、电学、机械工艺学等有关知识。要制作各类视听教材就需要通晓摄影、摄像、录音、录像、编辑、加工、洗印、计算机操作以及文学、绘画、音乐等多种技术、艺术,还要懂得教育学、心理学、传播学等基本理论和具备一定的实际教学能力。由于现代教育技术具有知识、能力的综合性和跨学科性,这就对教育技术工作者和教师提出了多方面的要求。

2. 教学媒体的电子化和形声化

各种视听设备广泛利用了电光源、电子电路、电子器件、电磁记录、电力驱动、电波控制等电工、电子技术及材料,其特点是电子化。视听教材是由声音、文字、图形、图像单独或共同组成的综合信息载体，其特点是形声化。教学内容通过视听媒体（设备与教材）来传播，图文并茂，情、声、色、意俱在，能够形象、直观地作用于感官，感染力强，有利于加快、加深学习者的感知和理解。

3. 具有丰富的表现力和广泛的适用性

现代教育技术的各种媒体具有丰富的表现力，并且不受时间、空间的限制，可以充分利用声音、图形、图像的声、光、形、色效果和各种特技、艺术表现手法，从各个角度来表现事物的空间特征、时间特征和运动特征，将教学内容中涉及的事物在大与小、远与近、快与慢、动与静、虚与实之间互相转换，把事物的客观现象、变化过程、彼此联系等内容生动形象地再现于课堂中，便于学生细致观察。从太空到海洋，从远古到现代，从自然界到社会，从中国到世界各地，许多事物都可以用教学媒体表现出来，让学生亲眼目睹，有身临其境之感。

现代教育技术适用于社会教育、学校教育、家庭教育，适用于集体教育和个别教育，适用于智育、德育、体育、美育、艺术等教育。因此现代教育技术具有广泛的适用性。

4. 教学手段的先进性

现代教育技术属于现代教育的范畴，它应用现代的教学媒体传递教学信息，具有速度快、效率高、效果好等优点。常规教学除教科书、教具、挂图、标本、实物等教学资料外，教师是唯一的信息源，教师知识多少直接影响到学生获得知识量的多少。而现代教育技术的应用则可以突破教师个人水平的局限，集中许多优秀的教师制作视听教材，教材可以在全国范围内交流，使成千上万的教师和学生能从中受益。

（二）现代教育技术的作用

随着教育的发展，现代教育技术的作用越来越明显，主要表现在能够提高教学质量、提高教学效率、扩大教学规模和促进教学改革四个方面。

1. 提高教学质量

(1)在德育方面,现代教育技术能改进和加强学校的思想政治工作。学校的思想政治教育是多方面的,利用视听媒体的及时性、先进性、传播大众化的特点,各学校可以根据不同情况和不同条件,运用广播、电影、电视、录像、摄影等多种形式开展爱国主义、人生观、世界观、职业道德、专业思想、时事形势等多方面的教育,把视听媒体作为政治课、思想品德课、党史、哲学等课程的辅助教学手段。在开展第二课堂和课外活动中,视听媒体可以作为主要教学手段。这几年的实践证明,利用视听媒体可以把在保卫祖国、建设祖国和两个文明建设中涌现出来的英雄模范和先进人物的事迹,形声并茂、生动具体地呈现在学生面前,具有强烈的感染与激发作用,具有很强的影响和引导作用,也可以直观地把马列主义的真理体现出来,使学生易于接受。因此,运用视听媒体进行德育教育,愈来愈受到各学校的重视。

(2)在智育方面,视听教学能激发兴趣、突破难点、启发思维、培养能力。

①能增强情境、激发学习兴趣。视听媒体具有丰富的表现力,能把文字教材中的科学内容,用色、声、光、形等富有情趣的方式表现出来,具有较强的艺术感染力,能增强教学内容的真实情境,吸引学生不断地观察和探索,满足他们渴求知识的欲望。视听媒体的丰富表现力,会使学生产生浓厚的学习兴趣,能充分调动学生的学习积极性。

②形象直观,化难为易,加深理解。能否解决教学内容中的难点和重点,是课堂教学成败的关键。运用视听教学作为课堂教学的辅助手段,在课堂上形成注意力集中、兴趣浓厚的教学气

氛，为充分发挥教师的主导作用创造了条件。教师用语言、文字唤起学生对事物认识的完整性，用直观物像刺激学生的知觉，就能化难为易，加深理解，增强记忆，达到百闻不如一见的效果，为培养学生的创造能力打下扎实的基础。

③提供感性知识，提高思维能力。认识的途径是从生动的直观开始的，尽可能多地获得感性认识，对于发展到理性认识是十分重要的。针对青少年学生的认识特点，利用视听教学不受时间、空间、宏观、微观限制的特性，把丰富的感性知识直观地搬进课堂，突出感知对象，扩大学生的感性知识，再伴以画面语言和文字准确、精炼地描绘和概括，突出事物的本质要素，引导学生分析、综合、归纳、演绎，形成科学概念，由感性认识上升到理性认识，形成科学理论；掌握了事物的本质和发展规律，再由理论转向实践。在这一过程中，使学生的抽象思维能力和概括事物能力都得到提高。

④提供范例培养实际技能。视听教学能提供理论知识在实践中应用的各种范例，内容规范、直观、形象，技术动作准确。因此，现代教育技术是培养各行各业熟练技术人才的重要途径。

(3) 视听教学有利于学生的身心健康发展。视听教学能使学生轻松愉快地学习，减轻学习负担，增进身心健康。另外，视听教学特有的视听艺术效果，发挥着美育作用，能促进学生认识美，进而创造美。

总之，现代教育技术能使学生在德、智、体诸方面得到全面发展，有效地提高教学质量。

2. 提高教学效率

提高教学效率，就是在一定时间内，教师要教更多的内容、学生要学更多的内容。教育心理学研究表明，学习效率与人的感觉器官有关，也与运用的媒体和采用的学习方式有关。

关于学习比率的研究表明，人们在学习中，通过视觉获得的知识一般占总知识摄入量的83%,听觉占11%,嗅觉占3.5%,触觉占1.5%,味觉占1%。这说明,视觉和听觉在学习中所起作用最大。

关于注意比率的研究表明,人们在学习中,使用视觉媒体注意集中力的比率为81.7%,使用听觉媒体注意集中力的比率为54.6%,前者比后者高得多。

关于记忆比率的研究表明,同样一份学习资料,采用传统的口授方法,学生只用听觉去听,三小时后能记住60%;学生用视觉看,三小时后,能记住70%;视听并用,三小时后能记住90%。三天之后,三种学习方法的记忆率分别是15%、40%、75%。视听并用的记忆率远远大于只看或只听的记忆率。

从以上三项研究,我们可以得出结论:在学习中,眼和耳最有效;多种感官并用,学习效率最高。

实践证明,一些理科课程,采用录像教材解决教学上的重点、难点,能缩短教学时间30%～50%。小学一年级的拼音教学,用传统的教学方式,一般要花4周以上时间,巩固率还不高。而利用幻灯教学,只用3周时间就可以全部教完,巩固率高达95%以上。视听教学由于采用了视听媒体,能在帮助学生认识知识与记忆学习材料方面起到积极作用,从而缩短了教学时间,减轻了师生负担,提高了教学效率。

3. 扩大教学规模

现代教育技术能扩大教学规模,促进教学改革,加速教育事业的发展。利用语言广播、电视广播、电视卫星和计算机信息网络,能向远距离的广大区域传送教学节目。无论学校、家庭、集体、个人,都可以根据自己的条件接收相应的教学节目安排学习,使得一个教师能同时给成千上万的学生教学,大大节省了师资、校舍和设备,扩大了教学规模。现在,世界上有不少国家用办空中学校的办法来实现远距离教学,加速普及教育,发展成人教育。如美国用卫星传播电视课程，帮助边远偏僻地区普及教育；英国用办开放大学的方法，发展成人教育，都取得良好效果。我国从1979年创办广播电视大学以来，面向全国统一开办了理工科、文科、经济管理和农业技术等多种学科的电视教育，设置了130多个专业，共招收学生180万多名，成为我国最大的一所大学。另外，我国从1986年10月1日开始，正式利用卫星电视，传播九年制义务教育、成人教育和中小学师资培训等课程内容，为大面积、远距离、多层次、多规格、多种形式办学，提供了更有利的条件。

4. 促进教育改革，实现教育现代化

近三十年来，伴随着科学技术的高速度发展，产生了一系列新兴学科和高新技术，新技术革命的浪潮正在冲击整个世界。这场新技术革命也对教育事业提出了严峻的挑战，迫切要求教育进行改革，以适应现代化建设对人才培养的需要。

国家要现代化，首先必须有现代化的建设人才，而现代化的建设人才，必须靠现代化的教育来培养。1978年全国教育工作会议指出："要制定加速发展电视、广播等现代化教育手段的措施，这是多快好省发展教育的重要途径，必须引起充分的注意。"发展现代教育技术，正是以新的教学形式、新的教学方法和现代化教学手段，促进教育改革，实现教育现代化的一个重要方面。我国现代教育技术的迅速发展，推动了整个教育事业的改革和发展，向现代化教育方向迈出了坚实的第一步。

二、现代教育技术的发展

（一）现代教育技术发展的过程

一定的教学方式和教学手段，总是随着社会生产力的发展而产生和发展的。并且教学方式和教学手段一直是衡量教育发展水平的重要标志。因此，现代教育技术的发展过程，可以从教育的发展过程中体现出来。国外教育史学家认为，教育史上已有过三次变革。

第一次变革，专业教师的出现，把教育青少年的责任从家族手中转移到教师手中。

第二次变革，文字体系的出现，把书写作为与口语同样重要的教育工具。

第三次变革，印刷术的出现，教科书的普遍运用。

现代教育技术是教育方式的又一次重大变革，它的出现使教育摆脱了"手工业方式"的束缚，走上了现代化的道路，向着大规模、高效率、优质方向发展。

1. 国外现代教育技术的发展概况

国外现代教育技术的发展，按教育媒体和教育理论引入的先后，大致分为如表0—1所示的五个阶段。

表0—1　　　　国外现代教育技术发展阶段

阶　段	年　代	引入的教育媒体	引入的新理论	名　称
萌芽阶段	19世纪末期	幻灯	大教学论	直观教育
起步阶段	20世纪20年代	无声电影、无线广播	学校中的视觉教育	视觉教育 播音教育
初期发展阶段	30至40年代	有声电影、黑白电视广播	经验之塔	视听教育
迅速发展阶段	50至60年代	彩色电视广播、程序教学机、电子计算机	学习理论 传播理论	视听教育 教育技术 教育工艺
系统发展阶段	70年代以后	激光视盘、卫星转播电视、计算机网络	系统论 信息论 控制论	

2. 我国现代教育技术的发展概况

我国的现代教育技术是借鉴国外的视听教育和教育技术的理

论以及经验，并结合我国实际而产生和发展起来的。发展过程大约分为四个阶段，如表0—2所示。

表0—2　　　　我国现代教育技术发展阶段

阶　段	年　代	引入的教育媒体	备　注
起步阶段	20世纪20至40年代	幻灯、投影、电影	旧中国时期
初期发展阶段	50至60年代前期	无线广播、录音、电视	新中国成立后
停滞阶段	60年代中期至70年代中期	彩色电视	"文化大革命"时期
迅速发展阶段	70年代后期至今	激光视盘、卫星传播电视、计算机网络	改革开放时期

我国的现代教育技术以20世纪20年代将幻灯、电影开始运用于教学为开端，经历了30年代至40年代的起步阶段、50年代至60年代的初期发展阶段、60年代中期至70年代中期的停滞阶段，1978年以来的迅猛发展阶段等几个历史发展时期。

解放前，由于我国经济落后，战乱频繁，工业基础薄弱，起步阶段的教育技术发展极为缓慢，教育技术一直以在为数不多的学校使用幻灯、电影为标志而徘徊不前。解放后，由于党和国家的重视，在短短十几年时间里，唱机、录音机、幻灯、电影、电视等纷纷进入学校课堂。但是，随后而来的"文化大革命"使我国教育遭到严重摧残和破坏，作为教育有机组成部分的教育技术也未能幸免。1978年以后，随着我国各项工作逐渐走上正轨，以及经济的腾飞、国力的增强，教育技术也重新获得新生并得到迅猛发展，现代教育媒体发挥出前所未有的作用，使我国现代教育媒体在教育中的应用水平逐步赶上世界先进水平。

(二) 我国现代教育技术发展的现状

十几年来，现代教育技术的迅猛发展，主要表现在以下几个方面：

1. 建立了以推广教育手段现代化为己任的教育技术机构。在我国，中央一级有电化教育委员会、电化教育馆，省、地、市有电化教育馆，县有电化教育站，高等学校有电化教育中心，中学和大多数小学都有电化教学室（组）或配备有专人负责现代教育技术工作。

2. 具备了运用现代教育技术的物质条件。现在全国教育系统已拥有数以百万计的幻灯机、投影器、录音机、电视机以及数以十万计的录像机、电影放映机、语言实验室、计算机和大量的视听教材。中国有数十个教育音像出版社和投影、幻灯制片厂，专为出版发行视听教材服务。

3. 各级学校普遍开展了视听教学和多媒体教学。目前，各级学校，特别是中小学，普遍运用了幻灯教学、投影教学、电影教学、电视教学、语言实验室教学，许多中小学开展了多媒体教学和计算机辅助教学，制作了大量优秀的幻灯、投影、录音、录像教材。新的一代教师普遍掌握了现代教育技术的知识和技能，成为推广和发展现代化教育技术的中坚力量。

4. 广播电视教育发展迅速。广播教育、电视教育是现代教育技术的一部分。为了普及基础教育、培训中小学教师、发展职业技术教育和成人教育，国家专门开通了两个卫星教育电视频道，开办了中央电视大学，创建了中央教育电视台（CETV）。中央教育电视台自1987年开播以来，每天播发两套共30小时的卫星教育电视节目。各地也纷纷建立卫星电视节目收转站（台），全国90%的乡、镇中心小学以上的学校都能够收看到教育电视节目。

5. 创办教育技术专业，培养了大批教育技术专业人才。全国已有20几所高等院校设立了现代教育技术的本科专业，其中十几所高校具有教育技术硕士学位的授予权。另有二十几所高校设立了现代教育技术的专科专业。

6. 出版了大量现代教育技术刊物和专著。现在已经出版发行的中央级电教刊物有中央电教馆主办的《中国电化教育》、中国电教学会主办的《电化教育研究》、中国电化教育协会外语专业委员会主办的《外语电化教育》，此外，还有吉林省电教馆主办的《中小学电教》和江苏省高校电教研究会主办的《高校电教》等一大批由各省、市、自治区电教馆、高校电教研究会以及国家有关部委电教机构主办的现代教育技术刊物。每年全国也有各种版本的现代教育技术方面的教材或专著出版面世。许多现代教育技术研究成果和研制的教学软件已经进入了国际计算机信息网络。

(三) 现代教育技术发展的趋势

随着教育的不断深入和发展，现代教育技术也将会向着大众化、普及化、个别化、自主化、多样化、终身化、智能化、程序化的方向发展。现代教育技术是教育的重要组成部分，它面向教育的未来，必将成为未来教育的重要方式和重要手段。

随着科学技术的发展，教育技术设备也在不断地向微型化、简单化、系统化方面发展。微型化的教育技术设备使人们能够随身携带，随时随地进行学习。简单化的教育技术设备能够更方便地为人们所使用。系统化的教育技术设备能把学校教学和自学结合起来，更好地方便人们选择，适应各类学习对象的需要。

现代教育技术的发展趋势将是多媒体教育技术。现代信息传播的多媒体技术和计算机信息网络，将促使视听教学的手段和方法发生极大的变化，文字、图形、图像和声音等多种媒体综合表现的形式将逐渐成为未来教学信息传递的主要形式，计算机信息网络将逐渐成为各种媒体传递信息的重要途径，而自学、个别教学、模拟教学、虚拟教学等也将逐渐成为课堂教学形式以外的各种主要教学形式。

现代教育技术的发展必须要有一整套新的理论作指导，必须加强学科建设,在理论上进行深入研究,创立新学说。教育心理学、传播学、信息论、系统论、控制论等对现代教育技术理论的建设将日益发挥作用,使现代教育技术理论更完整、更科学。

三、现代教育技术的理论基础

(一)现代教育技术与学习理论

现代教育技术是教师和学生应用现代科学技术成果去从事教与学的一种教学活动。因此,在人类的教学与学习实践中总结出来的学习理论理所当然地对现代教育技术有普遍的指导意义,并成为现代教育技术的基础理论之一。

长期以来,学习理论基本上分为两大派。一是行为主义学习理论,其代表学说为联结论。二是认知论的学习理论。

1. 行为主义学习理论。主要代表人物有桑代克(Thorndike)、斯金纳(Skinner)等。他们主张"联结说",也叫"尝试错误说"。行为主义学习理论的基本观点是:

①学习是刺激与反应的联结。

②学习过程是一种渐进的、尝试与错误的过程,随着错误的反应逐渐减少,正确的反应逐渐增加,而最终形成固定的刺激反应,直至最后成功。

③强化对学习很重要。斯金纳提出反应强化的理论:如果一个行为发生后,给一个强化刺激,行为的强度会增加。因此,良好的教学与教育,实际上就是提供最好的强化程序,以诱发和增强学生的正确行为和认识。

斯金纳还提出如下公式:

反应+强化——增强反应

反应+0(无强化)——减弱反应

反应+惩罚——压抑反应

根据这样的理论,20世纪50年代,斯金纳研制了程序教学机,并提出程序教学法。这对教育改革有很大影响,推动了教育技术的发展。

2. 认知主义学习理论。代表人物有苛勒(Kohler)、托尔曼(Tolman)和布鲁纳(Bruner)等。他们主张"顿悟说"。认知论的基本观点是:

①学习是知觉的重新组织,而不是刺激与反应的联结。

②学习过程不是渐进的尝试与错误的过程,而是突然顿悟的。

③学习的外在强化并不是学习产生的必要因素,应该强调的是学习的内在动机与学习活动本身带来的内在强化作用。

以上的两种学习理论,各有其优点和不足。行为主义理论强调知识和技能的掌握。认知主义理论强调的是智能的培养,而教育应是掌握知识与发展智能统一实现的过程。

3. 建构主义学习理论。该理论是在认知论的基础上进一步发展起来的一系列现代教育心理学理论和学说,其基本观点是:

①学习是学习者在原有知识层次上,利用学习环境和学习条件,发挥自身的经验、能力和信念,接收和感受信息,构建更新、更高的知识层次。

②提倡教师为指导,以学生为中心的学习。

③教师应为学生营造更好的学习环境,提供更好的学习资源和媒体教学条件,激发学生学习兴趣,推进以学生为主体的教学过程。

(二) 现代教育技术与信息论

信息论是美国科学家香农(Shannon)在1948年创立的。它主要是运用数学理论,研究在信息传递控制系统中,信息的计量、获取、加工、传递、变换、存储、使用和控制的规律。信息不是事物的本身,而是事物发出的消息、情报、指令、数据和信号。信息由内容和内容的表现形式构成。任何事物都会发出信息，信息通过一种表现形式来再现事物的内容特征，信息传递的系统工程称为通讯。

信息论的观点，是把信息传递归纳为信源、信宿、信道、编码和译码几个问题。从数学分析的方法来研究信源发出的信息量、信宿收到和提取的信息量、信道传送的信息容量，以及如何编码和译码才能使信息被充分表达、信道的容量才能被充分利用。

上述信息论问题的研究，近年来用于对教学过程的分析。而对于采用教学媒体去传递教学信息的视听教学过程，也可以依靠信息理论，把信息理论作为对其进行分析和研究的基本理论。

（三）现代教育技术与系统论

系统论是关于研究一切系统的模式、原理和规律的理论。它的主要创立者是美籍奥地利生物学家贝塔朗菲(L.V.Bertallanfy)。系统论把研究的对象看成一个由两个以上的要素构成的系统，这个系统又从属于更大的系统。系统中每个要素都与其他要素有机地联系在一起，并为实现整个系统的目标发挥各自的作用。对系统的研究，不能离开对环境条件的分析，为达到预定目标，必须系统地对各要素进行组织、协调，就是"控制"。这种系统分析问题的方法是二次世界大战后发展起来的，用这种方法解决技术问题出现了运筹学，1960年形成了体系。继之用于工程、交通、建设、经济、教育、行政等领域。

教学过程是动态的不断变化的过程，它受数量众多的内部和外部因素的影响，在进行教学时，总要与人、信息、手段、学习、检查、方法所组成的系统发生关系。为了达到教学目的，需要对各个组成部分予以适当控制。现代教育技术是用现代媒体手段进行教学的，因此在教学中必须考虑媒体的特点和设备的作用、学生的年龄特征、学生人数、用何种教法、怎样进行检查、如何获得正确"反馈"等等。教师还必须研究如何组织、协调或"控制"教学过程。这就是运用系统论来指导现代教育技术的主要内容。

(四) 现代教育技术与控制论

现代控制理论的主要创立者是美国学者、数学家诺伯特·维纳 (N.Wiener) 在1948年提出来的。它研究的对象主要是信息输入与输出系统如何通过反馈进行控制,在控制的作用下,改变传输运动状态,使信息畅通,取得最好效果。由此可以看出,控制系统总是存在一定数量的各种不同的运动状态,供信息通过时进行选择,其控制方式的好坏,主要是利用"信息反馈"检验来确定。

现代教育技术是一个利用现代教学媒体手段传递知识信息的过程。现代教育技术采用了控制论的观点,用很少量的时间,传递较多的信息,克服空间限制,达到大规模、大范围传递信息,并且传递迅速、可靠、有效。运用现代媒体进行教学时,不仅考虑教学内容和教学方法、学习对象的心理特征、媒体的特点,还需根据学生的"反馈"情况,随时对教学过程进行控制、调整。对于有利于达到教学目的的信息需要加以强化,无益于达到教学目的的信息需要减弱和消除。因此,对控制论的深入研究,对于提高视听教学的质量是十分重要的。

(五) 现代教育技术与辩证唯物主义认识论

辩证唯物主义认识论是科学的认识论。它认为认识是人脑对客观事物的反应,是为了改造客观世界的积极的能动的反应。实践是认识的基础,认识从实践中产生,随实践而发展,认识的目的是实践,认识的真理性也只有在实践中才能得到检验和证明。认识的第一个阶段是感性阶段,通过看、听、触、嗅、尝,获得感性认识,然后通过分析、概括、归纳,产生概念。这种概念是抽象的。抓住事物的本质,利用概念进行判断和推理,以求得结论的过程就是认识的第二阶段,即所谓上升到理性认识了。感性认识是认识的低级阶段,理性认识是高级阶段。感性认识是理性认识的基础，感性认识不断加深可上升为理性认识。

人类获得的一切知识都来源于实践，亲自实践取得的经验称为直接经验。但由于一个人的精力有限，不可能事事亲自实践，因而需要间接经验，可这些间接经验在前人却都是直接经验。

辩证唯物主义认识论科学地总结了人类认识活动的普遍规律，它为研究各种具体的认识活动，包括教学活动奠定了理论基础。

在教学过程中，学生学习的是前人认识活动的产物，是已经上升到理性的知识，是间接经验。这些东西对学生来说没有感性认识，如果教师只是从理论到理论，抽象空洞地给学生讲解，很难使学生理解和接受，因为这违背了人类认识活动的规律。要让学生获得感性认识，办法有两个，一是让学生直接面对所要讲解的实际事物，即提供实物直观；二是对事物进行尽可能真实的模拟，提供给学生感知，即模像直观。

给学生提供实物直观固然最真实，但由于时间、空间、宏观、微观，以及经济条件等方面的限制，大多难以办到。而且，这样往往不易突出事物的本质特征和认识的重点，容易把学生的注意力引向事物的非本质方面，因而效果并不理想。

使用视听教学，如幻灯、电影、电视就能给学生提供事物的模像直观。这同样可以使学生获得必要的感知，而且可以利用丰富的表现手法，打破时空限制，扩大直观范围，丰富直观内容，强化直观效果，从而有效地克服和弥补实物直观的不足。

现代教学媒体技术手段的应用可以更多地给学生提供感性认识，更好地促进从感性认识到理性认识的转化，并使学生有更多的理论联系实际的机会。因此，现代教育技术是建立在辩证唯物主义认识论的基础上的。

四、信息时代对教育人才的要求

教育是最具有信息传播特点的行业,教师就是信息传播者,教师所承担的教学工作宏观上就是信息传播工作。各学科教师除了传授的学科知识内容有所不同以外,所从事的教学工作都呈现一个共同的特点,即教师每一天、每一节课,都在精心地选择教学内容(信息)的表现形式,如,是用语言表现形式呢,还是用文字、图形、图像等表现形式来表现教学内容;都在精心地选择教学内容(信息)的传播手段,如,是选择口头讲解手段呢,还是选择黑板板书、幻灯投影,或电视演示、多媒体演示以及相应的教材资料、幻灯教学片、电视教学片、计算机软件构成的教学手段;都在精心地处理教学内容(信息)的表现形式,如,怎么样讲述声音效果更好、怎么样构图图形效果更好等等。这就要求,信息时代的教师,必须具备应用信息技术从事教学工作的能力,掌握处理教学内容的信息技能。当然,也必须了解和掌握相应的教育教学理论、手段、方法,用于指导和实施教学过程设计,用于教学课件的制作,用于将信息技术和各学科课程教学整合起来。

信息时代教育事业的发展对教师的专业知识和教学技能提出了很高的要求。通过现代教育技术课程学习和实验技能训练,应该学习和掌握现代教育教学理论、媒体知识、信息技能、教学设计、教学模式、信息技术和课程整合等教学内容。

信息时代教育事业的发展对教师的现代教育技术能力要求如下。

1.教师应该具备新型的教育观念,都应充分了解信息社会的发展趋势,了解信息化对教育领域的影响,认识教育信息化对促进教育改革和发展的重要意义,并能充分认识到教师掌握和应用现代教育技术是推进学校教育信息化的基本保证。教师将成为一个教学的指导者、教学资源的组织者。

2.教师应该了解现代教育教学理论，包括教育心理学理论，学习理论，教育传播理论，系统方法和媒体教学理论，并遵循学生学习过程中的认知规律。

3.教师应该了解各种媒体知识，选择和运用教学媒体，利用各种教学资源，掌握媒体的教学应用手段和方法。

4.教师应该掌握和运用信息技能，重视和应用信息资源，在教学中运用信息技能，能进行信息检索、加工和利用，能编写电子教案，能制作电子课件，能进行多媒体教学，能利用网络开展教学活动和进行教学管理工作，能收集、统计、处理、评价教学信息。

5.教师应掌握教学设计的理论和方法，能分析课程的教学目标和教学内容，根据学生特点和教学条件设计合理的教学过程，并积极寻求优化教学的活动、方法和手段，并能对教学资源、教学过程和教学效果进行评价。

6.教师应了解和研究各种教学模式，能在教学过程中应用与教学需求相适应的教学模式，能构建和尝试在信息技术支持下的新型教学模式，在教学过程中加强和学生的交互活动。

7.教师应能实施信息技术和本专业课程教学整合，不同学科之间教学内容的整合，各种学习资源的整合。

8.教师应能培养学生搜集和处理信息的能力、获取新知识的能力、分析和解决问题的能力以及交流与合作的能力。引导学生运用信息技术条件下的新型学习方式，结合课程学习开展创新思维和问题解决的学习活动。鼓励学生逐步参与教学，逐步实现以学生为中心教学，并指导学生运用现代信息技术制作电子作品集表达学生的学习成果。

综上所述，师范院校的学生和中青年教师要努力学习信息技术和现代教育技术，加强信息技术在教学中的应用，重视信息技术与学科课程的有效整合，积极探索和构建现代信息技术环境下的教师教育新模式。

第一章 教学媒体

现代教育技术从根本上来说,就是运用教学媒体的教学活动。从教学的角度去认识和掌握现代信息传播媒体的类型、特性和功能,对在教学中发挥教学媒体的作用是十分重要的一环。

第一节 媒 体

媒体是指传播信息的工具。媒体这一术语来源于拉丁语"Medium",意思是"中间"、"媒介物"、"手段"等。

媒体是连接信息发送者与接收者的通道。媒体的功能是传递和再现信息。在教学中,媒体要尽可能清楚、准确地把知识信息传递给学生,使学生可以最大限度地接收信息。

媒体由信息的表现形式和传播手段两部分构成。信息的表现形式指声音、文字、符号、图形和图像等。传播手段指传统的传播手段如说唱、书写、绘画、印刷和模型等和现代的传播技术手段如电报、电话、扩音、录音、广播、幻灯、投影、电影、电视、卫星通讯、计算机和计算机网络等。一般来讲,传播技术手段包括了硬件设备(如录音机、录像机)和记载信息或程序的软件材料(如录音带、录像带、磁盘)。由此可见,现代的媒体实质上由三部分构成:信息的表现形式、硬件和软件。

一、媒体的类型

媒体分类的方法很多，有代表性的为以下几种：按信息的表现形式分类，按传播手段分类，按媒体应用目的分类。

（一）按信息的表现形式分类

信息的表现形式为声音、文字、符号、图形、图像等。文字、符号可以看成特殊的图形。因此，媒体按信息的表现形式可分为三种基本类型：声音媒体、图形媒体、图像媒体。另外，同时具有多种信息表现形式的媒体称为多媒体。

1. 声音媒体。声音媒体是指以语言、音乐和声响等声音为信息表现形式的扩音、录音、广播、电话等各种信息传播工具。

2. 图形媒体。图形媒体是指以文字、符号、照片、图画、图表等静态影像为信息表现形式的印刷、摄影、幻灯、投影、传真等各种信息传播工具。

3. 图像媒体。图像媒体是指以动态影像为信息表现形式的电影、电视等各种信息传播工具。

4. 多媒体一般指上述两种或两种以上媒体的组合，或者指具有多媒体功能的计算机系统。

（二）按传播手段分类

1. 传统媒体。泛指采用口语、书籍、图片、照片、黑板、模型等传统信息传播手段的媒体。

2. 现代媒体。泛指采用现代信息传播技术手段的媒体。它包括：

①电声类媒体。具体是指采用电唱机、收音机、扩音机、录音机、广播等技术设备和软件进行信息传播的各种媒体。

②光学投影类媒体。具体是指采用幻灯机、投影器、缩微阅读机等技术设备和软件进行信息传播的各种媒体。

③电视类媒体。具体是指采用电影放映机、摄录像机、电视机、电视广播等技术设备和软件进行信息传播的各种媒体。

④数字类媒体。具体是指采用计算机、计算机网络技术设备

和软件进行信息传播的各种媒体。

(三) 按媒体应用的目的分类

1. 教学媒体。以教学为目的，用于向学生传播知识和技能的各种媒体称为教学媒体。教学媒体分为常规教学媒体和现代教学媒体。

常规教学媒体具体指口语、书籍、粉笔、黑板、挂图、模型和教具等传统教学手段使用的各种媒体。

现代教学媒体具体是指运用了现代传播技术手段如扩音、录音、广播、电话、传真、幻灯、投影、电影、电视、计算机、计算机网络等进行教学的各种媒体。现代教学媒体也称为视听教学媒体、电化教学媒体。

现代教学媒体包括的类型可以用图1—1表示。

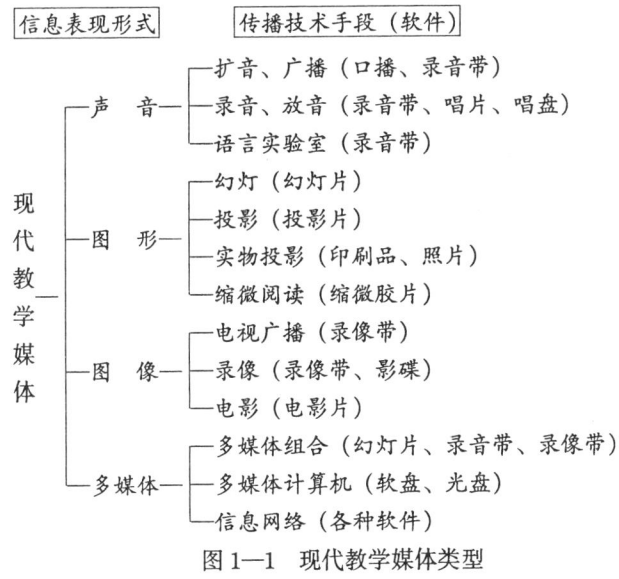

图1—1 现代教学媒体类型

2. 大众媒体。以向社会大众传播新闻、广告宣传、文化娱乐为目的的各种媒体，如：报纸、刊物、广播、电视等，称为大众媒体，也称为新闻媒体、广告媒体、娱乐媒体等等。

3. 人际媒体。用于个人之间互通消息进行交流为目的的书信、电话、传真、电子函件（E-mail）等媒体称为人际传播媒体。

相应的还有：用于如文化交流、科技合作、邮电通讯、军事通讯等各种目的的媒体。

综上所述，媒体的分类方法多种多样。在不同的研究和应用领域内可以采用不同的分类方法。

信息的表现形式，即声音、图形、图像是人类听觉和视觉感官对外界信息刺激的感受和识别的特征依据，也是媒体构成信息、传播信息、译解信息的依据。信息的表现形式是媒体本质的东西，是媒体永远不会变化的组成部分。而传播声音、图形、图像的技术手段却会随科学技术的进步在不断地更新换代、变化发展。因此，我们在现代教育技术课程中对媒体进行探讨和研究，适宜采用按信息的表现形式分类，即按声音、图形、图像及多媒体分类的方法进行安排。而在今后的教学工作中，一般可以直接按采用的传播技术手段或技术设备来称呼。同一种信息表现形式可以用不同的传播技术手段来处理。

二、媒体的教学特性

媒体在信息传播中的功能，在教学应用中发挥出显著的作用，显示出许多优越的教学特性。让我们从表现力、重现力、接触面、参与性和受控性五个方面进行分析。

1. 表现力。表现力是指各类媒体表现客观事物的形态、时间、空间和运动特性的能力。在各类媒体中，电影、电视表现力极强，它能动态地、适时地、准确地表现事物的形状、动作和变化过程，能将语言文字、挂图、标本、音乐、幻灯、戏剧等一切教材和方法统一于自身并加以运用。幻灯、投影则能以静止的方式表现事物瞬间的特性,能够让学生详细地、有分析地观察事物的细部。无线电广播、录音由于以时间因素组织信息,它的表现力受到时间先后顺序的影响。它借助于语言、音乐及实际音响的抑扬顿挫、轻重缓急来表现事物现象的特征。

2.重现力。重现力是指媒体不受时间、空间的限制,把记录、存储的信息内容随时重新使用的能力。录音机、录像机最重要的特性之一就是能即时重现记录内容,且不受次数、时间、空间的限制。

3.接触面。接触面是指把信息同时传递到接受者的范围,分为无限接触与有限接触两类。在各类媒体中,电台广播和电视广播这两种媒体的接触面最广。它们能跨越空间的限制,属无限接触面类。幻灯、投影、电影、录像的接触面是有限的,它要受到空间和条件的限制。

4.参与性。参与性是指媒体实施传递信息过程中,学生有同时参加活动的机会。它分为感情参与和行为参与两类。电影、电视、广播具有较强的表现力和感染力,它可以利用具体的场面和音响刺激学生,引起学生情绪反应,引起兴趣和注意,诱发学生在感情上参与。幻灯、投影可以使学生既观察图形,又能在师生之间进行提问、答疑、讨论,让学生在行为上参与媒体的活动,使学习步步深化。

5.受控性。受控性是指使用者对媒体操纵控制的难易程度。一般说来,录音机、投影器、录像机能较容易和方便地使用,能用于集体和个别化学习。电影放映机需经过专门训练才能正确操作。电台广播和电视广播,虽适用于个别化学习,但使用者无法控制其播放时间和内容。

第二节 媒体与信息传播

信息是指媒体传播的内容和事实（包括消息、资料、知识、数据等）。但内容和事实是不能被直接传递的。实际上，信息只能通过媒体传递信息的表现形式。文字、符号、图形、图像、声音就是信息的几种表现形式。这些表现形式依据人们的经验，按一定的规律，构成信息的内容。

信息具备六个特点，即可以搜集、加工、存储、复制、传播和扩散，这中间最基本的特点是传播。信息的这些特点，决定了信息必须依赖媒体才能存在，离开了媒体也就得不到信息。

一、信息传播

传播的含义为通讯、传递、交流。信息传播是指人类社会信息交流的过程，一般含义为利用各种媒体把信息从信息源传递到接受者的过程。

信息传播包括五个因素：信源、编码、信道、译码、信宿。信源指实际的事实；编码指将事实内容转换为一种信息符号来表现；译码指将信息符号又转换为事实内容；媒体提供信息符号传播的信道；信宿则指接受者。

媒体由信息的表现形式和传播手段构成。信息需要通过媒体进行传播，并且信息必须通过一定的信息表现形式才能进行传播。这种信息的表现形式相当于信息的一种编码符号。例如，图形就是信息的一种编码符号。媒体由于信息传播的这种需要而越来越受到重视，二者相依相随，构成现代信息传播水平的重要特征。

信息和媒体之间相互融合的因素，是信息的表现形式。声音、图形、图像既是信息的代表符号，也是媒体的组成特征，它们在信息传播中使信息和媒体形成一个信息传播整体。例如在教育技术中，谈到知识传播，一定是将信息表现形式和内容，媒体技术设备，载有信息的媒体材料，作为一个整体来进行考虑的。

二、教学信息传播过程

教学是一种教学信息的传播活动。按照一定的教学目标的要求，选定合适的教学信息内容，通过媒体把这些教学信息传递给特定的教学对象。这种传播过程，一般称为教学传播。

在学校内，教师用各种传播媒体，向学生传递知识技能的教学活动，是一种教学信息传播过程。在校外，通过广播、电视等媒体，传播课程内容，学习者利用收音机、电视机等进行有关课程的学习，也是一种教学信息传播过程。

在所有的信息传播过程中，无论是简单的还是复杂的，都经过一个相似的过程，这种过程如图1—2所示。

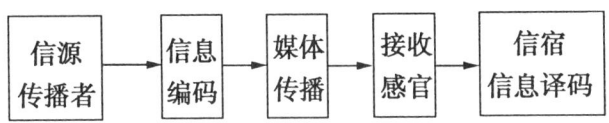

图1—2 信息传播过程

例如：地理教师（传播者）考虑向学生介绍什么是"彩虹"，于是将这种自然界的光学现象（信源），运用摄影转换为图形这种信息表现形式（信息编码）；采用幻灯媒体技术手段，制成"彩虹"幻灯片，在课堂上用幻灯机播放出来（媒体传播）；"彩虹"图形进入学生的眼睛（接收感官），在学生的大脑中被释解为图形所表现的天空中拱桥似的七彩光环就是"彩虹"（信息译码）。

传播的过程中存在着反馈。接收者用口头回答、提问、动作和表情等各种方式，对所传播的信息内容作出反应，并将反应信息传回到传播者哪里，以便让传播者了解信息被接受的情况，这种过程叫做反馈。教学传播特别重视和需要反馈，其目的是为了检验传播的效果，以便采取措施，及时调整教学过程，更成功地达到教学目的。

传播的过程中存在着干扰。干扰是指媒体传播的信息产生失真的各种因素，通常被称为"干扰"或"噪声"。如幻灯上图形模糊不清或有划伤；跳动的电视画面；不安静的教学环境等，都会形成对传播过程的干扰，影响信息传播的效果。

三、信息传播理论

信息传播作为一种独立的学科，在现代社会各领域内得到广泛应用，许多学者对信息传播进行了深入的研究，形成几种较有影响的传播理论。

信息传播理论主要涉及的是人与人之间信息的传播。

1. 拉斯威尔（Lasswell）模式

这是拉斯威尔于1932年提出来，1948年又作了修改的线性传播模式。这个模式可用5个问句表示，也叫"5W论"。即：

Who?　　　　　　　谁（传播者）
Says What?　　　　 说了什么（信息）
In Which Channel?　什么途径（媒体）
To Whom?　　　　　对谁说（接受者）
With What Effect?　 有什么效果（效果）

（传播者：可以是一个人，也可以是一群人。任务是提供信息并将信息进行编码。信息：可以是声音、文字、图形或图像。媒体：可以是直接的，也可以是任何媒体传播手段。接受者：听众、观众、读者和个人。效果：大或小，明显或不明显。）

拉斯威尔用上述简单的文字形式，简洁而深刻地表述了传播的实质。

2. 香农-魏佛（Shannon-Weaver）模式

香农-魏佛传播模式是在电报通讯传播理论模式的基础上，加入反馈系统，引申其含义，用来解释人类的信息传播过程。香农-魏佛模式是一个包括反馈系统，共分为七个部分，用图解表达的模式，如图1—3所示。

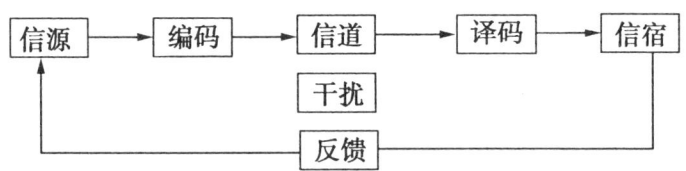

图1—3 香农-魏佛传播模式

香农-魏佛模式与拉斯威尔模式最大的区别在于：香农-魏佛认为，传播必须包括编码和译码的过程。传播者（信源）将提供的信息，经过"编码"，即制成某种符号（语言、文字、图画、手势等），通过空气、纸张、身体等传播媒体手段（信道）传递给接受者。接受者（信宿）收到信息符号后经过"译码"才能理解这些符号的信息内容，在生理、心理上产生反应，并运用各种方式，通过媒体再"反馈"给传播者一个信息。传播者将注意到接受者的反应，修正传播内容，使之更适合接受者的需要。这样经过反复地"反馈"和修正，从而加强传播效果。

传播理论与现代教育技术有着广泛的联系。传播理论主要是阐明信息传递的过程与规律，而现代教育技术在教学中实施的过程就是运用媒体传递教育信息的过程。因此，在现代教育技术实践和理论建设中，需要传播学的理论指导。

第三节 媒体与教学

自从20世纪30年代开始，大量视听媒体如唱片、幻灯、录音、电影等进入教学领域，形成视听教学的一系列教学手段和方法。一些教育工作者对媒体在教学中的作用和在教学中的应用规律进行了探索和研究，提出了相应的理论依据。

一、媒体教学理论

比较著名的和有影响的媒体教学理论，是美国教育家爱德加·戴尔（Edger Dale）在他1946年所著的《视听教学法》（《Audio-Visual Methods in Teaching》）一书中，提出的"经验之塔"（Cone of Experience）理论。

戴尔认为，人们学习知识，一是由自己直接经验获得，二是通过间接经验获得。当学习是由直接到间接、由具体到抽象时，获得知识和技能就比较容易。

戴尔的"经验之塔"把人们获得知识与能力的各种经验，依照它们的抽象程度，分为3大类10个层次，形成金字塔的结构。"经验之塔"如图1—4所示，

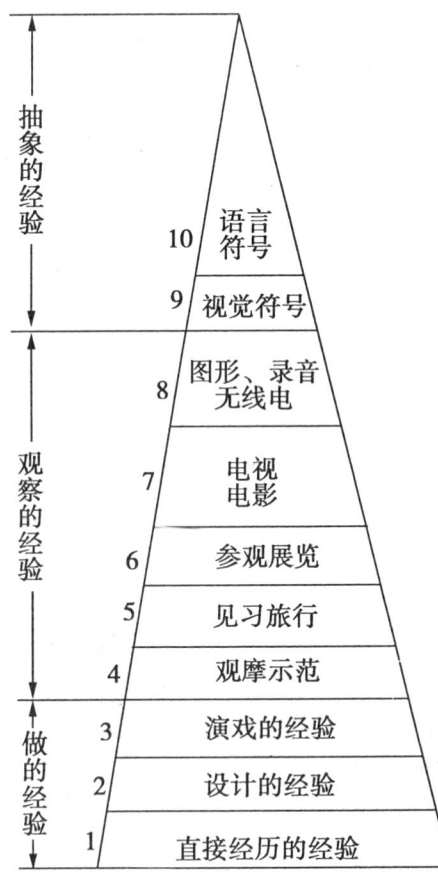

图1—4 戴尔的经验之塔

其内容简要说明如下。

（一）金字塔的底部。这一部分称为"做"的经验，在图1—4中包括3个层次。

1．直接经历的经验。它是直接地与真实事物接触，通过看、听、尝、摸、嗅，即通过完整的生活经历，去取得大量有意义的信息与观念。

2．设计的经验。它是在对真实事物进行"模仿"的设计和制作过程中所取得的经验，如设计和制作模型。

3．演戏的经验。有许多事，我们不能直接经历到，如已经过去的事便无法直接经历。有些观念形态的东西，也无法进行模仿、设计和制作。参与演戏可以使人们尽量做到接近真实。参与演戏与看戏大有区别，它可以使人们得到参与和重复的经验，比看戏更接近于直接经验。以上三个层次的经验，都在亲自"做"的过程中得到的，戴尔统称它们为"做"的经验。在这三种方式中，每个人都不是旁观者，而是活动的参与者。

（二）金字塔中部。这一部分称为"观察"的经验，在图1—4中，包括5个层次。

4．观摩示范。看别人怎样做，通过这种方式知道这一件事情怎样做，以后他可以自己做。

5．见习旅行。可以看到课堂上看不到的各种真实事物与景象。

6．参观展览。参观者可以观看到事物的模型和真实事物。

7．电影、电视。电影和电视用真实事物的图像与声音代替真正的事物。在银幕和屏幕上呈现的图像只是实际事物的代表，而不是事物本身。通过看电影、电视，得不到直接经验，而只是间接的经验。但电影、电视具有特殊的优点，首先，它们能提供典型材料，使人们能集中观察重要内容。其次，电影、电视不受时空限制，能把过去的、遥远的事物呈现在眼前，把变化太快与变化太慢的现象，用适当的速度动态地去呈现，便于人们观察。电影、电视与参观的区别是，它们可浓缩时空。例如参观一个工厂，我们要自始至终地观察全部生产过程，而电影、电视可以省略次要的工序，集中介绍重要部分。

8. 静态图形、无线电、录音。这是事物一种较为简单的、局部的听觉或者视觉信息。

（三）金字塔顶部。这一部分称为"抽象"的经验，在图1—4中，包括2个层次。

上面讨论的"做"的经验，是具体参加实践活动取得的经验。"观察"的经验，是通过看到实际事物或实际事物的图像，或听到实际事物或实际事物的声音取得的学习经验。无论是事物的图像或录制的声音，一般都具有事物的形状或声音特征。而一些抽象的符号，已不再具有事物的外形或声音特征，它们只是抽象化了的代表符号而已。抽象的符号可分为视觉符号与语言符号两个层次。

9. 视觉符号。主要指表格、标志、地图、色光等。它们与现实事物已经没有多少类似之处，只是一个抽象的代号，用以说明事物，用视觉符号来表达一种信息。

10. 语言符号。包括口头语言、书面语言（文字）、音乐语言、手势语言（无声语言）等。语言符号已经把事物的原形变成了纯粹的抽象符号，同它所代表的事物或观念，已无任何类似的地方。

从戴尔"经验之塔"可以看出，经验之塔最底层的经验最具体，越往上升，则越趋于抽象。但这并不是说，获得任何经验都必须经过从底层到顶层的过程。也并不是说，下一层的经验比上一层的经验更有用。划分层次只是说明各种经验的具体与抽象的程度。

教育应从具体经验入手，逐步过渡到抽象。有效的教学方法，应该给学生提供丰富的具体经验。只是让学生记忆许多普遍法则和概念，而没有具体经验作它们的支柱，这是教育上的最大失败。

教育不能满足于具体经验，而要向抽象化发展，要形成概念。概念可以作推理之用，是进行思维，进一步探求知识的工具，可以指导进一步的实践。

在学校中、应用各种教学、教育媒体可以使得教学更具体、更直观，从而获得更好的抽象。

位于经验之塔中层的视听教学手段（7、8层次），它们比用言语、视觉符号更能为学生提供较具体和易于理解的经验，它们又能突破时空的限制，弥补学生直接经验之不足。

二、媒体在教学中的应用

现代教学媒体可以广泛有效地用于教和学的各种活动，尤其适用于许多基础的自然科学知识教学和技能技巧教学，在学校各学科教学中得到广泛应用。现代教学媒体在学校教学中的应用主要表现在以下几个方面。

1. 辅助以教师为主导的课堂教学

一般说来，在教学环境中使用媒体，是为了帮助教师教学。毫无疑问，经过正确设计的教学媒体，可以强化、促进学生学习，并且能作为教学手段，辅助以教师为主导的课堂教学活动。但教学媒体作用的发挥必须依赖于教师。

早期研究表明，能否有效地使用教学媒体，教师起了重要的作用。例如：学生观看教学电视时，教师若根据学习目标对电视内容作一些介绍，提出一些要求，进行一些指导，那么，学生从电视中获得的信息量就会增加。以后的教学研究也证实了这一点，并且还有了发展。

2. 提供训练或实践的机会

一些媒体特别适合于学生训练和实践。例如：在语言实验室中，有效地使用录音带，可以练习拼音、发音，可以训练听力、普通话和外语。

3. 应用于发现式教学

媒体有助于在教学中使用"发现"和"探究"式的学习和教学方法。例如：物理教学中的发现式教学法，经常利用教学电视片,让学生反复观看一些物理现象,直到看出这些现象之间的相互关系为止。然后,让学生继续通过观看电视,"发现"用来解释这些关系的原理。在社会科学方面,利用各种媒体向学生提供与课程内容有关的,能耳闻目睹的,并能引起探究和讨论的社会现象。媒体还能适用于专业技能和职业技术的培训,培训中学生可以面对逼真的工作情境探究问题,找出解决问题的办法。电视、计算机模拟和模拟训练器现在就常常被用来创设学习情景,模拟操作效果,以利于发现式教学。

4. 应用于个别化教学

目前,个别化教学普遍被认为是一项重要而有效的教育策略。在个别化教学中,学生使用为他们专门设计和选择的,适合于他们个人兴趣、能力和经验的学习材料。这种新的教学方式已经随着教学媒体的发展,迅速发展起来了。教学媒体的发展促进了个别化教学的发展。反过来,个别化教学又有助于在教学中扩大媒体的使用范围。几乎任何教学媒体或媒体的组合都能通过专门设计,用于个别化教学。例如:程序教学软件包、多媒体教学课件、外语听力录音和录像教材等都可以对学生的学习活动进行个别指导。

5. 应用于特殊教育

特殊教育更应该实行个别化教育。事实上,"个别化"并不意味着使每一位学生都接受一个单独的教学处理。但至少应该把具有某些共同特点的学生区别对待,按照学生特点,合理调整教学方式和教学手段,提供有组织的教学环境。有智力障碍的学生尤其需要特殊的教学处理,他们缺乏必要的经验,缺乏将新的信息组织到他们原有的知识结构中去的能力,他们更需要直观的、形象的教学材料去强化刺激、辅助学习。视觉受损或听觉受损的学生,则需要不同种类的视听学习材料。视力受损的学生比视力正常的学生应更强调声音的作用。例如:视力受损的学生可以在设有特殊教学设施的环境里或者在家中使用有声教材、多媒体计算机课件进行学习,这是一种十分有效的方法。由此可见,教师特别需要根据不同类型的学生的特点，选择适合于特殊目的教学媒体和材料，并调整教学内容、方法和进度。

6. 应用于教学管理

媒体有益于师生间的教学关系。教师不仅是信息的分配者，而且又是教学的管理者。利用媒体可以使教师有更多的时间来分析和解决学生在学习中出现的问题，建立学生档案，或与个别学生进行讨论，或进行一对一的、或小组式的教学。在某种情况下，媒体可以完成所有的教学任务。例如：实验结果已经表明，在没有教师直接参与的情况下，利用电视和课本，可以成功地教授中学物理的全部课程。一些尚未开设微积分课程的中学里，学生可以利用计算机高质量的微积分教学课件进行学习。

当然，这并不是说教学媒体能够完全代替教师。应该说，媒体有可能代替教师的部分教学工作，却不能完全代替教师的教学设计、媒体设计和教材制作等工作。但是，媒体确实能帮助教师更有效地提高管理教学过程的能力，帮助教师成为既能胜任教学工作，又能管理教学过程的现代教育工作者。

【思考与练习】

1. 什么是媒体？你的工作、学习和生活中哪些活动与媒体有关？
2. 媒体可以分为哪几种类型？
3. 什么是现代教学媒体？现代教学媒体分为哪几种类型？
4. 媒体有哪些教学特性？信息有哪些特点？
5. 简述教学信息的传播过程和传播理论。
6. 什么是戴尔的经验之塔？它说明什么问题？
7. 媒体在教学中有哪些应用？

第二章 教学设计

教学是一种多要素的、动态的复杂系统。教师、学生、教学内容、教学目标、教学媒体和方法等众多要素构成了教学活动。为使这些要素有机地配合起来,达到理想的教学效果,就必须对它们进行整体的、系统的规划和安排,即进行教学设计。教学设计是在分析教学需求与问题的基础上,进一步确立解决教学问题的步骤和方案,通过评价反馈来检验方案实施的效果,并修订完善方案,以优化教学过程的一种规划过程和操作程序。

第一节 教学设计的理论基础

教学设计以整个教学系统、教学过程为研究对象,由系统理论、教学理论、学习理论和传播理论共同构成了教学设计的理论基础。当代教学设计必须在现代教育思想及理论的指导下,促进学生身心全面发展。

一、系统理论和系统方法

系统理论是当前教学设计的方法论基础。系统论认为,世界上一切事物都是一个有机的整体,称之为系统。学校是教育系统中的一个子系统,教学工作又是学校系统中的子系统,简称教学系统。教学系统中的各种要素相互作用、相互依赖、相互制约,构成了教学系统的输入、输出过程,即教学过程。要使如此复杂的系统运行顺利,取得较佳的效果,只能运用系统理论和方法进行指导和控制。系统方法的实施步骤如下:

1. 系统地阐述所要解决问题的背景、目标、约束条件及假设;

2. 搜集与问题有关的事实、资料和数据,分析各种可能性,提出可供选择的方案;

3. 比较分析各种方案,设计出最佳方案;

4. 进行方案的实验、评价,分析是否达到预期效果,发现不足及时修改,直到实现理想设计为止;

5. 运用、推广。

系统论的观点与方法给教学系统设计实践提供了有效的指导思想,是目前教学系统设计所采用的最基本方法和技术。

二、现代教学理论和教学观念

(一) 现代教学理论

教学理论是研究教学规律的科学。目前对教学设计具有指导意义的代表性教学理论有:赞可夫的发展教学理论、巴班斯基的教学最优化理论和布鲁纳的"结构——发现"教学理论等,其中布鲁纳的发现教学理论对于当今信息技术环境下流行的研究性学习具有积极的指导意义,有利于培养学生的学习能力和创新能力。它的基本观点是:

1. 学习一门学科最重要的是掌握它们的基本结构;

2. 任何学科都能够用最合适的方式,有效地教给任何发展阶段的任何儿童;

3. 要学得好,必须采取发现法。

(二) 新型教育观念

1. 素质教育观念

素质教育,简而言之,就是提高国民素质(或民族素质)的教育，其实质是：依据受教育群体和社会长远发展的需求，以面向全体学生，全面提高学生的基本素质为根本目的，注重开发人的潜能，注重形成人的健全个性和尊重学生主体为根本特征。现在一般把"学会学习，学会做事，学会协作，学会做人"作为素质教育的四大支柱，这也是我们进行教学设计的出发点和归属。

2．终身教育观念

终身教育（或称终身学习）是指教育系统为个人提供一生参与有组织的学习机会，使其进行不断学习、提高素质，以适应社会发展的需要。终身教育包括两方面的内容：一方面是通过社会组织，提供各种教育的场所和机会，最大限度地创造学习的条件。另一方面是促进个人的终身学习，使每一个社会成员在一生中能持续地学习。教学设计必须为终身教育服务，让学生具备终身学习的意识并获得终身学习的能力。

3．创新教育观念

创新教育是根据创新原理，以培养学生具有一定的创新意识、创造思维、创新能力以及创新的个性为主要目标的教育理论和方法。目前传统教育模式已经严重影响了学生主动的、生动活泼的、自由的、有鲜明个性的全面发展，远不能适应未来社会对创新人才的需求。我们必须从教育观念、培养目标、教育内容、教育方法及管理体制等若干要素着手进行教学设计，以教育创新促进创新教育。

4．信息能力教育观念

随着时代的发展，学生不仅要掌握社会生活必备的信息技术知识与技能，更重要的是要具备良好的信息素养。对于21世纪的学生来说，基本的信息素养包括获取信息的能力、分析信息的能力、加工信息的能力、创新信息的能力、利用信息的能力、协作意识和交流信息的能力。我们在进行教学设计时，应充分利用各种方法和手段，使学生将上述信息的获取、分析、加工、利用等能力，内化为自身的思维习惯和行为方式，从而形成影响学习者的一生的品质。

三、学习理论

学习理论是研究学习者认知发展规律的科学。比较著名的学习理论有：行为主义学习理论、认知学习理论、建构主义学习理论、人本主义学习理论等，其中对教学设计具有宏观指导意义的理论有建构主义和人本主义学习理论。建构主义认为，知识不是通过教师传授得到，而是学习者在一定的情境即社会文化背景下，借助其他人（包括教师和学习伙伴）的帮助，利用必要的学习资料，通过意义建构的方式而获得。建构主义提倡在教师指导下的、以学习者为中心的学习，也就是说，既强调学习者的认知主体作用，又不忽视教师的指导作用，教师是学生意义建构的帮助者，促进者，而不是知识的传授者与灌输者。学生是信息加工的主体、是意义的主动建构者，而不是外部刺激的被动接受者和被灌输的对象。人本主义学习理论认为，学习是人的自我实现，是丰满人性的过程；学习者是学习的主体，必须受到尊重，任何正常的学习者都能自己教育自己；人际关系也是有效学习的重要条件，它在学与教的活动中创造了"接受"的气氛。各种学习理论各有优势和不足，理想的教学应是在多元化学习理论指导下完成的，在进行教学设计时应根据教学内容、教学目标、教学条件及学生特征进行有目的地选择应用。

第二节　教学设计

一、教学设计的内容及特点

教学设计的目的是将传播理论、学习理论和教学理论等基础理论，在现代教育思想的指导下，系统地应用于解决教学实际问题，形成经过验证能实现预期功能的教与学系统。教学设计内容大致有以下几方面：

1. 对学什么和教什么进行设计，即对课程、教学内容进行设计。既包括对学校或某个专业的课程的组合及结构进行设计，也包括对某一个单元或某一节课的组合及结构进行设计。

2. 对用什么来学和用什么教进行设计。可以是对印刷材料、电子教材、多媒体课件、专题学习网站等进行的设计。

3. 对怎样学和怎样教进行设计，即对采用何种教学结构或模式，采用何种策略和方法进行设计。

4. 对学得怎样，教得怎样进行评价，即解决教学效果的评价问题。

二、教学设计的一般过程

教学设计过程模式是在教学设计实践中逐渐形成的，运用系统方法进行设计、开发的理论的简化形式，它的一般模式如图2—1所示。

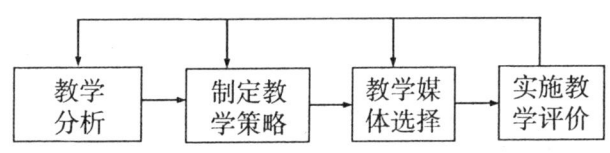

图2—1　教学设计一般过程

（一）教学分析

教学分析包括学习者分析、教学内容分析、目标的确定及描述等内容。

1. 学习者分析

教学是有目的的促进学生学习和发展的过程，教师教的目的是为了学生更好的学，因而任何教学都应该把学生当作真正的学习者，让他们都以自己的特点和方式进行高效率的学习。通过对学习者的特征分析，可以帮助教师掌握每个学生在学习中的个别差异，从而设计适合学生进行个性化学习的教学方案和教学过程。学习者特征分析主要包括学习者认知水平、学习风格、心理特征等的分析。

2．教学内容分析

教学内容分析的目的是确定学习内容的范围和深度，是对为实现一门课程总的教学目标、学习者必须学习哪些内容以及怎样学的综合考虑。一般教育心理学上将教学内容分为认知、动作技能和态度情感三大类型，其中认知类的学习内容又可分为事实学习、概念学习、技能学习、原理学习和问题解决学习五种类型。

3．教学目标确定

教学目标是教学的出发点和归宿，是学生的学习的具体指标和教师进行教学活动的指南，是评价教学效果的依据。教学目标分为教学总目标、课程教学目标、单元教学目标和课时教学目标四个层次。教学总目标和课程目标通常在教学大纲中明确规定，而单元目标和课时目标则需要任课教师依据具体情况而定。美国教育心理学家布鲁姆等人把教育目标分为认知领域、情感领域和动作技能领域三大类，每一类又划分为许多不同的层次。认知领域分为识记、理解、应用、分析、综合和评价六个层次。情感领域分为接受、喜欢和个性化等层次。动作技能领域分为模仿、熟悉和自然化等层次。在现实的教学工作中某一个知识内容往往同时涉及认知、情感、动作技能三个领域的教学目标，在确定教学目标时要视具体内容而定。

（二）制定教学策略

教学策略是对完成特定的教学目标而采用的教学活动程序、方法、形式的考虑。

1．教学活动程序

教学活动程序主要包括准备活动、学生参与、测验及补充活动等教学事件。目前常用的教学活动程序有：（1）传递—接受程序，基本过程是：激发学习动机—复习旧知识—讲授新知识—巩固运用—检查。根据奥苏伯尔的意义接受学习理论,这种方式是学习新知识效率最高的一种形式。(2)引导—发现程序,其本过程是:提出问题—建立假说—验证—总结提高。这是一种以问题解决为中心,注重学生独立活动,着眼于创造思维能力培养的教学程序。(3)示范—模仿程序,基本过程是:定向—参与练习—自主练习。这种教学程序适用于动作技能领域的教学目标。(4)情景—陶冶程序,基本过程是:创设情景—参与活动—总结转化。该程序主要适用于情感领域的教学目标。

2. 教学方法

教学方法是教师和学生为了达到教学目标,由教学原则指导,借助教学手段(工具、媒体或设备)而进行的师生相互作用的活动,它既是教师教的行为,又是学生学的行为。采用教学方法的直接目的在于引起学生学习的准备,维持他们的兴趣和注意,以学生可接受的方式呈现教材,强化和调节学生的行为,解决学生的学习障碍。常用的认知类教学方法有讲授法、演示法、谈话法、讨论法、练习法、实验法、实习作业法等,与动作技能相关的教学方法有示范—模仿法、练习—反馈法等;与情感、态度有关的有直接强化法、间接强化法等。教学方法应该根据教学目标、学生特征、内容特点、教学环境、教学时间、教学技术条件等因素进行选择。

3. 教学组织形式

教学组织形式是指根据教学的主观和客观条件,从时间、空间、人员组合等方面考虑安排教学活动的方式,比如集体授课、个别化自主学习、小组协作学习等。集体授课能同时面对大量学生在规定时间内呈示较多信息,有一定的规模效益,但所有的学生被迫接受一个进度,按照老师的讲授速度进行学习,客观上难以适应学生的个别差异。个别化自主学习的时间和空间的灵活性大,要求学生自定学习步调,自负学习责任,这有助于学生在其他教育活动、工作职责和个人行为方面形成良好习惯。小组协作学习是实现各类教学目标，培养健全人格和协作能力，促使个体社会化的有效途径，不仅有助于形成态度、培养鉴赏力、形成合作精神和良好人际关系，还有助于提高学生组织和表达自己见解的能力。

（三）教学媒体选择

由于媒体的性能与特点各异，各类媒体应用在教学过程中，对不同教学内容、教学目标和教学环境所显示出来的能力是不同的，只有充分掌握各类媒体的性能、特性和设计方法，才能合理选择、优化组合教学媒体并将其应用到教学过程之中。

媒体在实现教学过程中，按其完成的作用一般可分为事实型、情景型、示范型、原理型和探索型等类型，其具体作用有：A. 提供事实，建立经验；B. 创设情境，引发动机；C. 提供示范，正确操作；D. 呈现过程，形成表象；E. 设疑思辨，启发思维；F. 归纳总结，复习巩固等。在教学中，对媒体的选择有一定的依据：

1. 要依据教学任务。在教学中，不同的任务要求教师采用不同的媒体和方法去完成。如数学的证明过程，老师一步一步地在黑板上进行演算可能会更好地体现老师的思维；而对于几何，为了清楚地展示立体空间，如果有一个可以人机交互的动画可能会比在黑板上直接画出的效果更好些。

2. 要依据教学内容。各门课程内容性质是不同的，甚至在一门课程中也有内容性质不同的章、节。有的内容需要反映事物或现象的运动、发展状况，那么选用图像媒体可能就要比老师直接讲解效果好些。

3. 要依据学生的需要和水平。学习者在不同的发展阶段有着不同的认识能力和思维特点，如小学生的认识特点以具体的直观思维为主，注意力不易持久集中，针对他们的认知特点，采用的媒体要生动形象，色彩鲜艳，如用简化了的动画或木偶角色要比真实角色更能吸引学生。

4. 要依据一定的教学条件。对媒体的选择还要考虑：技术问题，即使用某种媒体是否方便，教师自己能否操作、控制；经费问题，学校现有的条件能否提供必要的设备和软件等；教学环境问题，即教学的地点和空间，教室内的条件是否有利于使用媒体等。

（四）教学评价

教学评价是对教学效果进行的价值判断，也是改进教学设计方案的依据。它以教学目标为依据，按照科学的标准，运用一切有效的技术手段，对教学过程及其结果进行测量，并给以价值判断。教学评价是一种全程评价，涉及教学各个环节，存在于整个教学之中。

三、课堂教学设计的一般方法

课堂教学设计是教学目标的具体化、规范化。它更为详细地制定了各知识点的教学目标，为课堂教学和评价指明了方向、明确了标准。

1. 课堂教学过程结构的设计

课堂教学过程结构设计应充分体现教师主导、学生主体的教学原则，其基本内容包括教学内容知识结构设计、教师主导活动设计、学生参与活动设计、教学媒体运用方法设计及课堂教学结构流程图设计。

2. 电子教案的设计方法

电子教案的设计，是教师备课的重要内容。除一般的分项描述和顺序描述的方法以外，备课时可采用一些简明有效的图表方法进行教案设计。

①教学内容分解表

将教学单元的内容分解为几个知识点，以确定各知识点的学习水平要求，并用图表形式表示，如表2—1所示。

表2—1　　　　　　　　教学内容分解表

课目名称	知识点	学习水平					
		识记	理解	应用	分析	综合	评价

②教学媒体选用表

在备课时，可采用教学媒体选用表的方式设计和选用教学媒体，如表2—2所示。

表2—2　　　　　　　　教学媒体选用表

知识点	媒体类型	媒体内容	媒体在教学中的作用	资料来源	使用方法
1					
2					
3					

③教学结构流程图

在策划课堂教学过程结构时，可选用形象的教学结构流程图来表示。这种流程图可以直接运用在电子教学教案的编写中（如后面教学案例中所示）。教学流程图的设计还可用专门的教学流程图设计软件如Idesign进行设计。

3.电子教案的结构要求

电子教案的形式多种多样，可以是word文档、PPT演示文稿、教学网页课件、多媒体CAI课件或多媒体电子书，也可以是几种形式的组合，要求内容结构具体、明确、简要，能够实施并具有可操作性。一般来讲电子教案可以按下面结构形式编写。

课　目

（班级，课时，教学设备，视听材料或多媒体课件题名、规格、数量）

教学目标

认知目标、情感目标和技能目标。

教学分析

1. 确定知识点
2. 确定重点和难点
3. 学习水平描述

教学手段和方法

包括采用的媒体及媒体的作用描述

教学过程

1. 主要教学内容
2. 教学时间分配
3. 教学进程安排
4. 媒体演示、解说语言设计

教学评价

教学过程结构流程图

备注

备注包括教案中的未尽事宜、信息资源的来源、实施中应注意的问题、实施后的反应和评价等等。

四、网络环境的教学设计

随着网络在教育领域的渗透，网络教学完全打破了传统课堂授课的模式，改变了传统教学中教师与学生之间的关系，教师从知识的传授者和教学的组织者转变为学习的帮助者和引导者，学生转变为学习过程的主体，从而形成了一种全新的学与教关系。网络教学不能完全沿袭传统的教学方式，教师的教学设计必须能够支持探究式学习、合作式学习等适合网络学习环境的新教学策略。目前，网络环境的教学一般采用网络课件或专题教学网站为资源载体，以问题或任务为中心组织进行，其教学过程设计方案编写与传统课堂教学编写有一定的差别，可采用的形式多种多样。下面是一个以网络为环境的教学过程设计的例子（见电化教育研究 2003 年第 4 期第 23~25 页）

【电子教学教案实例】

初中语文电子教学教案
《春》

初中一年级语文（旧教材）课，一节课时（45 分钟）。

视听设备：录音机、电子投影器、多媒体计算机、幕布。

视听教材：盒式录音带一盒，配乐课文朗读《春》，长度 5 分钟。古诗吟诵《绝句》《泊船瓜洲》，长度 2 分钟。电子幻灯片 15 张，内容为桃花林、杏花林、梨花林、草地、小溪、乡村雨景、放风筝等。电子板书投影片 7 张。

教学目标

学习本文描写自然景色和季节的写作方法。

教学分析

重点：细致观察景物，用准确、形象、生动的语言和用比喻、拟人的修辞手法表现季节特征的写作方法。

难点：结合视听手段，让学生领会"寓情于景"的写作效果。

教学手段和方法（演示教学法和欣赏教学法）

用录音示范朗读的方法传授学生课文朗读技巧、普通话吐字发音技巧，让学生在朗读和朗读欣赏中领会文章的语言美和意境美。用电子幻灯画面演示春天的自然景色，结合课文讲解文章中景物描写的观察方法和写作方法。让学生在欣赏美景画面的同时,领会教师讲授的内容。

教学过程

1. 欣赏几首写景抒情的古代诗词

电子投影诗词板书并播放古诗吟诵录音: (5分钟)

《绝 句》 南宋·志南和尚

古木阴中系短篷, 杖藜扶我过桥东。
沾衣欲湿杏花雨, 吹面不寒杨柳风。

《泊船瓜洲》 王安石

京口瓜洲一水间, 钟山只隔数重山。
春风又绿江南岸, 明月何时照我还?

2. 简介:《春》的作者朱自清
3. 播放录音:配乐课文朗读 (5分钟)
4. 朗读正音 (10分钟)

让学生一边听录音一边默读课文

抽学生朗读课文并正音(需正音的"字"用电子投影板书):

涨(zhǎng) 藏(cáng) 散(sǎn) 酿(niàng)
巢(cháo) 和(hè) 晕(yùn) 蓑(suō)

5. 课文讲解 (20分钟~25分钟)

略讲第一部分"盼春"及第三部分"颂春";

电子幻灯演示"春草、春花、春风、春雨、迎春"的各种照片,结合照片重点讲解第二部分"绘春"(草报春、花争春、风唱春、雨润春、人迎春);讲解其中的精妙词语("钻"、"闹"、"散"、"抚摸"、"笼"、"一年之计在于春")。

作业"背诵课文"小竞赛

《春》课堂教学过程结构流程图

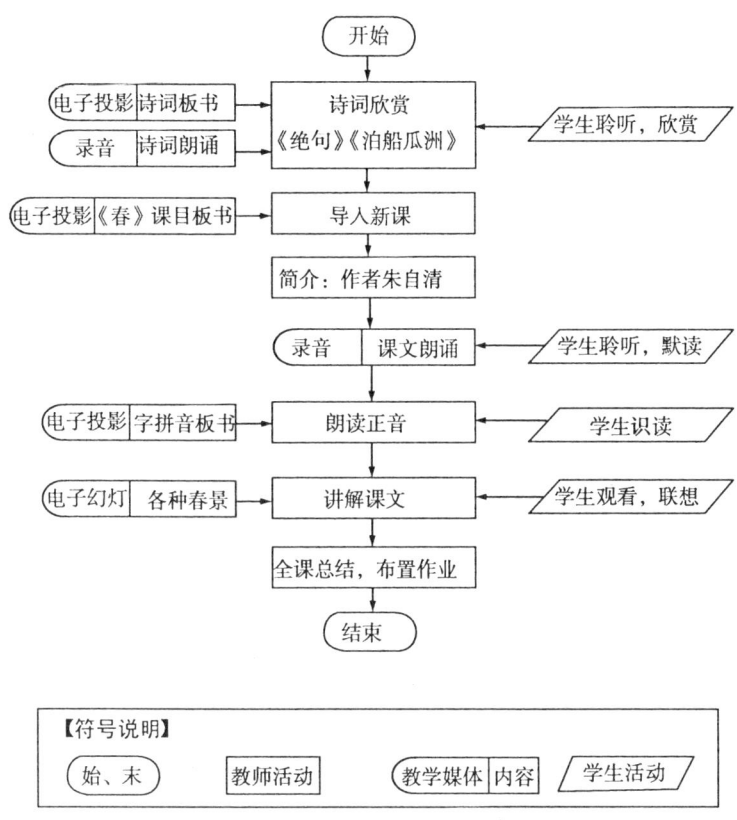

"经典爱情故事注定是悲剧吗?"教学计划

(设计者：山东淄博实验中学 周江)

单元摘要

本单元旨在让学生理解悲剧震撼人心的艺术魅力。通过查阅网上资料，创设特定的情境——经典爱情故事的比较，让学生在自主分析中找出这些爱情故事的共同点：悲剧的结局，理解时代和社会对个人命运的影响。从而体会悲剧的内涵，使学生理解悲剧的艺术魅力。学会分析解决文学作品的方法——比较阅读,并提升艺术鉴赏能力。让学生从客观的角度认识爱情,体验生命,达到自我教育的目的。把自己的学习成果以演示文稿或网页形式发布。

学习目标　学习成果

(一)语文学科的学习目标

要求学生根据单元计划内容,收集、整理有关爱情悲剧的作品,让学生自己找出文学作品中的经典爱情,分析悲剧的魅力,探讨悲剧对人们内心的震撼效应,理解悲剧艺术魅力的形成。提高学生的语文能力和初步鉴赏文学作品的能力,培养学生归纳、综合分析问题的能力。分析问题、研究问题需要分工,但又离不开合作和交流。总体目标是培养学生团结合作的精神,启发学生的高级思维潜能。

(二)社会学科的学习目标

1. 理解不同国家、不同时期对婚姻、爱情的态度。
2. 探讨人们在爱情阻力下的心理变化。
3. 了解经典和流行。
4. 学会正确看待生命与爱情,发展健康个性。

(三)历史学科的学习目标

了解时代性特点,学会分析时代背景对故事发展的限制和影响。

(四)信息技术学科的学习目标

学生学会上网查找资料,使用 PowerPoint 来制作多媒体演示文稿,使用 Frontpage 来编排网站,运用 E-mail 来发送信息和接受信息。提高学生运用多种媒体学习的能力。

教学过程

(一)提出本单元的基本问题

经典爱情故事注定是悲剧吗？教师和学生可自由交流看法，自由讨论，共同明确研究的方法：利用网络资源、图书资源、影音资源，查找资料，自主研究。

（二）分组

建议每六人一组，推选出小组长，每个小组可以为自己小组命名。

（三）出示三个单元问题

1. 古今中外的经典爱情故事为何震撼人心？有什么共同之处？

2. 如果你能决定，你会怎样安排这些爱情故事的结局？

3. 你是怎样看待爱情与生命的？

（四）以小组为单位展开研究

研究问题：古今中外的经典爱情故事为何震撼人心？有什么共同之处？

可从以下几方面着手：

1. 你认为成为经典有什么标准？什么样的作品才能称为经典爱情故事？

2. 小组内可分工查找古今中外名著中的爱情，然后讨论，找出典型的几部，作为研究对象。

3. 比较找出这些作品的共同处。

4. 形成研究分析结论。

5. 集体讨论、分析调查资料，各小组建立专门的文件夹存放研究结果，统一命名为"经典比较"，达到资源共享。

（五）组织辩论

采用国际大专辩论赛规则。进程如下：

1. 辩题：正方为"经典爱情结局可以是喜剧"，反方为"经典爱情结局注定是悲剧"。

2. 各小组根据自己的研究，选择正方或是反方，每小组选出两名代表。

3．辩论。

4．选出优胜队，评选最佳辩手。

（六）推理

各小组在辩论的基础上，按照自己的想法，讨论：如果你能决定，你会怎样安排这些爱情故事的结局？

（七）结论

找出自己最感兴趣的爱情故事，试想以喜剧结局会怎样，并写出你认为合理的结局。

（八）对比

比较一下原著结局，在小组中讨论：为什么原著会成为经典？

（九）探源

讨论原著震撼人心的原因，试着探讨悲剧的艺术魅力来自何处。

（十）思考

展开"如何看待生命与爱情"的大讨论，思索生命的意义。

（十一）演示

以组为单位将自己的调查、分析过程制作成多媒体演示文稿和网页，每组选派一名代表进行现场演示。

（十二）互评

在小组内和小组间按照评价量规进行互评，并修改作品。

本单元学习需要的因特网上的资源

（一）关键字检索

悲剧、经典、爱情。

（二）推荐网址

1．艺术网校　　http：//xifengl.myetang.com/main/lichengxiang/lichengxian4.htm

2．清韵书院　http：//www.qingyun.net

3. 月光书屋　http：//www.wzwx.net/
4. 中国文学　http：//wenxue.tom.com/tuijian
5. 网页素材联合　http：//person.zj.cninfo.net/gifs/index.html
6. 黄金书屋　http：//wenxue.lycos.com.cn/黄金书屋

第三节　教学评价

教学设计的目的就是为了使教学更适合每个学生发展的需要，教学方案实施的结果是期望每个学生的学习都能达到预期的教学目标，因而在实施经过设计的教学方案时，需要测定学生的行为和能力是否达到目标以及评价教学结果是否成功。教学评价对于学生的学习和整个教学的改进都有着极其重要的意义。一般地讲，人们经常用到诊断性评价、形成性评价和总结性评价三种类型。诊断性评价是在某项教学活动开始之前为使其计划更有效地实施而进行的评价；形成性评价是在教学过程中进行的评价，为引导该项教学前进或使教学更为完善而测评学生对该项教学的掌握程度；总结性评价主要针对的是教学过程结束后对教学成果作出的评价，其目的是确定综合目标或总目标所达到的程度。

一、当前教学评价发展趋势

当前在中小学中正在进行基础教育课程改革，我们在进行教学评价时应密切关注与把握教学评价的发展趋势。当前教学评价跟传统评价方式相比具有以下五个方面的特点：

1. 评价功能方面变化。重视发展，淡化甄别与选拔。具体表现在：由检查学生知识、技能的掌握情况，到关注学生掌握知识、技能的过程与方法，以及情感、态度、价值观的形成；由选拔和甄别功能到关注学生成长和进步，促进学生的发展的功能；

由选拔适合教育的学生,到创造适合学生的教育转化;由关注教师已有的工作业绩达标情况到关注促进教师的发展与主动参与。

2．评价指标方面变化。更加重视综合评价,关注个体差异,实现评价指标的多元化。具体表现在:改变过分关注学业成绩,对学生综合素质进行考察,关注学业成绩和个体发展;综合评价学生是否学会学习、学会思考、学会做人、学会创新与合作;制定多元化的评价指标。

3．评价方法方面的变化。强调质性评价,定性与定量评价相结合,实现评价方法的多样化;转变过分强调量化(纸笔测试),关注质的分析与把握(质性评价,纸笔测试、课堂行为记录、项目调查书面的报告、作业等);改变单一、简单的评价方法,实施多样化的评价方法。

4．评价主体方面的变化。强调参与互动,自评与他评相结合,实现评价主体的多元化;改变被评价者被动接受评价,让他们主动参与评价;改变单一评价主体(管理者)为多元化评价主体(教师、学生、家长、管理者)。

5．评价重心的转移。改变过分关注结果(面向过去的评价)为关注过程(面向未来的评价)。

二、教学效果评价

教学评价最根本的是教学效果的评价。教学效果包含教学过程的效果和学生学习效果,因此教学效果评价通常指的是对教学过程进行的评价以及对学生进行的评价。随着教学评价改革的开展,可以采用的教学评价方法也日益增多。下面对国内外几种有代表性的主要方法进行介绍,以利于评价工作更合理有效。

1．试卷

在传统教学中,试卷是最主要的评价工具,它是为教师评价学生的知识掌握程度准备的。试卷由若干不同类型的试题依据考试目的组成。试题的编写要考虑到题的难易程度,一般有一定的质量指标，如难度、区分度等。难度指的是一道题的难易程度，区分度指的是对不同水平的考生加以区分的能力。试题的编写是一个比较复杂的过程，试题是否丰富、是否全面，影响着试卷的编制，人工管理积累起来的试题库将是一个工作量非常大、极易出错的过程，因此，人们越来越青睐用计算机来管理试题的试题库管理系统。在近年开发的网络教育平台中，往往内嵌试卷生成系统，供教师在网上用标准化试题的形式搜集学生反馈、了解学生情况。由于是标准化试题，系统本身就可提供数据分析。网上还有一些免费的、独立的，专供小测验之用的网上试卷生成器，也为教师网上的标准化测试提供了方便，由于学生在网上完成测试后可立即得到反馈，因而也成了学生自评的好工具。

单机版的试卷生成器则以支持"智能出卷"和"手工出卷"见长，比较成熟的设计产品如"轻松试卷"、"出卷王"等都在网上以共享软件的形式供教师下载试用。

2．档案袋评估

档案袋（Portfolio）是按一定目的搜集的反映学生学习过程以及最终结果的一整套材料。档案袋中可包含各种形式的学习材料，如影视作品、书面文章、图画、电脑文件等。档案袋使学生能在一段时间后检查自己的成长，从而成为更努力、更善于思索和反思的评估者。档案袋提供具体参考资料，凭借这些资料，教师能辅导和支持学习者达到自己的目的。在网络环境的教学系统中，档案袋的建立和维持可以自动进行，成为电子学档，其中不但保持学生的学习踪迹，还搜集学生的电子作品。目前国内有很多利用电子学档进行教学评估的成功案例。

3．量规评价

量规（Rubric）是一种结构化的定量评价标准，往往是从与评价目标相关的多个方面详细规定评级指标，具有操作性好、准确性高的特点。随着教育信息化的发展，越来越多的学习任务是以非客观性的方式呈现的。在评价学生的学习时，应用量规可以有效降低评价的主观随意性，不但可以教师评，而且可以让学生自评或同伴互评。如果事先公布量规，还可以对学生学习起到导向作用。因而，量规的应用逐渐受到重视。

对于教学效果评价，除了上面介绍的评价方法之外，还有很多比较灵活的评价方式，比如谈话以及在网络环境下的各种交流，如电子邮件交流、BBS交流、讨论区讨论等。我们在选择评价方法时，要注意对学生在认知、情感、操作技能方面的全面考察，不能仅仅依靠学生考试的分数进行片面评价，一定要注意多种方式的灵活运用。例如，在对学生的评价中，试卷关注结果，评价的客观性强，教师可利用它来评价学生知识内容的掌握程度。而评价量规、档案袋等评价工具都以关注过程见长，有利于调动学生的积极性。评价量规在设计上的区别也可使其在关注结果方面有所倾斜。在评价时，应选用恰当的方法，既能调动学生的主动性，又达到有效的评价。

三、教学资源评价

教学资源指的是蕴含了特定的教学信息，能创造出一定教学价值的各类信息资源。目前常用的教学资源主要包括媒体素材、题库、试卷素材、单机课件与网络课件、案例、文献资料、常见问题解答、资源目录索引、网络课程等。在信息时代，教学资源的质量在很大程度上影响着教学效果，因而教学资源的评价也显得非常重要。对教学资源的评价主要从两方面入手，一方面是教学媒体，另一方面是学习资源。评价的方法必须采取多种方法相结合的原则，在资源的整合中我们既要注意资源整合过程的评价，也要注意资源在后期试用与使用中的评价。

对于教学媒体的评价要依据一定标准。

1. 该教学媒体的选择是否符合教学程序，是否具有较高的功效比；

2. 所选媒体是否适合表现教学内容，能否对教学起到深化作用；

3. 所选媒体的使用目标是否明确，使用方式是否有助于学生的学习；

4. 所选媒体设计是否规范、合理，是否能紧密结合学科特点，有一定艺术性；

5. 所选媒体是否操作方便，视听效果是否好等等。

对于学习资料，主要从以下几个方面来对它们进行评价。

1. 资源的教育性：考虑所整合的资源的教育意义，是看它是否对学生的身心发展起到正面的促进作用，是否符合教学大纲和课程标准，是否有利于激发学生的学习动机和提高学习兴趣。

2. 资源的科学性：资源的整合是否客观、科学，资源提供的知识性是否比较强，能否为日常的教学活动提供相关参考，是否有错别字或使人产生歧义的科学性错误。

3. 技术性：资源提供的清晰度与画面结构以及课件、文本等运行的技术要求是否与现行浏览器相符。

4. 艺术性：主要是针对多媒体素材而言，主要从表现手法的多样性、情节的生动性、构图的合理性以及画面的灵活性等几方面来考虑。

四、教学统计信息评价

在教学评价过程中，会产生很多的评价数据（或评价信息），为了全面把握评价结果，往往需要对这些数据信息进行统计、分析。在教学设计中，常用的统计方式有统计描述与统计检验两大类。统计描述依据一定的计算结果（如算术平均分、标准差、标准分数等）进行整体达标程度、整体学习水平、成绩分布状态、整体学习特征等进行分析；统计检验是对两个样本之间的参数是否存在差异的一种数学分析方法。比如常用于检验实验组与对照组之间的差异程度。为了减轻信息统计的工作量，人们采用了一些统计信息的工具，最简单的工具可以利用 Excel 电子表格软件进行诸如排序、计算等操作,另外一种是著名的 SPSS。SPSS 是 Statistical Product and Service Solutions 的缩写,意为统计产品与服务解决方案。它以它友好的界面、方便的操作等特点被认为是非专业统计人员的首选统计软件。教学人员可根据统计信息的实际需要来选择教学信息统计与处理软件。

【思考与练习】

1. 什么是教学设计?教学设计的内容是什么?
2. 举例说明教学设计的一般步骤。
3. 举例说明学习者分析应注意什么问题。
4. 如何制定教学策略?举例说明。
5. 选择教学媒体的依据是什么?
6. 什么是教学评价?教学评价有什么作用?
7. 当代教学评价的发展趋势是怎样的?与传统教学评价相比,有何优势?
8. 目前流行的教学效果评价方法有哪些?各有什么特点?
9. 如何进行学习资源评价?
10. 举例说明教育统计信息评价方法有哪些。

第三章 声音媒体教学

声音媒体在传递知识、训练技能的教学活动中占有重要的地位。利用放音、录音、扩音、广播等声音媒体传播技术手段进行教学，是学校教学中经常应用的视听教学方法。

第一节 声音媒体

声音媒体是指以声音作为信息表现形式的信息传播工具。视听教学中的声音媒体具体是指以语言、音乐、声响为信息表现形式的扩音、录音、放音、广播、电话等各种信息传播媒体。

一、声音信息

自然界中山川河流的运动、风雨雷电的发作、飞禽走兽的活动和社会中人类的活动、事件、生活、娱乐、学习、工作，无不在其动作或变化过程中发出各种各样的声音。这些各种各样的声音，具备了上述事物和现象的声音特征，通过一定的途径传递给接收者，使接收者通过听到的声音，就能认识、分辨、判断和理解声音所代表或包含的事物和现象的内容，成为声音信息。声音信息为人类认识、了解自然和社会提供了直观形象的听觉依据。

1. 声音的类型

声音在信息表现形式上，一般有三种类型：语言、音乐和声响。

语言是指口头语言，即说话声音。

音乐是指歌声、乐曲声。

声响是指自然界中存在的各种声音，如风吹、雨打、雷鸣、虎啸、虫吟、鸟鸣声；还指人类社会中存在的吼叫声、哭声、喧闹声、机器声等自然声音。

2. 声音的基本概念

声音是发声体振动引起的空气波动，也叫声波。声波传输到人的耳膜，由听觉感知到声音。

声波每秒振动的次数称为声音的频率，单位是赫兹（Hz），简称"赫"，常用的还有千赫（kHz）、兆赫（MHz）。人类可以听到的声音频率范围为20赫兹～16000赫兹，少数青少年可达16赫兹～20000赫兹。

声音有三个特性，即音调、音色、响度三要素，人们就是以此来辨别各种声音。

人耳对声音频率高低的主观感觉称为声音的音调。一种基音音调对应一种频率，频率越高，音调就越高，频率越低，音调就越低。

大多数声音是由多种频率的声音成分组合而成的综合效果，由各种谐音配合主要的音调形成不同的声音特点，可以给人形成不同的声音印象，这称为声音的音色。

人耳对声音大小强弱的主观感觉称为声音的响度。通常也叫"音量"或"音强"。

声音的大小、强弱（响度）；高低、粗细（音调）；优美、动听、圆润、嘹亮、沉闷、混浊、粗犷（音色）等，构成了各种声音的不同特点。这些特点也构成了声音所代表的信息内容的主要特点。

3. 声音信息的特征

声音信息有三个特征：一是听觉性，二是技术性，三是信息化。这三个特征分别由声音媒体的表现形式、传播技术手段、信息等各自的特征综合形成。

①听觉性。声音信息是一种听觉直观的媒体信息。声音信息利用声音作为表现形式,即用声音作为符号来对信息内容进行编码和进行传播,并依靠人的听觉接收声音和译码识别信息内容。所以声音信息也称为听觉信息,相应声音媒体也称为听觉媒体。

声音信息利用声音作为表现形式,用声音编码、译码,自然要考虑和利用声音的特点;考虑和利用语言字符的发音特点、语句的构成规律;考虑和利用音乐音符的发音特点,旋律的构成规律。这些特点和规律共同构成了声音(语言、音乐、声响)所代表的信息内容。

②技术性。声音信息是依靠传播技术手段来传输和再现的。信息内容要能完整、准确地传达,需要声音信息完整、高质量地呈现给接收者,这体现了声音信息高度的技术性。

一般来讲,在教学中关心的声音信息的技术性,主要是声音的音量和音质。

音量是指设备输出声音信息的大小。接收者主观感觉到的声音的大小称为响度。为了保证接收者听到足够大的声音,最直接的方法就是调节设备输出的声音音量。

音质是指声音信息是否清晰,是否失真,是否有噪声干扰。在技术上,声音清晰的程度称为清晰度,清晰度越高,音质越好;声音的音调高低、频率范围和声源发音的差异称为保真度,差异越小,保真度越高,音质越好;声音中有用的声音信号电压大小与无用的噪声信号电压大小之比称为信噪比,单位是分贝(dB)。信噪比越大,音质越好。一般数字音响设备信噪比可达到80dB,音质非常好。

③信息化。声音信息具备现代信息的共同特点,即能够搜集、存贮、加工、复制、传输、扩散。

二、声音媒体传播技术手段

声音媒体传播技术手段一般是指电话、扩音、广播、录音、放音等。它们包括以下一些硬件和软件。

1. 硬件。常见的硬件（器材设备）有：电话机、步话机、话筒、扩音机、扬声器、发射机、收音机、耳机、录音机、调音台、放音机、CD机、计算机等。

2. 软件。常见的软件有：载有语言、歌曲、戏剧等声音资料的唱片、唱盘、录音磁带、CD光盘和计算机磁盘。

第二节　声音媒体教学方法

一、声音媒体教学方法基础

声音媒体教学法的基础是传统的听、说教学法。

教师讲课、学生听课，教师提问、学生回答，教师启发、学生讨论，这些都是常用的、有效的传统听说教学方法。视听教学运用了放音和录音的教学技术手段，教师除了自己讲、自己说，还可以放录音。学生除了听任课教师讲、听同学说，还可以听其他教师的讲课录音、听各种录音资料、听教学广播、听自己的声音。虽然教学手段和教学方式发生了变化，但教学方法的基础仍然是听说教学法，不过视听教学扩大、加强、延伸了听说教学的应用范围和效果，在常规听说教学法的基础上，开创出许多新型的声音媒体教学方法。

二、声音媒体教学方法类型

声音媒体教学的基本方法是放音教学法和录音教学法。

目前常用的声音媒体教学法有以下几种：

扩音教学法、广播教学法、录音教学法、放音教学法、语言实验室教学法、程序教学法、播音考查法、电话教学法。

扩音教学法是指将教师讲课的声音或录音带放出的声音的音量扩大，使大教室内每个学生都能清楚地听到声音的方法。

广播教学法是指在教室以外，大范围、远距离地传输和播放声音，进行教学的方法。

录音教学法是指将教师的讲课、电台的广播、学生自己的读音等教学有用的声音资料录制下来，供学生学习的教学方法。

放音教学法是指让学生倾听播放的录音资料，进行学习的教学方法。

语言实验室教学法是指利用语言实验室条件，训练学生语言听说能力的教学方法。

程序教学法是指按教师编好的教学程序，让学生自己操作，进行听、说学习的教学方法。

播音考查法是指利用播放声音手段考查学生语言、音乐听力的教学方法。

电话教学法是指教师和学生直接利用电话对讲，进行个别教学的方法。

三、声音媒体教学方法应用

1. 应用目的

声音媒体教学法在教学中，是围绕一定的具体教学目标而应用的。合理地采用声音媒体进行教学，能使整个教学更加活泼生动，更能尽快地达到教学目的、提高教学效率。

一般采用声音媒体进行教学，可以培养学生从声音去识别对象；培养学生从声音去准确分析和判断事物的特征；培养学生利用听觉去比较不同的语言发音之间的区别；让学生把自己的语言发音与标准发音进行对比，找出差别；让学生通过听觉去欣赏、熟悉语言和音乐，进一步理解、掌握语言和音乐的韵律，培养学生的语感和乐感。采用声音媒体进行教学，可以训练学生的语言听说能力、歌唱能力和表演能力。采用声音媒体进行教学，在课堂上还可以起到吸引学生注意、激发学生兴趣、刺激学生情绪、调整学生学习状态的作用。

2. 应用场合

声音媒体教学法广泛应用在教学的各种场合，并有多种多样的应用方式。

运用在课堂教学中。例如：讲课扩音；播放教学录音资料；反复放音；放音跟读；录放音示范；给教师课文范读配以渲染气氛的背景音乐等。

运用在语言实验室中。例如：训练语言听说能力、对话能力；播放标准发音，并同时录制标准发音和学生发音，用以检查和对照；教师对学生选择抽查和个别指导等。

运用在课外教学中。例如：校园内，外语广播辅导教学。

运用在个别教学中。例如：收听广播进行学习；通过录音教材指导学生进行学习；通过电话个别教学指导。

运用在远距离教学中。例如：电台广播教学。

第三节 扩音、广播教学应用

扩音和广播是声音媒体教学常用的两种教学手段。两种教学手段既有共同之点，又有不同之处。相比之下，扩音是在小范围内放大声音，广播是在大范围内放大声音；扩音着重在放大声音，而广播着重在远距离传输声音。

一、扩音教学

扩音教学的功能是增大教师讲课的音量，使在座的每个学生都能不费力地听到教师讲课的声音。扩音教学广泛地运用于课堂讲授扩音、礼堂报告扩音和舞台演出扩音。

1. 扩音教学基本模式

扩音教学由声源（教师）、话筒、扩音机、扬声器、接收者（学生）构成，其基本模式如图3-1所示。

图3—1 扩音教学基本模式

2．扩音教学设备

扩音教学设备常见的有：话筒、扩音机、扬声器、耳机。

（1）话筒。话筒又称传声器、麦克风（MIC），是把声音信号转换成电信号的器件。话筒的功能是采集声音，并把声音转换为电信号输入扩音机或录音机。

①话筒的性能。话筒有四个常用的性能指标：输出阻抗、灵敏度、频率范围和方向性。

输出阻抗是指输出电路中电阻、电容、电感对交流电信号的总体阻碍作用，用阻值表示，单位为欧姆（Ω）、千欧（kΩ）。低阻话筒的输出阻抗一般为50Ω～600Ω，高阻话筒的输出阻抗一般为10kΩ～50kΩ。

灵敏度是指话筒对微小声音反应和拾取的能力。声音越小、声源距话筒越远，对话筒的灵敏度要求越高。

频率范围也称频率响应，是指话筒对声音的频率响应范围。一般讲课用的话筒，频率范围在300Hz～3000Hz就能满足需要。音乐录音则要求话筒的频率范围达到16Hz～13000Hz以上。

方向性是指话筒对来自各方向的声音的拾取灵敏度不一样。对来自四方八面的声音都有大体相同的灵敏度的话筒称为全指向性话筒。前、后方向灵敏度一样高，侧面各方向灵敏度低的话筒称为双指向性话筒。只有正前方向灵敏度高的话筒称为单指向性话筒。

②话筒的类型。教学常用的话筒有三种类型：动圈式有线话筒、电容式有线话筒和无线话筒。

动圈式话筒的结构如图 3—2 所示，主要由膜片、音圈和永久磁铁构成。其工作原理是：声音进入话筒后引起膜片振动。和膜片一起随声音在磁场振动的音圈（线圈），产生出感生电流，输出大小随声音变化的电信号。普通的动圈式话筒构造牢固、性能稳定、固有噪声小、价格低、无需电池、适用于语言扩音和广播，但灵敏度较低，频率范围较电容话筒小。

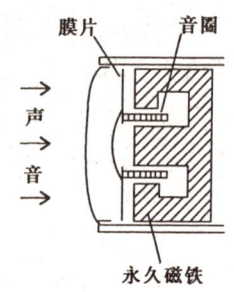

图 3—2
动圈式话筒结构

电容式话筒的结构如图 3—3 所示，主要由膜片（振动极板）、固定极板构成，二者相距约 $20\mu m \sim 50\mu m$，组成电容。其工作原理是：话筒内声音感应元件是导电的极化电容，膜片是电容的一片极板，膜片随声音振动引起电容量变化，电路中的电流也相应变化，输出随声音大小变化而变化的电信号。电容式话筒灵敏度较高，频率范围较大，音质较好，适用于录音和音乐广播。电容式话筒一般都需配备电源（电池），另有一种驻极体电容话筒已无需配置电源。

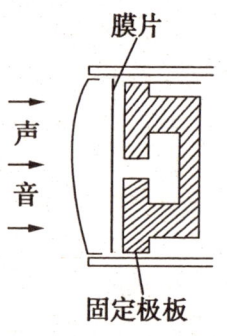

图 3—3
电容式话筒结构

教学用的动圈式话筒和电容式话筒一般都通过一根电缆线和扩音机相连，所以统称为有线话筒。应当注意的是，为了减少高频信号损失，避免感应交流声干扰，高阻抗话筒的电缆线长度不能超过 5 米，低阻抗话筒的电缆线长度则可以达到 10 米以上。

无线话筒。无线话筒由微小的驻极体电容话筒附带小型发射机构成，并与接收机配成一整套系统，如图 3—4 所示。话筒把声音变成电信号，通过发射机调制成高频信号，从天线发射出去，由接收机接收并还原成音频信号。无线话筒省去了电缆线，话筒佩戴在教师身上，教师可以自由地走动，十分方便。一种手持式无线话筒，其外形、大小和普通话筒一样，但发射机和电池均装在话筒内，话筒尾部只露出一小截天线，常用于演唱。

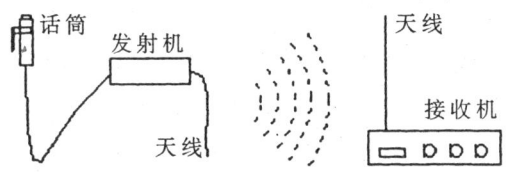

图3—4 无线话筒系统

(2) 扩音机。扩音机是把话筒、放音机、CD机或其他声源输出的微弱电信号放大后，输送到扬声器中使之发出更大的声音的装置。扩音机一般在不同的输入端口标有高、低不同的阻抗数值，如线路输入插座（LINE IN）阻抗为10kΩ、话筒输入插座（MIC）阻抗为600Ω；在接扬声器的端口也标有输出阻抗数值，并标有扩音机的额定输出功率。

(3) 扬声器。扬声器也称喇叭，是将电信号转换为声音信号，并把它辐射到空气中去的器件。扬声器一般都和扩音机配套安装或直接配置在录音机、收音机内。如需另接扬声器，应注意扬声器或扬声器组的阻抗、功率，必须与扩音机的输出阻抗、额定输出功率相匹配。

(4) 耳机。耳机是供个人戴在耳朵上听音的扬声器。一般的耳机阻抗较低（4Ω~8Ω），有单声道耳机和双声道立体声耳机之分。耳机应接在扩音机、收音机、录音机、调音台等设备的专用端口上。

3. 扩音教学设备应用方法

根据采用的视听教学方法（讲授扩音、声音资料扩音）不同，教师的讲课状态（走动、不走动）不同，教室大小不同，扩音教学设备的应用方法也有所不同。一般有以下三种应用方法：

(1) 录音机扩音法

用录音机作为扩音机,在课堂讲课时进行扩音,既方便又有效,适合100多人以下的教室使用。现在一般课堂用的收、录、放、扩多功能录音机,都备有话筒插口,插上有线话筒就可用来扩音。录音机扩音系统配置如图3—5所示。有调频波段(FM)的收录机还能接收一般无线话筒的发射电波,进行扩音播放,也有极好的扩音效果。

图3—5 录音机扩音系统

(2) 扩音机扩音法

由话筒、扩音机、扬声器组成扩音系统,扩音机扩音系统配置如图3—6所示。用于200人以上的大教室、礼堂、学术报告厅中讲学扩音,或用于校园内大范围的有线广播扩音。在需扩音的讲演和表演中,也可以使用无线话筒,由无线话筒接收机接收信号后,输入扩音机进行扩音。

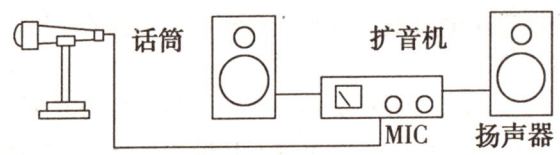

图3—6 扩音机扩音系统

(3) 放音扩音法

由收音机、放音机、CD机等一台或两台放音设备和扩音机、扬声器组合成放音扩音系统,放音扩音系统配置如图3—7所示。放音设备播放声音作为信号源,通过线路输入扩音机进行扩音教学。常用于播放声音教学资料。扩音机上还可以接入话筒，在播放声音资料的同时插入教师讲解。

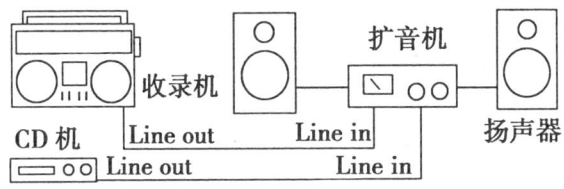

图3—7 放音扩音系统

采用上述几种扩音教学设备应用方法，应当注意以下问题：

(1) 话筒选择。讲课宜选用低阻抗、单指向性的动圈话筒；唱歌宜选用低阻抗、全指向性、宽频率范围的电容话筒。

(2) 避免啸叫（哨叫）。扩音中的啸叫现象是由于扬声器的声音回授给话筒的音量过大。为了避免啸叫，话筒应当远离扬声器，话筒位置应当放在扬声器的后面或侧面；并且，扩音机的音量应调节在适当大小，不能过大。

(3) 阻抗匹配。话筒的阻抗应当和扩音机输入阻抗相匹配。置换或加接扬声器，扬声器的阻抗、功率也应当和扩音机的输出阻抗、功率相匹配。

(4) 接插件识别。音频系统设备之间的信号电缆连接，需用不同型号、规格的接插件（插头、插座），如图3-8所示。常用的有拾音插头（座）、单芯插头（座）、五芯插头（座）和三芯插头（座）。

话筒与扩音机连接常用的接插件是拾音插头、插座，大的直径为6.5毫米，小的直径为3.5毫米。放音机与扩音机线路连接常用的接插件是单芯插头（俗称莲花插头、针型插头）、插座，往往由左声道（L）、右声道（R）两路接插件构成一对立体声信号通路。普通录音机与录音机线路连接常用的接插件是五芯插头、插座，左、右声道的输入输出全部安装在一起，使用很方便。

在音响制作和广播电台等专业部门使用的话筒与调音台之间采用的是一种三芯插头、插座,也称为卡侬插头、插座,其接线方式有"美国式"和"欧洲式"两种,应注意区别。

二、广播教学

广播教学是远距离、大范围传播声音信息,用声音进行教学的一种教育技术手段。广播教学应用在校园教学广播和电台教学广播中。

1. 广播教学基本模式

广播教学基本模式是无线电广播,由发射机发射和收音机接收构成。无线电广播采用发射机向空中发射电磁波来传输声音信息,接收者用收音机收听。

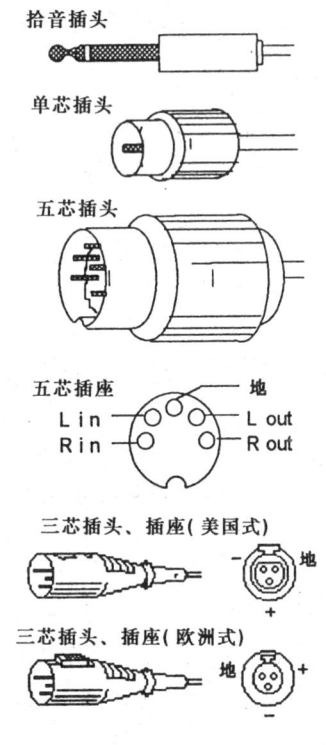

图3—8 音频信号接插件

2. 广播教学设备

广播教学设备主要有:放音机、发射机、收音机和无线接收耳机等。

(1)发射机。发射机是把话筒、录音机等设备输入的音频信号调制为射频信号,通过天线发射出去的设备。

音频信号是频率和声音振动频率相同的电信号,是一种低频信号。

调制是指把音频信号加载到高频电磁波上,以利于发射传播的一种技术手段。调制的方式有两种,调幅和调频。载波的高频电磁波是等幅等频振荡的正弦波。用音频信号调制载波的振幅,使高频电磁波的幅度随音频信号的幅度变化而变化的方式,称为调幅,调制后的电磁波称为调幅波。用音频信号调制载波的频率,使高频电磁波振荡的瞬时频率随音频信号的幅度变化而变化的方式,称为调频,调制后的电磁波称为调频波。调制方式如图3-9所示。

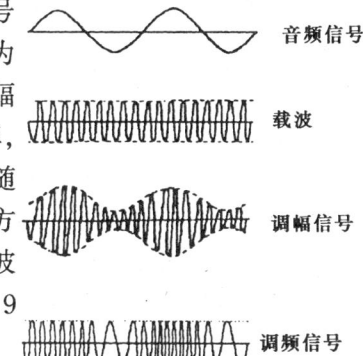

图3—9 调制方式

调制后可用于发射的高频电磁波信号称为射频信号。射频信号包括调幅信号和调频信号。

(2)收音机。收音机是接收无线发射的射频信号,并还原为声音的设备。

无线电台广播用不同频率的电波播送许多节目,收音机可以任意选择其中的节目,选择节目的过程称为调谐。全波段收音机调谐一般分为三个波段:中波(MW),频段范围525kHz～1605kHz;短波(SW),频率范围2.3MHz～22MHz;超短波(USW),频率范围88MHz～108MHz。其中,中波和短波是调幅波(AM),超短波是调频波(FM)。三个波段在机上均有明显标志。

无线话筒发射的电波就是调频波,所以带有调频波段的收录机可以接收无线话筒的电波用于扩音。当然,无线话筒发射的电波频率应在收录机可接收的频率范围内。校园内的外语教学广播一般也用的是调频波,学生可以用收音机或无线耳机接收。

(3)无线耳机。无线耳机是在普通耳机上加装天线和接收调谐装置,取消了连接插线,成为一种具有耳机外形的收音机。无线耳机可收听校园内教学广播和电台广播。

3.广播教学设备应用方法

目前,采用小功率广播教学设备在校园内进行外语广播教学,学生用无线耳机或收音机收听,是学校教学中普遍运用的视听教学方法,用于训练学生外语听力,模拟和实施外语听力考试。

提倡和鼓励学生收听电台教学广播,也是扩充学生知识面,训练外语听力能力,提高学习兴趣的有效方法。

使用广播设备进行系统教学,是大范围普及职业教育的有效方法,已在我国实施多年,并取得了卓越成效。农业广播学校、师范广播学校等就是其中典型的例子。

第四节 录音、放音教学应用

录音和放音是两种结合十分密切的教学手段,录音的目的一般是为了重放声音,录音的效果要用放音来检查,放音的声音资料也来自录者。

一、录音、放音教学基本模式

录音、放音教学由声源(教师)、话筒、录音机录制声音磁带,由放音机将磁带上的声音信息播放出来,供接收者(学生)收听。其基本模式如图3—10所示。

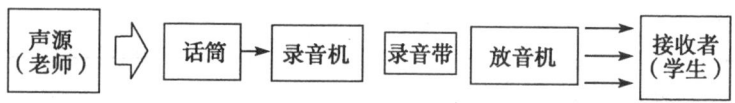

图3—10 录音、放音教学基本模式

录音、放音教学基本模式体现了媒体传播信息的全过程。

二、录音、放音教学设备应用方法

录音、放音教学设备除了广泛用于课堂放音、学生录放音外，另一重要的应用是教师制作教学录音带，即编制录音教材。

教学录音带的制作方法有五种：收录、转录、实录、编辑和复制。

1. 收录

收录是指接收广播节目或电视节目加以录制。也可统称为广播录音。

①广播节目收录。收录机可以进行广播节目收录。用收录机调出所需的广播节目，装入录音带直接录制。利用电脑的相关软件也能收录所需节目，常用的有 Windows Media player、Real player 及网络龙卷风收音机等。

②电视节目收录。用录像机或具有音频输出功能的电视机接收电视节目，通过音频电缆送出伴音信号到录音机进行声音录制。伴音节目收录系统配置如图 3—11 所示。

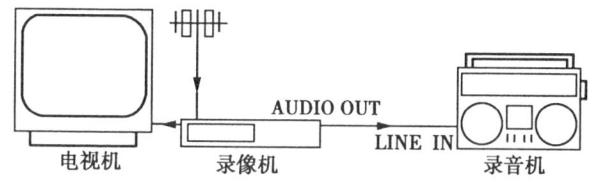

图 3—11 电视伴音收录

2. 转录

转录是指从已有的录音磁带、录像磁带、唱片（盘）上录取教学录音节目。

转录的方式有两种，一是将原节目放出声音来，再通过话筒用录音机录制。这种用声音信号进行录制，简称声录。二是将原节目的音频电信号通过电缆送出到录音机录制，简称电录。声录虽不麻烦，但失真大、噪音容易混入，效果很差。故转录一般避免采用声录，而采用电录。

电录的情况有以下几种：

①录音磁带转录音磁带。用两台录音机，一台录音机作放音

机,另一台录音机作为录制机,信号必须采用线路联结方式传输(Line out —Line in)。在立体声录制中,左右声道要一一对应,如图 3—12 所示。

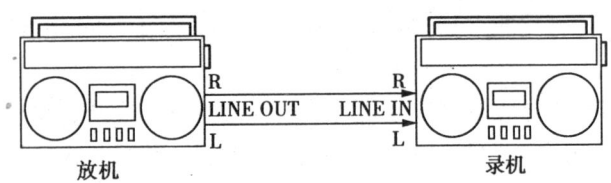

图 3—12 录音磁带转录

如果用双卡录音机转录就只需一台机器,使用特别方便,一般机上左舱为放音舱,右舱为录音舱,不必另外连线。

②唱片(盘)转录音磁带。以电唱机或激光唱机作为放音机,通过电缆送出音频信号到录音机进行录制。

③录像磁带转录音磁带。以录像机作为放音机,通过电缆送出伴音信号到录音机进行录制,类似电视节目收录,系统连接亦如图 3—11 所示。

④利用录音机卡座和电脑音频输入口相连,加上相应的工具软件,如 Windows 自带的录音机或 Soundforge 等可把录音带上的声音转换为电脑声音文件。

3. 实录

实录是指对人或自然界各种事物实际声音的录制。实录的方法很多,从话筒与录音机的联系来说,有机内话筒录音、外接话筒录音和无线话筒录音。从录音场所来说,有室内录音和室外录音。

①机内话筒录音。盒式录音机一般都有机内话筒,只要离声源不远(例如人说话离录音机 0.3 米～0.5 米左右),可以很方便地进行录音,其效果可以符合一般语言教学的需要。

②外接话筒录音。当录音机离声源较远,或者需要提高录音

质量时，可使用外接话筒录音。连接时话筒插入录音机上的话筒插孔，这时机内话筒被自动断开。要注意话筒阻抗与录音机插孔所标的输入阻抗相匹配，否则，效果不好。

③无线话筒录音。当声源较远、位置不固定，或因场地限制不能使用机内话筒和外接有线话筒时，就需使用无线话筒。用具有调频收音功能的收录机进行录音。

室内录音通常指演播室或录音室内的录音，室内录音效果好，质量可以得到保证。室外录音条件差，噪音大，有时必须使用灵敏度高的单指向性话筒，用以提高信噪比和清晰度，保证录音质量。

4．编辑

录音编辑是指把用上述方法收集的各种原始声音素材按教学设计的先后顺序汇编起来，制成录音教材；或者在已录制好的声音教材中插入某些新的资料；或者给实录好的语言朗诵配上背景音乐。这些工作都要通过磁带编辑的过程才能完成，我们称这个过程为录音编辑。

录音编辑系统一般由两台以上的放音机、一台录音机和一个调音台组成，如图3—13所示。

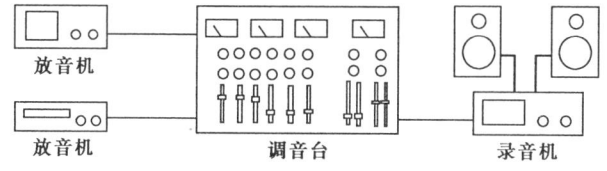

图3—13 录音编辑系统

两台或数台放音机用作素材带的重放（必要时可用话筒插话），它们输出都经调音台控制，然后混合输入到一台高质量录音机内录制。混合时调音台可对各种声音素材进行必要的加工调整，调整的内容包括：音量大小调整、音调高低调整和制造混响效果等。

现在利用电脑声音处理软件如 CoolEdit, Soundforge 等可实现对电脑声音文件的快速而方便的编辑，包括给声音加入特效，如淡入淡出、变换频率和音色，模拟不同的环境效果等，功能非常强大。

5．复制

教学录音带需大量发行时，必须进行复制。复制有三种方法。

①双机复制。同上述双机转录方法一样，用音频电缆连接放音机的线路输出和录音机的线路输入，进行录音带复制。

②单机双卡复制。利用带有放音舱和录音舱的双卡录音机可以很方便地进行录音带复制。双卡盒式磁带录音机复制录音带时一般是采用单面常速复制，可用于复制音质要求较高的音乐带，也可采用录音带的两面同时进行复制，复制时间比双机复制缩短一半。

③高速复制。由专门的录音磁带复制机进行，一盒母带一次可以复制 3 盒～60 盒子带。复制的速度很快，效率极高，主要应用在电教部门和音像教材出版发行部门。

④利用电脑可对声音文件进行快速的复制，现已广泛应用到多媒体制作中。

三、录音带使用常识

1．新录音带使用前，应先用快进、倒带卷绕一两遍，使磁带层间不再紧贴，以便于录音时顺畅走带。

2．磁带应放在干燥、清洁、阴凉通风的地方，避免高温、低温、潮湿、日晒和腐蚀性气体。

3．磁带保存应远离强磁场，如变压器、扬声器等。也不可放在电视机附近，以免退磁或扰乱磁迹。

4．磁带应直立存放，不可堆叠平放，以免带盒及磁带变形。

5．长期存放的磁带应定期（如半年左右）取出重新卷绕一次，以防磁带粘连或形成信号转印串音。

6. 保存重要的录音资料时，应去掉带盒上的防抹片，防止将录音资料误抹。

第五节 语言实验室教学应用

语言实验室是配给学生每人一套录放音装置，并由教师集中控制、分别指导，用于语言能力训练和教学的设备系统。

随着科学技术的飞速发展，除录放音设备外，各种现代化的视听设备，计算机控制的学习反应分析器等也相继进入语言实验室，使语言实验室的教学功能得到不断的完善。它不仅适用于语言教学，而且还适用于自然科学和音乐艺术教学，以及个别自学或班级复式教学等。因此，这种扩大功能的现代语言实验室又可广义地称之为学习实验室。

一、语言实验室的教学特点

语言实验室由于具备录放音教学的多种功能，为进行语言听说训练、情景教学提供了理想的条件，成为语言教学中最受欢迎、最有成效的综合性教学媒体，并形成语言实验室独到的许多教学特点。

1. 为模仿实践创造了条件

模仿实践是语言教学，特别是现代外语教学的重要原则之一。在语言教学方法上可分为两大类：一类主张学习语言要从模仿和实践着手，概括规则，不断实践，最后达到掌握一种语言的目的；另一类主张学习语言应当从认识规则开始，然后进行模仿和实践，最后掌握这种语言。这两大类相同的是都主张在语言学习方法中采用模仿和实践，不同的只是模仿和实践在整个学习过程中所处的阶段、所占的比重和所采用的方式不同而已。这说明无论用哪种方法要想掌握语言都是不可离开模仿和实践的。语言实验室为进行模仿、实践创造了有利的条件，在语言实验室里，学生进行跟读练习、个别对话、小组讨论等活动，使他们进行语言模仿和实践的机会比在普通课堂上要多几倍。

2. 能及时提供反馈信息，便于因材施教，实现个别化教学

语言实验室的学生座位是相互隔开的"小间"，学生可按自己的实际情况选择学习内容和决定学习的进度，而不受其他同学的影响。还可以将自己的发音录下来与标准音反复比较，从而可及时自我发现问题，纠正错误。

在教学过程中，教师可以通过监听、个别通话、选录学生练习中好的或差的典型作比较等方式组织教学，有针对性地进行个别指导，及时帮助学生解决学习中的疑难问题；对于程度不同的学生，可以提出不同的教学要求，给予不同分量的教学信息，从而使全班学生都"各得其所"，均有收获和进步。运用学习反应分析机以选答题的形式进行测验，可以准确、及时地了解到每个学生的学习情况。比如，对某一教学问题有多少学生不懂，学习反应分析机都能精确地显示出来，提供及时准确的反馈信息，保证教师得以"有的放矢"地进行教学。

3. 创造良好的语言环境、提高课堂教学效率

进行语言教学，创造一个良好学习语言的环境是十分重要的。语言实验室可以为学生学习外国语言提供各种情景交融的视听信息。它不仅可以单独播放标准读音，还可以与幻灯投影、电视等视听媒体结合起来，使学生有身临其境的感觉，从而了解语言所在的国家、地区的文化、生活，准确把握语言的异国特点。

在一般教室里进行语言教学时，常常会出现一个人或者几个人训练，其他人却处于消极被动的旁听状态，有时又互相干扰。在语言实验室进行教学，则既可以免除互相干扰，又可使全班同学有机会同时进行语言训练。在同一时间内，也能分成几个小组进行相同或不相同内容的教学活动，这就相对增加了学生进行实践训练的机会，有效地使学生在整个教学过程都处于主动积极的

学习状态之中,从而大大提高了课堂教学效率。

二、语言实验室的教学课型

运用语言实验室进行教学时,根据教学目的和要求的不同,经常要用各种不同的课型来进行教学,选择能够充分发挥语言教学设备功能和优势的教学形式,从而取得良好的教学效果。通常使用的课型有:语音课、听力课、口译课、句型训练课、会话课、视听说课等。

1. 语音课

语音课是一种训练以掌握正确的语音、语调为主的课型,目的是培养学生认读和拼写的能力。

语音是学习语言的起点,在学习语言的基础阶段,掌握正确的语音、语调是非常重要的。在语音课中,一般采用发音训练、辨音训练、语言技巧训练、正音训练、语调训练、朗读训练和语言听写训练等形式,达到帮助学生熟练掌握语音和语调的目的。

在语音课中,教师应使用录制的标准读音教材,由学生模仿发音,反复进行跟读练习。还应通过监听记录学生发音的办法进行个别辅导,以便差生迅速跟上全班水平。

2. 听力课

"听"是语言交流的基础,是掌握语言必需的能力之一。听力训练的目的就是提高学生听懂语言的能力。听力训练是语言实验室教学的一个重要方面。任何具有听音和放音功能的语言实验室,均能上听力课。在进行听力训练前,教师应准备好各种听力教材。所选听力教材应注意两个问题:一是要根据学生的水平,选择那些有利于巩固旧知识、预习新知识,并且生动、有趣、便于记忆的听力材料;二是要选用那些正常或接近正常语速播放的材料,语调要自然,不应矫揉造作。听力教材常分为精听和泛听两大类型。听力课也分为精听课和泛听课两种类型。

精听课要求学生全面理解和掌握听力教材的内容,甚至要求做到能从头到尾将所听的内容复述或写出来。在训练方法上多采用分句分段地听。教师通过提问的方式了解学生听懂的程度，必要时可进行解释。放音方式可以由教师统一播放，也可以由学生录下来后反复自放自听。

泛听课只要求学生能听懂大意，了解中心思想和内容概况。泛听课通常采取整篇听，反复听的方式。泛听课所用录音教材磁带可以重复录制几遍，也可以做成循环带。

3．口译课

口译课是对学生的外语听说能力进行综合训练的课型。既适用于外译汉，也适用于汉译外。用于口译课的录音教材，在制作时应将口译材料分句（或分段）间隔录音。间隔时间的长短取决于口译内容的多少。学生在听完一句（或一段）录音材料后，接着进行口译练习，并将其记录在口译训练录音教材的间隙处，以便进行重放对照检查，发现不妥之处时及时予以纠正。这种训练虽然难度较大，但实践性强，因此学生较感兴趣，对提高口译能力有较大帮助。

在口译训练课中如能充分利用幻灯投影、电视录像等媒体提供视觉情景，让学生边看、边听、边译，就更能使学生尽快进入"角色"，取得更佳的效果。在采用这种口译训练方式初期，对于一些难度较大的关键性词语，可以在画面上适当提示，辅助学生的口译。

4．句型训练课

句型训练课是一种帮助学生掌握各种不同的句型结构，说明句式语法规律的课型。目的是提高学生识记和模仿运用语言的能力。

句型训练课中常用的教学法有：替换训练法，就是用给定的词或词组替换句子中的某一部分；转换训练法，就是转换句子形式，如把陈述句变为疑问句，或把简单句变为复合句，或把主动语态变为被动语态等类型。

录制句型训练教材时，视句型的难易程度，通常采用二步式、三步式或四步式等编制方法。对于简易句型，一般采用两步式编排训练教材。对于稍难的句型，则采用三步式或四步式练习程式。一般情况下是在学生练习后提供正确答案和留有学生复述正确答案的时间。

5. 会话课

会话课是一种训练学生口语能力的课型。通常的做法是在课前录制好的整篇会话教材中，让学生分别根据教材的要求扮演或模仿不同的角色进行会话练习，这种方式能较好地调动学生参与教学过程的积极性。会话课使用的录音教材常分为三个部分：第一部分是按正常口语语速将整篇会话材料从头到尾录制一遍。训练时，先从头至尾播一遍，目的是让学生通过听录音了解会话教材的大致内容。第二部分是将会话内容分句录制，并在每句话的后面留一段空隙供学生模仿练习，以加深对内容的记忆。第三部分是用角色替换形式录制，如由学生扮演 A 角色，就把 A 角色讲话部分空出。对于其他角色的会话也可照此法替换练习。

6. 视听说课

视听说课是一种以训练和发展学生听力和语言交际能力的课型。它主要是以幻灯投影、录音、电影、电视录像等手段提供丰富的视觉形象，创造语言环境来配合听说训练。

下面仅以电视录像为例，介绍一下视听说课的一般教学过程。利用电视录像进行视听说课教学大致可分为三个步骤：

第一步，先把教学录像片播放一遍，让学生通过视听了解教学录像片的大致内容，领会其语言。然后播放第二遍，使学生进一步理解和弄懂教学录像片的语言。在第二次播放中，如果遇到生词或新的语言结构可暂停录像机，由教师作适当讲解。

第二步，第三次播放教学录像片，让学生对录像片的语言有更深刻的印象，然后从录像片的对话或解说词中选择适当的素材进行语言单项练习。由于视听说课侧重于语音语调训练以及在具体语言运用情景中培养学生的听说能力和语言熟练技巧,因此,单项练习要围绕这一目的进行。例如让学生跟随解说员或剧中人进行复述,模仿其标准语音、语调等。

第三步,进行大量活用语言练习。在做练习之前,也可再次播放录像教学片,让学生进一步熟悉录像片的语句与情节。

录像教学片的选用应从日常生活入手,并以口语为主。但内容也不限于日常生活范围,可以选择包括学习、工作、社会生活、工农业生产、科学实践、友谊与爱情、人物传记等各种故事片、纪录片或专题片的片段,使题材和风格尽量多样化,以增进学生对所学语言国家的了解。

三、语言实验室的类型

随着科学技术的发展和语言实验室应用的日益普及,语言实验室的教学功能不断增加,性能不断完善,结构逐步向视听综合型发展。计算机技术的引入,语言实验室系统功能日趋完善,操作控制更加可靠和简便,使用寿命得到了延长。根据语言实验室的发展过程和使用功能,通常划分为以下 4 种类型。

1. 听音型语言实验室(Audio - Passive Laboratory. 简称 AP 型)

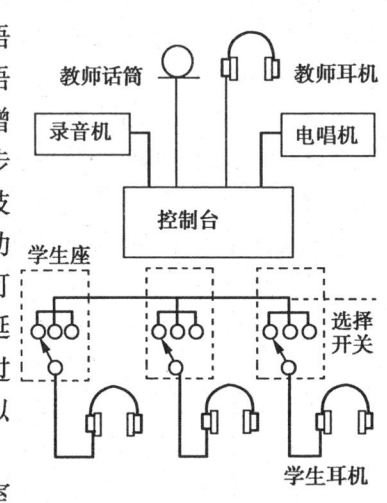

图 3—14 听音型语言实验室

听音型语言实验室是一种最简单的语言实验室,控制台上的设备有公用录音机和教师用话筒,每个学生座位上设有耳机插孔(没有个人用录音机),学生戴上耳机就能收听到教师控制台公用录音机播出的声音,如图3—14所示。

目前又发展了无线电发射型听音室,它利用电磁感应原理,通过发射无线电波(音频辐射)代替控制台与学生耳机之间的导线连接。这种AP型语言实验室主要设备为无线发射机和无线接收耳机。

AP型语言实验室布线简单、造价低廉、便于推广应用。特别是无线型语言实验室,接收耳机的数量可根据需要随意增减,且具有听音清晰、干扰小、使用方便等特点,因而很受师生的欢迎。

有的AP型语言实验室在学生座位上还配有一台录音机,可供学生或教师在这里借用磁带进行自学或备课。

听音型语言实验室放音内容和掌握学习进度较为灵活,但有线型容纳人数受到一定的限制,不利于公共外语教学。听音型语言实验室由于设备简单,无双向教学功能,教学过程中师生无法对话,一般不作上课使用,仅供学生自学、复习、进行听力训练等使用。因此又叫消极型语言实验室。

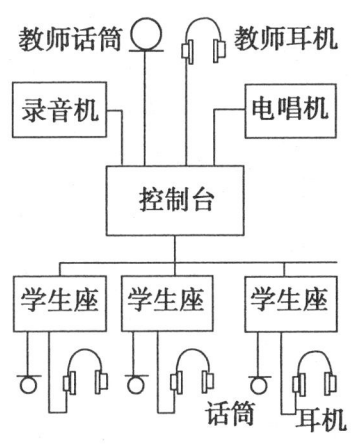

图3—15 听说型语言实验室

2. 听说型语言实验室(Audio - Active Laboratory. 简称AA型)

听说型语言实验室是建立在听音型基础之上的,学生仍没有个人用录音机,但增加了个人用话筒,具备了双向通话功能,如图3—15所示。

在听说型语言实验室中,学生可以通过耳机听教师播放的录音教材,并能按教师的要求进行跟读语句、模仿语音语调、回答提问、翻译课文及师生对话等语言练习。听说型语言实验室的主要功能有：

(1) 学生在进行语言练习时能够听到自己的声音。

(2) 教师可以在不被学生知道的情况下，选择监听任一学生的练习情况。

(3) 师生直接对话。教师可以根据监听时发现的问题给予学生个别指导，也可以应学生的呼叫和请求解答学生提出的问题。

(4) 教师可用控制台上的录音机选录任一学生的练习作业，作为了解、分析和讲评学生学习情况时的参考。

听说型语言实验室由于有双向通话功能，因此能及时提供反馈信息，便于加强个别指导，教学效果比听音型优越得多。但因学生座位上没有录音机，学生不能将自己的各种口语练习记录下来，无法和控制台提供的标准语音进行比较，所以听说型的教学功能仍不完备，属于简易型语言实验室。

3. 听说对比型语言实验室（Audio-Active Comparative Laboratory. 简称 AAC 型）

听说对比型语言实验室主要是在听说型语言实验室的基础上，在学生座位上增加了双声道双轨录音机，如图 3—16 所示。

学生用这种录音机可记录控制台提供的录音教材，同时记录下学生自己跟读的声音，便于进行听说比较。

AAC 型语言实验室除具备 AA 型的所有功能外，还主要有如下功能：

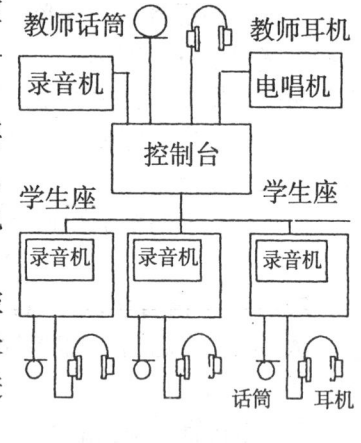

图 3—16
听说对比型语言实验室

(1) 多套教材同时播放。AAC 型控制台上一般有多个录音机,可同时播放几种不同内容、不同进度的录音教材,供学生听音或复制。

(2)跟读与录音。学生跟着教师或录音教材朗读,通过专用的双声道学生录音机,范读和跟读可同时录制在录音磁带上,然后播放进行对比。一次跟读达不到要求,还可把跟读的部分抹掉,重新进行跟读录音,直到满意为止。

(3)遥控学生录音机的工作状况。控制台上装有遥控学生录音机的线路,便于教师控制学生的活动。

AAC型语言实验室功能较多,使用方便、灵活、进行语言教学效果较好。

4. 视听比较型语言实验室(Audio-Visual Comparative Laboratory.简称AVC型)

AVC型语言实验室是在AAC型的基础上增加了视频图像教学系统而构成的,学生每座或每两座配置一台9英寸电视监视器。有的还在讲台上装备投影器、幻灯机、电影机、录像机等装置。如图3—17所示。

视觉设备的引入为语言教学提供了丰富的视觉信息,且功能更多,使用也更加方便。随着计算机技术的普及,目前最先进的微机分析视听型语言教学系统也开始普及。这种新型语言实验室采用了微机控制的反应分析器,充分发挥计算机处理信息快和具有多功能控制的特点,可以直接对学生进行测

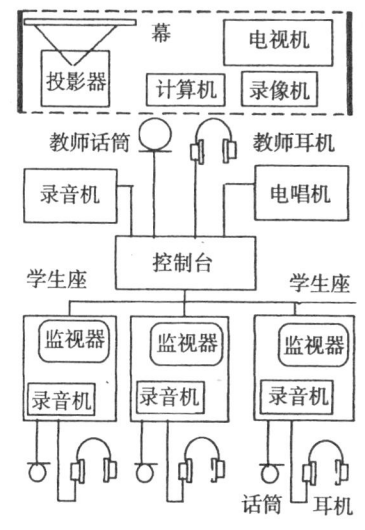

图3—17
视听比较型语言实验室

验和考试，其结果可通过打印机打印出来，用于对教学质量进行统计分析。

AVC型语言实验室采用视听综合教学手段，在提供标准语言节目的同时，还提供直观、形象的图像，使学生视听说兼备，营造一种身临其境的气氛，提高了教学效率和教学效果。

四、语言实验室的使用

语言实验室是现代化的教学设施，在教学中要正确使用，才能发挥其使用效能，达到教学目的。在语言实验室里进行教学，应注意以下问题。

1. 熟练掌握语言实验室操作技能

（1）语言实验室中现代化教学设备较多，连线错综复杂，实际教学中必须规范化操作、精心操作。

（2）师生事先都必须经过培训。教师在语言实验室进行教学，要取得好的教学效果，一个先决条件是必须了解语言实验室的技术性能，熟练掌握语言实验室系统的操作方法。使用前，应仔细阅读操作说明书，认真虚心地向实验室管理人员请教，弄清楚设备上各种开关、按键的作用及正确使用法。对设备间的连接、电源供电等情况一般要有所了解，对其具有的各种教学功能则要充分了解，并反复进行实际的演练。只有这样才能在教学中得心应手地使用。在正式教学前还应该向学生介绍语言实验室的功能，指导学生操作使用座位上的设备，并加强爱护设备的教育。

2. 采用适宜的教学方法

在语言实验室进行教学时，为使教学内容更好地被学生接受，就要采用适合于语言实验室特点的教学方法，以充分发挥语言实验室的优势。在上课时要采用灵活多样的教学方法，激发学生的学习兴趣，发挥语言实验室个别化教学的特点，因材施教。教学过程中要控制好教学节奏和时间，使学生始终在学习中积极主动、注意力集中。防止学生分散注意力,产生疲劳感觉,使学生在轻松、和谐的环境中进行学习。

3. 编制大量适合语言实验室的教学软件

成功的软件是用好语言实验室的关键和前提。教师进行教学前要根据教学目标、教学内容及教学特点,选择合适的录音教材或自己编制录音教材,这样才能配合教学设计,取得好的教学效果。最好能根据教学内容需要,配合使用视觉形象教材,如幻灯、投影、电影、录像等。这有助于学生丰富感知、理解概念、加强记忆,可取得最佳教学效果。

第六节 计算机声音教学

计算机在科学教育领域内已得到广泛的应用,在用声音进行教学中,计算机也开始发挥出其他声音媒体无法与之相比的作用。近年来,由于计算机技术的飞跃发展,计算机对声音信息的记录和处理能力已大大提高,出现了许多高品质的计算机音乐作品。并且,由于计算机具有采集、存储、加工、复制、传输、再现和扩散信息的能力,具有信息的大容量存储能力和程序控制能力,特别是计算机具有的交互式教学功能,使计算机在声音媒体教学应用中开始异军突起,引起教育界有关人士的广泛注意。

一、计算机声音教学方法

计算机教学的基本模式是人机交互模式。即学生直接面对计算机,按教学程序进行学习。教师的任务主要是编制教学软件和指导学生学习。

一些教学内容与声音表现形式密切相关的教学学科如语言教学、音乐教学,它们在教学中特别重视对学生的语音、口语、乐曲、声乐的听觉能力、反应能力和表达能力的训练。这些能力

(心智技能)的训练教学一般都遵循"刺激—反应—强化"的教学规律,并且需要学生反复进行练习,因此特别适宜用计算机声音教学的方法。计算机声音教学方法主要有以下三种。

1. 程序教学法

在计算机编制的教学程序中,把学习内容分成许多小的逻辑单元,并按一定的顺序连接起来,每一单元都播放一段声音内容或用声音提出问题,要求学生听后作出反应,模仿或回答,然后对学生的应答给予判定,根据判定结果予以"强化"(重新练习、巩固练习或加强练习),或进入下一单元内容的学习。

2. 交互式教学法

在类似语言听力练习游戏的教学软件中,学生可以根据自己的程度和兴趣任意选择其中的教学内容和练习形式,与计算机进行"师生对话"(例如"是"与"非"的对话)。计算机充当了指导教师和交谈对象的角色。面对计算机个别学习,学生无拘无束、应答自如,其自信心也得到一定的锻炼。

3. 资料查询法

计算机编制的外语、普通话常用口语发音资料库软件,供学生随时查询,既方便,又迅速,能代替教师解决面对许多学生不同的提问,需逐一个别回答的难题,还能适应不同职业、不同层次的学习对象的教学需要。

二、计算机声音教学设备系统

1. 硬件

计算机声音教学的设备配置由计算机(PC 586 以上)、光盘驱动器(CD-ROM)、16 位声卡、扬声器(或耳机)和话筒组成,如图 3—18 所示。

声卡(Sound Blaster)具有声音信号输入、模/数信号处理和声音信号输出功能。它采用了脉冲数码调制 PCM(Pulse – Code Modulation)电路,使音响效果分外逼真。新一代采用了波

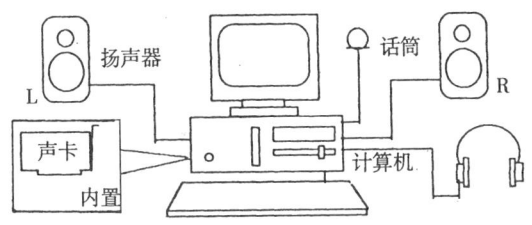

图 3—18 计算机声音教学设备系统

表合成技术的超级声霸卡 SB PRO，如 AME32 卡和 AME64 卡，甚至可以获得与录音棚作品相媲美的专业级音响效果。

2．软件

计算机声音教学应用软件和课件一般存储在软盘上或光盘上，便于扩散。也可以存储在机内硬盘内，便于学生们调用。声音教学软件一般在 Windows（系统管理软件）环境下运行。放音、录音、声音编辑等工具软件一般由声卡生产厂家随卡提供。

三、计算机声音教学应用方法

1．声音播放

将声音软件或音乐 CD 盘装入计算机中，用声音播放软件直接播放。应用时，打开"媒体播放器"软件，启动声音驱动程序，屏幕上会出现和录音机、CD 机外观一样的图形界面，装入软件（或 CD 盘），直接用鼠标按击图形中录音机（或 CD 机）的播放键即可播放。播放的声音大小可调、高低音可调。也可在 CD 盘放入光驱后，用手按下光驱面板上的播放键，用耳机插入光驱直接收听。

2．计算机录制声音母带

计算机由于采用的是数码（脉冲数字编码 PCM）技术记录声音信息，因此信噪比很高，适宜录制声音节目母带，提高子带复制质量。计算机还可以对声音进行编辑，进行音色补偿，这些任务都由声音编辑工具软件完成，操作十分容易和方便。这样，教师一个人在家就可以轻松地完成整个录音和编制工作。

3. 计算机作曲和演奏

计算机具有高速运算能力和声音模拟能力。在专门的作曲和演奏工具软件支持下，可以用计算机作曲、配器，并且马上可以听到演奏或合奏的效果。例如使用 Cakewalk 电脑音乐创作工具软件，它可以自动记录歌声或人哼的一般单音旋律，并转成乐谱，其中的装饰音也能记录下来。音乐工作者可以单独一人采用计算机完成整个一部电视剧的全部音乐作曲和演奏工作。教师用这种方法来指导学生音乐作曲，有立竿见影的教学效果。但这要求教师首先要熟悉计算机，熟悉一种作曲和演奏的工具软件，才能胜任教学工作。

【思考与练习】

1. 声音信息的类型和特点有哪些？
2. 列举你所知道的声音媒体教学方法，它们分别应用在什么教学场合？可达到什么教学目标？
3. 扩音教学在课堂教学应用中有哪几种设备系统配置方法？
4. 全波段收音机接收广播节目可以分为哪几个波段？它们的技术特点是什么？
5. 教学中怎样运用录放音手段？
6. 话筒的基本类型及各自的特点有哪些？
7. 扩音设备在使用中的注意事项有哪些？
8. 录音的方法有哪些？注意其各自所用的设备及录音特点。
9. 详细参观本校一个语言实验室。试述这个实验室的所属类型及其功能。
10. 语言实验室的特点是什么？有何功能？
11. 怎样利用语言实验室进行教学？

第四章 图形媒体教学

图形媒体是一种最基本的视觉媒体，也是一种最常用的教学媒体。人类最初的信息交流，就是通过原始图画，一种最基本的图形媒体实现的。经过原始图画——象形符号——象形文字——表意文字的发展过程，图形媒体已发展到以文字、图画、照片为主的多种表现形式，成为人类信息传播的主要媒体之一，也成为教学所采用的主要媒体之一。

第一节 图形媒体

图形是指表现事物面貌的静态影像。图形媒体是指以图形作为信息表现形式的信息传播工具。视听教学中的图形媒体具体是指以图形为信息表现形式的幻灯、投影、计算机等各种媒体。

一、图形信息

人类视觉观察到的周围事物，是以一种图形形式反映在大脑中进行判断和思维的，这是形象思维的基础。图形信息就是依赖于图形对真实事物的形象模拟，利用人类对图形的判断和思维能力，采用图形作为信息的表现形式来传播事物内容的。

图形信息通过画面中事物的形状、色彩、空间位置等视觉特征来表现事物内容，再现观察过程中一瞬间看到的事物面貌，是一种稳定的静态视觉形象。由于图形信息这种静态的视觉表现形式制作容易,并且图形已能直观地表现事物的主要视觉特征,满足人们对事物内容识别的要求,所以图形大量地、广泛地用于各种信息传播,特别是大量用于教学信息传播中。

教学信息传播的一般规律是:信息表现形式的直观性越强,也就越接近它所代表的事物或概念,就越能防止教学传播的失真。当作为教学内容的具体事物在学生眼前存在时,学生认知的成功率越大。当教学内容所涉及的事物不存在时,它的直观图形则取而代之,成为最佳教学选择对象。目前,由于图形绘制、传播、再现等技术日益先进,应用方便、快捷、效果优异,并且人类对图形的共识性强,因此在信息传播中,特别是在教学信息传播中,图形已逐渐居于重要地位。

在教学中要有效地运用图形信息,有必要了解图形的几种表现形式。

1. 图形的类型

图形在信息表现形式上,一般有两种类型:图片和图示。

①图片。图片是指直接再现人、事物和地点的外形特点的照片,或形象地模拟事物外形特点的图画,如绘画作品、摄影作品和印刷的美术摄影作品。

②图示。图示是指形象化地释解信息内容的线条图、线路图、结构图、方框图、分类图、流程图、曲线图、比例图、矢量图、示意图、图表、图解、漫画等图形示意。

文字是一种特殊的图示,是一种简练的符号图示,是一种按语言规律来组成和识别信息内容的符号图示。因此,从信息传播的角度来看,可以把文字归入图形的范畴来处理。

2. 图形信息的特点

图形信息在教学应用中,主要有以下几个特点。

①静态画面。图形是一种瞬间的、静态的、固定的视觉形象,因此特别适宜表现事物的形态和面貌,并且可以供学生长时

间地仔细观察对象的各种细节,给学生留下深刻具体的印象。

②内容直观。图形表现的事物内容生动、形象,可以和真实的事物一模一样,也可以和真实的事物相似或只突出事物某些特征,是一种视觉直观的信息表现形式。

③技术性。图形信息的技术性很强,无论采用什么传播手段,图形必须轮廓清晰、色彩逼真、细节分明、画面稳定。

④艺术性。图形画面具备线条、块面、明暗、层次、色彩等造型因素,讲究空间透视、光线处理、静态画面构图等造型手段,可以给人以极大的艺术感染力。有的图形信息除了传播知识以外,其画面本身就是一件艺术作品。

⑤信息化。图形信息同样具有现代信息的共同特点,即能够搜集、存储、加工、复制、传输和扩散。

图形信息由于具备上述特点,所以特别适用于认知目标的教学活动,一般不太适宜情感目标的教学;适用于表现静态的对象,不宜表现运动对象、运动过程和变化过程。

二、图形媒体传播技术手段

传统的图形媒体传播手段是绘画、摄影和印刷。其相应的画图、照片和图片美观、形象,易于信息传播,但一般画面都太小,不适宜课堂教学演示使用。视听教学中的图形媒体传播技术手段在保持了传统手段优点的基础上,将画图和照片的画面放大,满足教学需要。

最常用的图形媒体传播技术手段是幻灯、投影和计算机。其硬件是幻灯机、投影器、计算机、液晶投影器、投影屏幕。其软件分别是幻灯片、投影片和计算机图形软件。

第二节 图形媒体教学方法

一、图形媒体教学方法基础

图形媒体教学方法是建立在采用幻灯和投影两种媒体传播手段基础上的。幻灯、投影能提供直观、形象、生动的画面，是模拟事物视觉特征的两种教学媒体。在教学过程中，幻灯、投影提供的画面内容，能扩大教学容量，节省教学时间，增强教学效果。运用幻灯、投影教学能使教学过程充满生机活力，不仅能吸引学生的注意力，还能激发学生浓厚的学习兴趣，调动学生的积极性。幻灯、投影媒体与其他视听媒体相比，价格较低、设备简单、操作方便、应用灵活。教师可根据教学设计要求和教学信息反馈，对放映的方式和节奏随时进行调控。幻灯片、投影片的制作简单，投影媒体在内容和形式上具有上述特点，因而深受广大师生的欢迎。教师在大量运用幻灯、投影媒体的过程中，探索和总结出许多有效的教学方法。

一般的图形媒体教学方法指的就是幻灯教学法和投影教学法，这是两种教学手段，在教学中具体应用时还有多种运用方法。但无论什么方法，其基本方法是演示教学法。

二、图形媒体教学方法种类

围绕幻灯教学和投影教学两种手段，介绍五种演示教学方法。

1. 图形讲授法

利用幻灯、投影所演示的图形，结合教师的讲解进行教学，是幻灯、投影教学中最基本、最常用的一种教学方法。

各学科教学，每一章节内容都有其重点、难点及关键问题，这些问题如果涉及的是具体的事物外貌，如机器、设备、植物、文物、人物及人们的一些活动等，教学中运用幻灯、投影演示这些内容的图片或照片来配合教师讲解，自然比教师单纯讲解效果要好得多；有些物体的内部结构或事件的过程虽然具体存在，但却无法看到，如录音磁头的内部结构、红军长征的路线等，这些内容则可以用结构图、地图等图示配合教师讲解进行幻灯、投影演示；而有些知识内容是抽象的概念，要想使学生通过感性认识来接收和理解知识内容，仅面对课本上的文字描述和教师的讲解是不够的。如果学生对重点、难点内容难以接收和理解，教学活动就难以进行。由此将大大降低学生学习兴趣和学习积极性，达不到预期的教学目的。因此，将抽象的概念或语言文字转化为以幻灯、投影表达的具体可见的图形，教师再辅以讲解，使教学过程符合学生的认识规律和学习规律，必将极大地提高教学质量和教学效率。

在教学实践中，图形讲授法可以采用多种方式进行。

①先放映，后讲解。先放映幻灯片或投影片，在学生有一定感性认识的基础上，再通过教师的启发、引导，使感性的认识上升到抽象的概念。例如，中学语文《从百草园到三味书屋》一课的教学。先让学生预习课文，然后放映百草园和三味书屋的幻灯片：三味书屋、光滑的石井栏、戒尺、高大的皂荚树。同学们非常感兴趣地观看幻灯片，于是在他们头脑中形成了这些事物的表象，在此基础上，教师讲解课文内容就容易多了。

②边讲解，边放映。教师一边放映幻灯片或投影片，一边结合画面进行讲解，这是图片讲授法最常用的方式。应用这种方式进行教学时，教师应把分析教材内容与分析画面内容有机地结合起来。教学过程中放映幻灯片、投影片，其目的是为了帮助学生分析、综合、概括教学内容，最终认识、理解、掌握教学内容。因此，讲解时教师对画面的分析一定要紧密结合教材内容的文字表述，这就要求教师在备课时对每一幅画面写出相应的解说词，以避免讲解画面时偏离教材内容随便发挥一通。为便于学生观

看，教师在讲解过程中可用教鞭指示画面，指示时应正确使用教鞭，要有一定的停留时间，切忌在画面上东挥西晃，干扰学生注意力。

③先讲解，后放映。教师先讲解课文，后放映幻灯片或投影片，这种方式一般适宜于知识总结和知识应用的教学。教师使用这种方式进行教学阶段的知识内容复习，能大大节省教学时间，并且对学生进一步理解知识内容都具有良好的作用。

根据教学需要，图形讲授法的三种应用方式，可以单独使用也可以综合运用。

2. 导引教学法

教师在备课时，将准备在黑板上书写的讲课内容（板书内容）写在投影胶片上。讲课时，以投影的板书内容导引教学进程，一边讲解，一边换片。

将讲课内容写在投影片上进行教学应注意几个问题：

①课堂教学以师生之间的问答方式来推进教学进程时，投影片上应明确标明问题的提出，问题的展开，问题的解决等。

②为发挥图形媒体直观形象的特点，可将教学中能转化为幻灯或投影画面的，尽可能地转化过来，并注意解说词的编写。

③胶片上应以突出的形式标明需要强调的地方，如用粗体字标注或有意将关键内容空出，留待教师讲课时补充上去。

④任何单一的教学方式都难以取得理想的教学效果。单纯的讲授使学生感到听课枯燥、乏味。同样，单纯的放映投影片也会造成学生学习注意力下降，若长达几十分钟地观看投影银幕，将使学生感到疲倦。因此，用导引方法进行教学时，应适当采取其他一些措施，以调节课堂气氛。

导引教学法将板书内容写在投影片上，教师在上课时，随着投影片的放映而讲解，不必死记硬背讲稿，可避免讲课内容的颠倒、遗漏或错误，学生摘抄笔记的时间也恰好可供教师整理自己的思路，调整教学节奏。由于导引教学法用投影片代替在黑板上板书，能节省大量板书时间，也十分干净卫生，所以应提倡在教学中普遍使用。

3. 逐次显示法

将投影片上的教学内容（文字或图示）用不透光的纸遮掩，然后按教学需要逐步移动遮掩纸，顺序呈现教学内容。或将物体结构中各部分内容分别画在几张投影片上，使用时配合讲解一张一张地依次重叠上去进行投影演示。逐次显示法能引导学生由一个问题到另一个问题，由简到繁，由局部到整体，按认知规律去认识事物、掌握知识，有助于学生智力的培养。

4. 实物投影法

在物理、化学、生物等学科的部分课堂教学演示实验中，常常遇到由于教具太小或实验条件所限，造成学生看不清楚或看不见演示等问题，因而影响演示的效果。为此可将教具或实验演示，通过幻灯、投影的方法将其放大，投射到银幕上，使全体学生均能在同一时间内对演示物的构造、性能，实验的变化过程及其现象，进行直观地观察。例如中学物理演示实验《布朗运动》《磁力线分布》等，均可以用实物投影法达到极好的教学效果。

5. 声画同步法

声画同步教学方法是指在放映幻灯、投影片时，录音机同步播放与画面内容相配合的解说词和背景音乐。由于单纯的图形媒体不太适宜表现情感目标的教学内容，所以在面临有情感目标的教学要求时，需要配合其他媒体同时使用。

应用声画同步的方法进行教学，能营造一种新的学习氛围，有效地激发学生的兴趣，吸引学生的注意，影响学生的情感。学生在这种视听方式中学习，他们的情绪、兴趣、心境和态度等情感因素与观察、记忆、注意、思维和想象等认识因素相互渗透，彼此交融在一起，形成一种轻松、生动、高效的教学活动。例如，中学语文《十里长街送总理》一课的教学。教师先简介周恩来总理的生平，然后一边放映"等、望、送灵车"等幻灯片，一边播放伴有悲凉、沉重哀乐的课文朗读。随着缓慢、低沉、悲伤的朗读语调，学生们进入到特定的情景里，仿佛也站在为总理送行的人群中，为失去人民的好总理而痛惜和悲哀。在此情景中，课文所表达的人民对总理的热爱、怀念以及内心沉痛的思想感情就容易被学生所领会。

为达到情感教学目标，应用声画同步方法进行教学时，教师应积极参与声画同步播放所创设的情感氛围中去，教师的心态与学生的心态保持一致，师生共同创设最佳的教学环境。当然，教师在积极参与的情况下，要保持清醒的头脑，对进程适时加以控制，以便指导学生学习。

三、图形媒体教学方法应用

（一）图形媒体教学方法的应用范围

图形媒体教学方法广泛用于各种教学内容和各种教学场合，是现代教学水平和教学条件下运用最为普遍的视听教学方法之一。下面列举的几种应用，可供教师们在教学和工作中参考。

1. 应用于认知目标为主的课堂教学

中学中各学科大部分的教学是以认知目标为主的或以认知目标为基础的，其教学内容涉及对事物的外貌、形态、大小、色彩的识别和对比，涉及对知识的形象思维和联想，涉及对自然规律的理解和掌握。这些可以形象化的教学内容均适宜应用图形媒体教学方法。

2. 应用于讲学

教师外出讲学，教学条件不一定合乎自己的要求，一些教具或演示实验难以准备。将教学内容制成幻灯片，板书内容制成投影片，随身携带，即方便，又省事。

3. 应用于学术报告

在具有一定规格水平的各学科（特别是自然学科）学术交流会议上，听众的素质较高，发言的人员较多，每人发言的时间很短。一般会议均要求发言者尽量采用幻灯、投影演示，配合简短的讲解，大量的文字资料则分发给听众自行阅读。

4．应用于宣传讲座

在一些新产品、新科技成果推广的宣传讲座上，用计算机处理的幻灯、投影图形配合讲解展示有关内容，有鲜明、形象、真实的宣传效果，会给听众留下该主办单位规范化、现代化的深刻印象。

5．应用于信息网络

在现代化的教学活动中，利用计算机信息网络进行知识传播，教师从中获取教学资料，学生从中进行学习，这中间知识信息传播、表达和传授必然体现一定的方法，即我们在教学中常用的一些教学方法。计算机网络中大量传播的图形信息就是体现了图形媒体的演示教学方法。

（二）教学应用中应注意的问题

1．教师应认真钻研教学大纲和教材，并根据学生的智力水平、心理状态，以及学校的财力等条件，精心制作或选择幻灯、投影教材。

2．幻灯、投影媒体只是一种教学手段，要结合别的媒体进行优化选择，手段是为教学目标服务的，两者的位置不能颠倒。任何手段都是有针对性的，滥用幻灯、投影手段将无助于教学，甚至干扰教学。教学成功与否，评判的标准不是看幻灯、投影在教学中使用的多少，而是看是否是非采用不可，是否是恰当地应用，是否是使用的幻灯、投影片具有最佳的教学效果。

3．幻灯、投影媒体作为一种教学手段，应服务于教师的讲授。幻灯、投影媒体将教学内容由抽象变为具体，最终还是要在教师的讲解和指导下，在学生头脑中由具体上升到抽象，这就要求教师对教学的组织形式、教材安排、教学进度做精心的策划，使教学过程有条不紊。例如，幻灯、投影媒体在教学过程中什么时间使用，放映多长时间，放映时需要学生注意些什么，观察哪些内容，结合放映教师应讲解些什么，怎样讲解。甚至应预见课堂上会出现些什么问题，怎样解决等等。这些都要在备课时做好全面考虑和周密安排。

4．教师在课前应检查设备的工作状态。检查所用的幻灯机、投影器是否良好；银幕张挂的位置、距离、高度是否便于学生观看。

5．上课时教师的头、手和身体不要遮住投射光线，使用时如有较长放映时间间隔应及时关断电源，以免画面长时间映出而形成干扰，并可延长灯泡使用寿命（如属镝灯光源，暂不使用时，可即时按下反射镜，不必关断电源）。

第三节 投影教学

一、投影教学设备系统

投影是课堂教学中最普通、最常用的一种常规视听教学手段。基本上每个学校的教室中都配备有投影教学设备。教师可以使用制作好的板书、图画、示意图等投影片，可以在讲课中现场写画，代替黑板板书，既无粉尘污染又能减轻教师的劳动强度，也可以用来演示一些较简单的实验。

一套完整的投影教学设备系统，包括了投影器、投影片、幕布。

（一）投影器

1．投影器的基本结构

投影器由光学、动力、调节系统和机身等四部分组成。

①光学部分。投影器的光学部分由光源、反光镜、螺纹透镜、放映镜头、反射镜等组成，如图4—1所示。

从图中可以看出，由于加装了一个可调节角度的平面反射镜，使光线投射的方向发生了改变，当银幕在操作者背后时，投影片的放置方向正好适合操作者观看和书写。教师可以面对学生边讲解边演示，也可以在投影胶片上正常书写或画图，基本上替代了黑板，给教师带来了极大的方便。

此外投影器的聚光镜是由一片新月形透镜和一片新型的、大面积的螺纹透镜（菲涅耳透镜）组成。新月形透镜能加强光线会聚，增强亮度。螺纹透镜的聚光性能好，能很好地消除像差，把光源发出的光线均匀地照射到投影片上，使银幕上成像大而清晰。聚光镜提高了光能的利用率，使投影器在白天室内不遮光也能得到较好的图像。

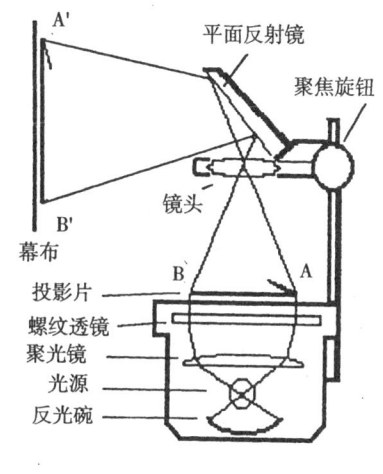

图4—1 投影器

②动力部分。投影器的动力部分由电源变压器，散热风扇电机组成。

③调节部分。调节部分由调焦机构、色带调节装置、灯泡切换器和强弱光调节开关组成。

调焦机构包括聚焦旋钮、放映透镜组（凸透镜头和平面反射镜）等部件。旋转聚焦旋钮，使放映透镜组沿主光轴上下移动，以调整放映透镜与投影片距离，使投射到银幕上的影像清晰。

色带调节装置是通过调节光源与聚光镜之间的距离来达到调节画面质量的目的。

灯泡切换器是为了在机器使用中灯泡突然损坏时，能及时地换上另一只备用灯泡的装置。

为了延长灯泡的使用寿命，投影器设置了强光、弱光选择开关。将开关拨至弱光档，灯泡在低于额定工作电压的条件下工作，损耗较小。若需要强光，可将选择开关拨至强光档。

④机身。机身主要由箱体、升降杆、安全装置及定位销等组成。箱体表面是一块 300 毫米 × 300 毫米的载物玻片。箱盖打开时，电源自动关断，以保证检修机器时不被电击。

2. 投影器的工作原理

投影器的工作原理和幻灯机一样，仍是凸透镜成像原理。即投影片上的图形经光线透射，通过凸透镜镜头生成放大倒立的实像。由于光路中增加了一面平面反射镜，改变了光线的投射方面，使水平正放的投影片能在竖立的屏幕上形成正立放大的影像。

3. 投影器的种类

教学中常用的投影器有以下六种。

①书写投影器。书写投影器是教学中最常用的一种投影器。书写投影器有采用溴钨灯光源的和采用镝灯光源的两种。溴钨灯光源的投影器内配有两只（24V、300W）溴钨灯泡，其中一只为备用灯泡。镝灯光源的投影器，亮度高，显色性强，投影效果很好。但光源中紫外线较强，对近处操作投影器的教师的眼睛有一定的伤害，故机上安有一块防护玻片遮挡紫外光。目前，新型投影器的溴钨灯光源亮度已大大提高，接近和超过了镝灯光源。

②手提投影器。手提投影器箱体很薄，升降杆、镜头等装置可以折叠。折叠收紧后体积很小，便于携带，使用十分方便。一种新型的手提投影器甚至没有了箱体，只有载物玻片（反射型螺纹有机玻璃复合玻片）、变焦镜头、平面反射镜和镜头架，光源安装在镜头架上，整体结构十分简单轻便，但亮度较差。

③化学投影器。一种可以把立式投影器倒放成卧式，把玻璃器皿置于机箱表面与镜头之间，用于投影化学演示实验的投影器，它比一般投影器在光路中多用了一片平面反射镜，这样才能在卧倒的状态下把光线投射到竖立的屏幕上。

④实物投影器。一种外形、结构类似实物幻灯机的投影器，适用于书报、画片、平面实物投影放大。

⑤显微投影器。它是在显微镜下加装光源（灯泡、双凸透镜、反射镜），并在显微镜目镜上加装一个反射棱镜制成。可以把显微镜中的切片观察效果放大投影到屏幕上。

⑥液晶投影器。

液晶是介于液体和固体之间的物质，本身并不发光。LCD投影器正是利用液晶特有的物理效应，使液晶分子的排列在电场作用下发生变化，从而产生具有不同灰度层次及颜色的图像。LCD投影技术利用液晶的偏转对光线的透射进行控制来产生图像。它使用3片液晶板投影系统，其原理是光学系统的强光分别透射过RGB三色液晶板；信号源经过处理，调节后加到液晶板上，通过控制液晶单元的开启和闭合来控制光路的通断，RGB光最后在棱镜中汇聚，由投影镜头投射在屏幕上形成彩色图像。

根据成像器件的不同，LCD投影机又分为液晶光阀投影器和液晶板投影机两种。液晶光阀投影机以CRT管和液晶光阀为成像器材，由于采用外光源，它解决了图像分辨率与亮度间的矛盾。它的亮度、分辨率较高，适用于环境光较强、观众较多的场合。而液晶板投影机以液晶板为成像器材，也是一种被动式的投影方式。这种投影机体积小，重量轻，操作、携带极其方便，价格也比较低廉，多用于临时演示或小型会议。

液晶投影器一般用于视频图像的显示和计算机信号的显示。

（二）投影片

投影片的材料来源十分广泛，凡是透明的薄片如玻璃片、玻璃纸、塑料薄膜、胶片等均可用作投影片，并且可用硬纸板、硬塑料板等材料作片框。投影片大小自行确定，边长由100毫米至250毫米不等。这里介绍几种较为规范的投影片品种。

1. 单片

正规出版发行的投影教材（教学投影片），一般为边长150毫米至240毫米的彩色框片。供教师平时书写使用的，是一种250毫米×250毫米的明胶片，材料是厚度为0.08毫米～0.1毫米的涤纶胶片或聚酯胶片。为增强墨水和水彩的附着力，胶片有一面是涂有胶膜的。供书写和复印使用的投影片，规格和上述投影片一样，但一定要注意，只有耐高温的涤纶胶片才能用于复印，并且要选用厚度为0.1毫米的较好。

2．卷片

一种宽度为240毫米的卷筒投影片，使用时安装在投影器的卷轴上，在玻面上左右卷动，长度视需要而定。一般用于展示幅面较大、较宽的书卷、画幅或设计图。

3．活动片

为了达到图形重叠、图形移动、图形旋转等动态演示效果，一些投影片采用多张胶片叠合、抽拉、旋转等结构方法，构成活动式投影片。活动片是中小学教学中常用的一种投影片。

投影教学设备系统中必须具备的幕布，其种类、规格和幻灯所用的幕布一样。

（三）教学银幕

教学银幕一般固定在教室内黑板的右上方，幕布上端向前适当倾斜，大小一般为1.7米×1.7米或2.2米×2.2米等不同规格。在品种质地上教学银幕有以下几种类型：

1．布基白塑幕布

这种银幕是用布作底，采用高反射系数的塑料喷涂而成，幕面洁白，涂布均匀，光线反射柔和，视觉不易疲劳，并且银幕可以软折，用后可以收入卷筒内，脏了可以用湿布擦洗，价格也较便宜。是目前学校中最常用的一种教学银幕。

2．玻璃微珠幕布

这种银幕是用布作底，上面涂以塑料，再喷贴上高折射率的玻璃微珠制成。放映的亮度效果很好，并且亮度和清晰度不易受观看角度影响，适宜较大幅度内的观众从不同角度观看。玻璃微珠幕布不能折叠，不能用手指或硬物碰触幕面，否则容易造成污痕和裂纹。幕面上的灰尘，可用皮老虎或用鸡毛帚轻轻拂去，不可用水洗。由于玻璃微珠幕布的上述特点，加之价格较贵，所以在实际的教学中应用较少。

3. 高级塑料微珠银幕

这种银幕是用尼龙薄膜作底。涂以高反射系数的塑料涂料，再喷贴上玻璃微珠制成。成像的亮度和清晰度极好，视角较大，特别适用于投影电视使用。

4. 白布幕

这种银幕用白布制成（最好用粗白布），亮度不及玻璃微珠幕和布基白塑幕，但价格便宜，使用方便，适用于学校教学。

5. 木板幕

在农村地区、特别是边远山区的学校，可因地制宜选择木板（三合板或五合板较好），上面刷漆（为防止反光，可在白漆中加入一些立德粉），即可制成简易的银幕。

（四）电子投影机

电子投影机是在光投影基础上发展起来的一种新型的高科技投影机，在结构中增加了对光信号的电处理技术。由于采用模拟的或数字的电子技术，电子投影机可以连接各种电声媒体，如录音机、录像机、VCD、DVD、音响系统、计算机等，在将声图合成的同时还能以大屏幕播放，获得满意的播放效果。

1. 电子投影机的种类

电子投影机分为CRT管投影机（又称为三枪投影机）和液晶投影机（又称为便携式液晶投影机）。目前教学上用得较多的是液晶投影机,主要用于接入 PC 和笔记本计算机的信号,其亮度已经从 400 流明提高到 1000 流明以上,分辨率为 1024×768 左右。最新发展的液晶投影机其亮度高达 4500 流明,适合各种大型场所和环境光线较强的场合,其分辨率高达 1280×1024、1600×1200。电子投影机的功能在不断增加,除了进一步提高投放的亮度和清晰度外,还提供数倍局部放大功能、画中画效果、支持智能化图像定位技术、电动变焦、虚拟鼠标等。

2. 电子投影机的主要参数

在选用投影机时,我们可根据投影机的几个特性参数如,分辨率、亮度、颜色、对比度、变焦等来衡量其功效。下表是日本横河 YOOGAWAD-852S 多媒体投影机的主要性能指标,如表 4—1 所示。

表 4—1

投影系统	3 块 0.9P-Si 液晶板
分辨率	800×600
亮度	1000ANSI 流明度
颜色	16770000 色
焦距/变焦	F1.8~21, f=38—50mm
电脑兼容性	PC、苹果电脑;SVGA、VGA、XGA
视频兼容性	NTSC/PAL/SECAM
输入终端	PC:D-SUB;视频:RCA 插头/S-Viel 插头;音频:RCA 立体声插头
输出终端	PC:D-SUB 15 针 * 1
扫描频率	水平:15-100KHz;垂直:43.5-130Hz;带宽:12-150MHz

3. 电子投影系统的构成

(1) 一台电子投影机与一台计算机相连的系统。

计算机是目前常用的信息处理设备,电子投影机与计算机相连是教学中最常用的一种形式。这种方式一般用在简易的多媒体教室或用于临时的演示放大场合,显得灵活方便。

(2) 视频展示台与多个媒体相连接的系统。

目前视频展示台的功能越来越强,可以连接多种媒体信号如:视频、音频、计算机等。因此,在教学中可以以视频展示台为核心,连接各种媒体设备,构成一个多媒体演示系统,如图4—2所示。

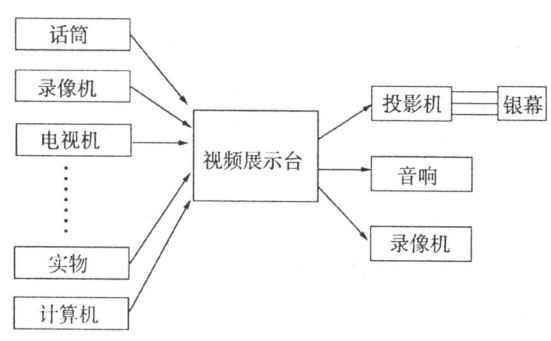

图4—2 视频投影仪与多个媒体相连接的系统

(3) 经由集中控制器并由计算机控制的多媒体投影系统。

连接多种媒体设备的投影系统固然功能强大,但操作控制却不方便,由此又产生了由计算机控制的多媒体投影系统。在该系统中,各种媒体设备均与集中控制器相连,集中控制器再与用于控制也参与显示的计算机相连,通过该计算机控制整个系统操作,方便且易于操作,这种系统在中高档配置的多媒体教室配备中经常采用,如图4—3所示。

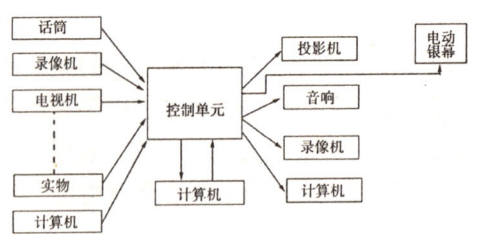

图4—3 经由集中控制器并由计算机控制的多媒体投影系统

(五) 视频展示台

使用者将实物、图示材料或投影片等放在展示台面上,经展示台上部的微型摄像机拍摄,再经投影机在银幕上显示,可得到放大倍数大、清晰度高的图像,如图4—4所示。

图4—4 视频展示台

二、投影器使用方法

1. 投影器的使用

投影器结构比较简单，操作方便，影像大而明亮。教师既可以在课前将讲课内容写在投影片上，也可用复印或摄影制片的方法制成投影片。讲解时，可以一边讲解，一边放映；也可以一边讲解，一边书写，收到幻灯机达不到的效果。用螺纹透镜作聚光镜的投影器，台面一般都比较大，除可直接书写外，还可演示一些小型的物理、化学实验，使全班同学能看清实验的内容和过程。

投影器使用时需要操作者进行必要的调试和操作，其内容和幻灯机使用一样，仍是调光、调焦、调光程，但具体操作有区别。

①调光。投影器的调光有三项操作。一是开机时如果银幕上的画面边框出现红边或黑圈，可向左旋转色带调节轮盘（调节灯位），使红边或黑圈消失。如出现蓝紫色边或黑影，则向右旋动色带调节轮盘，使画面恢复正常。这样反复调整，直至亮度均匀，方能正常使用。二是使用中灯光突然熄灭，灯泡损坏，这时应关闭电源，拨动灯泡切换键，换上备用灯泡，开机继续使用。三是使用中途有投影间隔时，可将开关拨至弱光挡或关闭电源，用以延长灯泡寿命。

②调焦。当画面上图形不清晰时，可上下旋转升降杆上的升降旋钮，直至清晰为止。

③调光程。调节投影器与屏幕的距离，改变光程，以调整投影画面的大小。调节平面反射镜俯仰角度，以升降投影画面的高度。如画面上大下小，应降低画面高度，或增大幕布向前倾斜的角度。

2. 投影器的维护

投影器的维护要求和幻灯机一样，也须防尘、防潮、防震动、防高温。由于投影器一般长期放置在讲台上，镜头、平面反射镜和载物玻面又裸露在外面，极易蒙灰和损伤，应经常用镜头纸或脱脂棉擦拭，以保持光学部件清洁。

三、投影片制作方法

投影片制作方法一般有书写绘画法、复印法和计算机绘制法，用这些方法可以制作以下两种投影片：

①黑色线条绘制的黑白投影片（书写绘画法、复印法）。

②多种色彩绘制的彩色投影片（书写绘画法、计算机绘制法）。

投影片制作还有各种工艺制作方法（本书不作介绍），用这些方法可以制作以下五种投影片：

①在涂粉片基上刻刮出图形的粉刻投影片。

②用纸剪贴的剪纸投影片。

③用几张胶片重合，构成一幅完整图形的复合投影片。

④用组合技巧使图形活动的抽拉投影片和旋转投影片。

⑤采用印染方法大量生产的彩色投影片。

下面介绍书写绘画法、复印法和计算机绘制法等三种投影片制作方法。

（一）制作材料

1. 透明胶片

书写、绘画所用的透明胶片有两种。一种是两面均无胶膜，另一种是两面中有一面有胶膜。有胶膜的透明胶片，绘画，着色比较容易，制成的投影片能长期保存。这种透明胶片可在胶膜面上绘制需长期保存的基本图，无胶膜的一面可供上课时随时添加有关的线条、文字等，课后可擦去，以备下次再使用。

2. 玻璃片

玻璃片的优点是平整不皱，放映方便，能够就地取材。其缺点是比较笨重，携带不便，易于压碎或碰坏。

3. 复印胶片

复印用的透明胶片是耐高温的聚酯薄膜胶片或涤纶薄膜胶片。胶片厚度一般为 0.1 毫米。出售的投影胶片袋上注明有厚度、大小尺寸和"用于复印"等标注。

4．打印胶片

打印胶片是指供喷墨打印机打印的投影胶片，要选用一面有膜的胶片。

一般来说，0.1毫米厚的一面覆膜的复印用的涤纶薄膜胶片既可用于书写绘画，又可用于复印，也可用于打印制作投影片。但彩色喷墨打印对胶片覆膜的质量要求较高。

（二）制作方法

1．书写绘画法

选用毛笔、墨汁（加几滴洗洁精）、透明水彩（液体彩色颜料、照相水彩颜料）、书画钢笔（也称速写钢笔）、泡沫彩色笔、投影专用彩色笔等工具。

（1）选用一面覆膜的明胶片制作投影片。在绘制前，应鉴别胶片的有胶膜面和光面。常用的鉴别方法有两种：

①哈气法。用嘴对明胶片哈气，如有胶膜，明胶片上无哈气的痕迹；如是光面，胶片上会出现的明显的哈气痕迹，随时间的延长哈气痕迹逐渐消失。

②笔画法。用书写笔在明胶片的两面上写字，然后用布擦，能擦掉的面是无胶膜面，擦不掉或擦不净的面是有胶膜面。

绘制时，先在纸上设计图稿，再将图稿用墨线描画在胶片的光面上，写上必要的文字，即完成一张白描线条投影片。如需上色，将已描线条的胶片翻面，在胶片有膜的一面涂上透明色彩即可。

制作板书投影片，可用毛笔、墨汁或书画钢笔和炭素墨水将文字直接书写在透明胶片上。

（2）选用玻璃绘制投影片。在制作时由于玻璃表面光滑，不易上墨与着色，绘制前必须先在洗净、晾干的玻璃表面涂上大蒜汁、蛋清、明胶或松香酒精等，使其附着在玻璃表面形成着色的膜面，晾干后即可在上面着色。

2. 复印法

将黑白画稿、书上的文字、示意图、线路图等直接用复印机复印在专用的投影胶片上,即制成黑白投影片。

如原稿太小,可用复印纸连续复印放大几次,再复印在胶片上。

如果选用厚度为 0.08 毫米～0.1 毫米的经过热定型的薄膜胶片,可直接进行复印,胶片能顺利输片通过复印机。如果选用厚度为 0.05 毫米～0.07 毫米的胶片,胶片会卷曲在机内无法通过,这时可把薄膜胶片用胶带纸将四角(或上沿)贴在复印纸上再进行静电复印,即能顺利输片通过。

3. 计算机绘制法

用计算机输入文字,绘画图形,选定文字的字体、设定文字和图形的大小、位置,并进行排版定稿。

计算机完成的黑白稿(文字和图形),用普通针打印机打印在纸上,再用复印机复印成黑白投影片。这种方法用于板书投影片的制作,规范、快速、投影效果极好,适宜推广。计算机完成的黑白稿也可用黑白喷墨打印机直接打印在胶片的覆膜面上,制成黑白投影片。

计算机完成的彩色稿(文字和图形),用彩色喷墨打印机直接打印在胶片的覆膜面上,即制成效果鲜明的彩色投影片。

第四节　计算机图形教学

计算机技术的飞跃发展,使计算机在对图形信息的处理上展现出令人惊讶的效果,并且迅速应用于图形教学领域,逐渐形成了一套图形教材设计、制作、存储、复制、演示到远距离传输的计算机图形教学方法。

一、计算机图形教学方法

一般的图形媒体教学方法主要是运用幻灯、投影媒体手段的图形演示法。幻灯演示效果和投影演示效果一样,一般的幻灯、投影只不过在胶片大小、演示设备等方面有形式和功能上的差别。在保持幻灯、投影图形演示效果的基础上,计算机运用数字信息处理技术,使投影在银幕上的图形演示效果更规范、更动人,信息含量更高,更能符合教学要求。凡是幻灯机、投影机在演示中能发挥的功能和技巧,计算机都能轻易办到,并且功能更多、操作更方便。在教学中,由计算机处理和演示图形教学内容的方法称为计算机图形投影演示教学法。

采用计算机图形投影演示教学法教学,教师上课或外出讲学将十分方便,讲课时只需带上一台轻便的笔记本电脑,就等于带上了教案、讲稿、板书投影片、演示幻灯片和大量的讲课资料。将计算机接上投影设备,就可以进行投影演示。

二、计算机图形教学设备系统

运用计算机进行图形教学,需要一系列设备组成图形教学系统。计算机图形教学系统包括硬件和软件两部分。

(一)硬件

根据图形制作和演示的需要不同,计算机系统的设备配置不同。从总的要求来看,应包括三部分设备:计算机、图形输入设备、图形输出设备。

1. 计算机设备

计算机设备指主机、彩色监视器、键盘、鼠标。计算机主机应是英特尔·奔腾4以上处理器的PC机型,配有128M以上内存,2.1G以上的硬盘和光盘驱动器。

2. 图形输入设备

图形输入设备主要指扫描仪。扫描仪是一种可以直接把印刷的文字图形、黑色或彩色图画、彩色照片、彩色幻灯片等模拟图形转换为数字图形输入到计算机内的设备。

计算机本身自带的光盘驱动器和软盘驱动器也可输入光盘或软盘上的图形。计算机还可以通过计算机信息网络调入和下载各种图形信息。

一种新型的数字照相机,不再用胶片和照片,而用数字信号成像,即生成数字图形。数字照相机需连接到计算机上,或把软盘连同相机上的驱动器取下接到计算机上,通过计算机屏幕观看。数字照相机可以作为计算机的又一种图形输入设备。

3. 图形输出设备

图形演示设备是一类主要的计算机图形输出设备,图形演示设备有两种:一种是大屏幕的、带有数字信号(XGA、SVGA、VAG)接口的彩色监视器。另一种是液晶投影器,专门用于计算机图形投影。液晶投影器使用时还需配备投影幕布。

打印机是另一类主要的计算机图形输出设备。打印机有单色针打印机和黑白、彩色喷墨打印机、彩色热升华打印机等等。

(二)软件

计算机图形系统要正常运行,除配备必要的硬件以外,还必须配备必需的软件。软件有两大类:系统管理软件和应用软件。软件可供选择的很多,现将教学工作中常用的几种列举如下。

1. 系统软件

操作系统软件:Windows 2000 等。

2. 应用软件

应用软件又包括两类:一类是供文字写作、作图绘画等使用的工具软件;另一类是由图形资料和应用程序构成的教学软件。

①工具软件

文字写作软件:Microsoft Word 2000 For Windows(中文版)。

绘画作图软件:Windows 2000 中的"画笔"软件。

幻灯制作软件:PowerPoint 2000 for Windows。

②教学软件

教学软件包括各种图形资料和教学应用程序的软件。

三、计算机图形教学应用方法

计算机图形教学应用在许多教学工作中，有许多应用技能和应用方法，一般应了解或掌握以下几种应用方法：计算机制作教学投影胶片、计算机制作教学幻灯、计算机美术设计教学、计算机工程设计教学。

（一）计算机制作教学投影胶片

1. 制作板书投影胶片

利用计算机、打印机、复印机、复印胶片可以制作十分规范的教学用板书投影胶片。这种板书投影胶片为黑白投影片，其文字采用印刷体，字体规范、排列规整；其图形准确清晰。它既能替代黑板板书，又能重复使用，用计算机存储和修改也非常方便。计算机制作板书投影胶片是一种十分有用的视听教学技能。

计算机制作板书投影胶片，首先用计算机输入文字，画出图形，进行排版，然后用打印机在纸上打印出一张张投影片底稿，再用复印机将底稿内容复印在胶片上，即获得板书投影片，这是最常用的一种方法。另外，也可不用复印机，直接用黑白喷墨打印机将图稿打印在覆膜的胶片上。

2. 制作彩色图形投影胶片

计算机制作彩色图形投影胶片需要配备计算机、扫描仪、彩色喷墨打印机和覆膜的胶片。除用计算机自行画图以外，一般是先用扫描仪将图片、照片上的图形输入计算机，再按设计对图形进行大小、色彩、背景、图案、文字注释等加工。完稿后直接用彩色喷墨打印机将彩图打印在胶片上即可。

计算机画图可调用 Windows 操作系统软件中的"画笔"工具软件，照片美术加工可调用 Photoshop for Windows 专用工具软件。

（二）计算机制作教学幻灯演示软件

计算机可以制作教学幻灯演示软件,这种演示软件不再用幻灯胶片,可以直接用计算机、液晶投影器投影演示,演示的屏幕效果、演示的程序效果(自动或手动)和画面停留效果均和幻灯片一样,并且画面特技效果、配音效果、任选画面操作等功能比幻灯胶片优越,复制、远距离网络传输也方便得多。

计算机制作幻灯演示软件可调用 PowerPoint 幻灯制作专用工具软件。该工具软件既可作图绘画,又可自动生成幻灯播放程序,是 Windows 办公软件 Office 系统中一个教学常用的工具软件。

计算机制作的幻灯演示软件,也可用于板书、图形投影,这在学术报告会上经常采用。所以,计算机制作的教学幻灯演示软件,也是一种教学投影演示软件。

计算机制作的教学幻灯演示软件,从载体形式、演示设备上消除了幻灯片和投影片之间的差别,效果比二者更好,效率比二者更高,使计算机成为一种更有效的现代化的图形教学手段。

(三)计算机美术设计教学

传统的美术教学是教学生用笔作画,用颜料作画。现代美术由于出现了计算机平面美术(装帧、包装、广告、工艺美术等)设计以及计算机建筑效果设计、计算机室内装饰效果设计、计算机服装效果设计等新颖的实用美术设计手段,大大地提高了美术创作的效率。这种计算机美术设计已作为一种美术创作的技能开始引入美术教学课程,它也作为一种计算机图形教学的基本技能开始引入教育技术教学课程。因此,掌握一定的计算机美术创作技能,在美术设计教学中更好地运用计算机图形教学手段来进行教学,是一种学科教学和现代教育技术相辅相成、结合得十分紧密的、有效的应用方法。

(四)计算机工程设计教学

计算机辅助设计,称为 CAD(Computer-Assisted Design)。CAD 在机械设计、建筑设计、电路设计、工业外形设计等工程设计中发挥出巨大的作用,它已进入许多相关的专业学科教学领域,CAD本身设计图形的方法也成为许多计算机美术创作的图形构成基础。因此,在有关CAD课程的教学中,运用计算机图形教学手段进行教学,也是一种有效的应用方法。

第五节 摄影基础知识

幻灯、投影教学离不开相应的幻灯片与投影片。制作幻灯片与投影片的方法很多,摄影是其中重要的一种方法。由于摄影方法具有真实、高效的特点,因而在图形教学软件制作中得到普遍运用。摄影制作幻灯片、投影片需要教师掌握摄影的基础知识和制作技能,需要一定的摄影器材和制作条件。为此,在这一节内容中,将介绍有关照相机、胶片、摄影方法、暗房制作方法等摄影基本知识。

一、照相机

(一)照相机的种类

教学中常用的有三种:135相机、120相机、数字相机。

135相机使用135胶卷,画幅尺寸24毫米×36毫米,和幻灯片画幅尺寸一样。影像处理采用光化学图形模拟技术,胶片上的感光材料受光照射后,依光照强度不同发生强度不同的光化学变化,经显影和定影后在胶片上形成与原景物明暗、色彩正好相反的影像(如反转片则形成与原景物明暗、色彩完全一样的影像)。

120相机使用120胶卷,画幅尺寸60毫米×60毫米,较135胶卷画幅大。影像处理采用光化学图形模拟技术。

数字相机不用胶片,镜头成像在一片CCD光敏元件上。影像处理采用光电转换数字图形技术。CCD元件受光照射后,元件上各点随光照强度不同产生强度不同的电流信号,这是一种模拟信号。这些电信号再经过模数转换(模拟信号转换为数字信号),形成二进制的"1"或"0"的数字图形信号,存储在相机的存储器内。用专用连线连接照相机和计算机,图形可以自动地传送给计算机存储或加工,并在计算机屏幕上观看。如需要,可用彩色喷墨打印机打印出来。

上述三种照相机基本结构如镜头、光圈、快门、取景、聚焦等完全一样,只是影像载体的材料、尺寸和影像处理技术不一样。

(二)照相机基本结构

照相机是根据被摄景物经相机镜头(凸透镜)成像,在胶片上生成倒立的实像的光学原理结构的。单镜头反光照相机外形结构如图4—5所示。

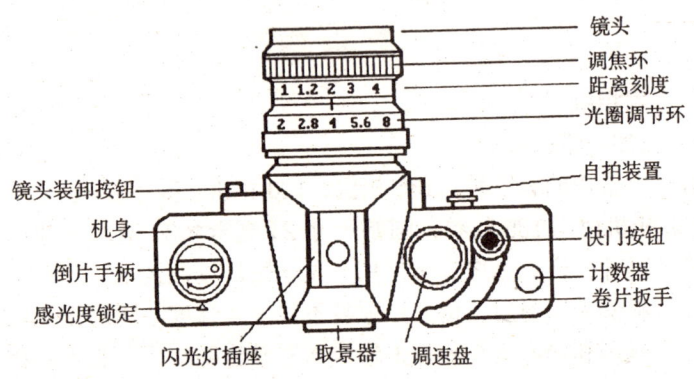

图4—5 照相机外形结构

照相机的基本结构包括镜头、光圈、快门、取景器、聚焦装置、输片装置和机身。

1. 镜头

照相机镜头的作用是将被摄景物在感光胶片上清晰地成像。

镜头一般由数片透镜组成。这些透镜采用高质量的光学玻璃制成曲率不同的、镀有介质膜的各种凸、凹透镜，并组成透镜片组，用以消除畸变、色差、球面像差等各种像差。照相机的性能与质量在很大程度上取决于镜头的性能与质量。

下面我们从实用的角度介绍镜头的焦距和几种镜头。

(1) 镜头的焦距

每个镜头都有焦点，从镜头中心至焦点的距离称为镜头的焦距。在同一景物、同一拍摄距离的情况下，镜头焦距的长短不同，则镜头的视角大小不相同，拍摄景物的范围大小不相同，景物成像的大小也不相同。焦距长短、视角大小、拍摄范围大小、成像大小之间的对应关系如下（同一景物、同一拍摄距离）：

镜头焦距长，则视角小、拍摄范围小、景物成像大；

镜头焦距短，则视角大、拍摄范围大、景物成像小。

(2) 镜头的种类

镜头的焦距长短不同，即视角大小不同，由此形成四种不同的镜头种类：标准镜头、短焦距镜头、长焦距镜头和变焦距镜头。

一般把焦距长度近似等于照相机画幅对角线长度的镜头，定为这种照相机的标准镜头。焦距比标准镜头的焦距短的镜头，称为短焦距镜头，短焦距镜头也称为广角镜头。焦距比标准镜头的焦距长的镜头，称为长焦距镜头，长焦距镜头也称远摄镜头。焦距可以在一定范围内连续变化的镜头，称为变焦距镜头。

①标准镜头

135相机画幅为24毫米×36毫米，对角线长度43毫米，故135相机的标准镜头焦距为45毫米~50毫米，一般定为50毫米。镜头的焦距标记在镜头前沿，如：$f=50mm$。

标准镜头成像的主要特点如下：

标准镜头的视角都与人眼视角接近，因而，用标准镜头拍摄的效果，在摄取景物的范围，前后景物的大小比例等方面，都与人眼观看效果类同。此外，标准镜头的成像质量一般较高，在一般摄影和翻拍中应用最为广泛。

②短焦距镜头（广角镜头）

对135相机来说，焦距在30毫米以下，视角大于70°的镜头称为短焦距镜头或广角镜头。

短焦距镜头成像的主要特点如下：

短焦距镜头视角大，能够在近距离摄取范围较宽、高度较高的景物，有利于把前后纵深距离大的景物都清晰地表现在画面上，景深较大，适合拍摄范围广阔的风景和建筑。

所拍景物影像的近大远小对比强烈，带来画面透视感较强。

影像变形失真较大，在画面边缘部分尤为明显。拍摄时要注意选择视点，避免景物出现不必要的变形失真。

以上三个特点，镜头焦距越短越明显。

③长焦距镜头（远摄镜头）

对135相机来说，镜头焦距大于50毫米，视角小于45°的镜头，称为长焦距镜头或远摄镜头。

长焦距镜头成像的主要特点如下：

长焦距镜头视角小，便于远距离拍摄景物，并在胶片上生成较大的影像，且不易干扰被摄对象。

能压缩景物近大远小的比例，使前后景物在画面上紧凑，透视感较弱，景深较小。

影像变形失真较小，尤其适合在人像摄影中应用。

以上三个特点，镜头焦距越长越明显。

④变焦距镜头

变焦距镜头上设有可以改变镜头焦距的装置，可在较大的幅度内连续改变焦距。例如，镜头前沿刻有 f = 28 毫米 ~ 84 毫米标记的，称为三倍变焦距镜头。这种镜头的焦距可在 28 毫米至 84 毫米之间连续改变。

变焦距镜头使拍摄者在不改变拍摄距离的情况下，可以大幅度调节底片的成像比例大小。使用一只变焦距镜头可以起到若干只不同焦距的定焦距镜头的作用，因而在摄影中得以广泛应用。

2. 光圈

镜头进光的孔径，即通光孔大小，称为光圈。拍摄中，由于光线条件变化和摄影造型上的需要，常常把镜头通光孔加以扩大或缩小，调节单位时间内的进光量，以控制在一定时间内进光量的多少，这叫调节光圈。调节光圈的装置位于镜头内，由若干金属片组成。

光圈大小可以用一个与光孔直径有关的数值F表示，两者之间的关系式如下：

$$F = \frac{f}{D}$$

其中，F表示光圈系数，f表示焦距，D表示光孔直径。

从式中可以看出，在镜头焦距不变的条件下，光圈系数的大小与光孔大小成反比。光孔越大，则光圈系数越小。一般习惯说，光圈数越大，则光圈越小（光孔越小），进光量越小；光圈数越小，则光圈越大（光孔越大），进光量越大。

常用的光圈系数F有2、2.8、4、5.6、8、11、16、22共8档，在镜头外光圈环上刻有标记。每相邻两档之间，大光孔进光量为小光孔进光量的两倍。如F8进光量是F11进光量的2倍、是F16进光量的4倍。

光圈调节一般应对准光圈数按档位调节，也允许调节到两档中间的位置，如调节到F8与F11中间，这时镜头的通光量是F11的1.5倍，相差半档光圈。

胶片感光成像，需要有足够的曝光量。光圈的大小可以控制进光照度，是曝光量的决定因素之一，但曝光量大小的最后效果，还取决于另一条件，即快门速度。光圈大小和快门速度适当配合，才能为感光胶片提供合适的曝光量。

3. 快门

快门是控制感光胶片曝光时间的装置。摄影时，在按下快门释放钮的瞬间，快门从完全关闭状态转为开启状态并持续一段时间，称为快门开启时间，也叫快门速度。然后又恢复到关闭状态，从而完成对感光胶片曝光。

照相机上快门速度是通过机身上的快门速度设定盘或镜头上的快门速度设定环来调节。

快门速度一般分为 1 秒、1/2 秒、1/4 秒、1/8 秒、1/15 秒、1/30 秒、1/60 秒、1/125 秒、1/250 秒、1/500 秒、1/1000 秒等各档，在照相机快门设定环上分别标记为 1、2、4、8、15、30、60、125、250、500、1000 等数值。这些数字均表示实际快门开启时间的倒数秒。如"60"表示 1/60 秒，"125"表示 1/125 秒等。对相邻两档快门速度，其快门开启时间相差 1 倍。如 1/60 秒是 1/125 秒快门开启时间的 2 倍。

照相机快门速度档还有 B 门，B 门表示按下快门钮，快门开启；松开快门钮，快门就关闭。其快门开启时间由摄影者自行控制。

设定快门速度时，把该档快门速度的数字标记对准快门调节标线，同时有"咔嗒"一下的定位手感。快门速度千万不能调在两档速度之间，否则会损坏快门的机械装置。

快门的基本作用是控制曝光时间，光圈的作用是控制单位时间进光量。快门与光圈配合，解决曝光量的问题。用公式表示如下：

曝光量 = 单位时间进光量 × 曝光时间

上式表明，对某一确定的曝光量，可以通过选择恰当的光圈和快门速度来获得。如 F8 和 1/125 秒确定了某个曝光量。由于光圈系数和快门速度都是各档成倍变化的，所以光圈缩小（或扩大）1 档，快门速度同时放慢（或加快）1 档，原来的曝光量没有变化。上例中，也可以用 F11 和 1/60 秒、或 F5.6 和 1/250 秒得到与 F8 和 1/125 秒相同的曝光量。这种用若干光圈和快门速度的组合表示相同曝光量的方法叫曝光组合。显然，为取得某一曝光量，照相机各档快门速度和光圈可以组成多种曝光组合供选择，为提高摄影艺术表现力创造了条件。

4. 聚焦装置

聚焦（调焦）是指被摄景物通过镜头的作用，在感光胶片上清晰地成像。摄影中，被摄景物至照相机镜头之间的距离（称拍摄距离）发生变化，就要对镜头至感光胶片的距离（称像距）作相应调整，才能使景物清晰地聚焦。照相机是通过调焦装置实现准确聚焦的。

各种照相机的调焦装置复杂程度不同，但它们都用聚焦指示器指示聚焦的状态。聚焦指示器的作用是通过目视，在用手调节聚焦环（手动聚焦）的同时，观察聚焦指示的变化，实现准确调焦。聚焦指示器一般都和取景器安装在一起。

（1）聚焦指示器种类

聚焦指示器一般有五种，磨砂玻璃式、裂像式、微棱镜式、重影式和距离刻度式。下面逐一介绍各种聚焦指示器的特点与使用技巧。

①磨砂玻璃式

聚焦指示器是采用磨砂玻璃显示聚焦效果。调焦时目视磨砂玻璃屏上的影像，清晰时表示聚焦准确，模糊表示聚焦不准确。

②裂像式

聚焦时目视聚焦屏中央的小圆形，小圆形内有一平分小圆的直线（有水平分割和斜线分割两种），当小圆形内两个半圆把影像上的垂直线条上下分裂时，表示聚焦不准；当两个半圆内影像的垂直线条上下对齐时，表示聚焦准确。

裂像式聚焦指示比磨砂玻璃式聚焦精确得多，目视判断容易。但这种聚焦指示往往对有明显垂直线条的聚焦对象效果明显。对没有明显垂直线条的对象聚焦，效果则不明显。

③微棱镜式

微棱镜式聚焦指示是在上述小圆形外围的环形区域内设有许

多微小棱镜,聚焦时目视环形区域内景物,如景物在微棱镜内呈现破碎状明暗耀斑,表示聚焦不准;破碎状明暗耀斑消失,表示聚焦准确。这种聚焦指示对没有轮廓线条的聚焦对象效果显著。

为适应不同聚焦对象,通常照相机上同时具有磨砂玻璃式、裂像式和微棱镜式等几种聚焦指示。

④重影式

重影式聚焦指示器的相机在取景屏中央有一小块黄色小长方形区域,聚焦时目视黄色区域,如看见该区域内聚焦对象的一侧出现虚实双影,表示聚集不准;如虚像逐渐向实像靠拢,以至与实像完全重合,则表示聚焦准确。

这种聚焦方式在一般光线条件下,取景亮度大,聚焦指示明显。缺点是当光线暗或聚焦对象明暗反差小时,虚像不易觉察。此外,当横向取景变为竖直取景时,虚像变为上下移动,常常影响聚焦效果。

⑤距离刻度式

镜头调焦环上都刻有距离标记,指示镜头调焦处于该位置时,能保证被摄对象成像清晰的拍摄距离。因此,拍摄时目测拍摄距离,将调焦环上该距离刻度对准标记线,表示拍摄对象在该距离上能准确聚焦。这种用调焦环上标有的距离刻度来指示聚焦状态的聚焦方法叫距离刻度式聚焦指示。

距离刻度式聚焦指示通常在来不及使用上述其他聚焦指示时,或光线太暗无法使用上述其他聚焦指示时,采用目测估计距离使用。其聚焦指示不如其他方式准确。

综上所述,照相机的各种聚焦指示都具有各自的特点和使用技巧。作为聚焦这一摄影基本操作的共同方法是:调焦时在自我感觉最清晰点的前后反复调节,找到刚好能分辨影像模糊与清晰的两个点,然后将焦点定在这两点之间,往往能取得最佳的聚焦效果。

(2) 景深

在摄影聚焦时，能清晰成像的最近景物和最远景物之间的实际纵向距离，称为聚焦的景深。

摄影中，不同的景深处理，作品有不同的艺术效果。

景深的大小可以调节，它与镜头的焦距长短、光圈大小、被摄对象的拍摄距离等因素有关。一般情况下，它们之间的关系有以下规律。

焦距长，景深小；焦距短，景深大。（光圈、距离一定）
光圈大，景深小；光圈小，景深大。（焦距、距离一定）
距离大，景深大；距离小，景深小。（焦距、光圈一定）

综合上述因素可以看出，当拍摄距离越大、焦距越短、光圈越小时，景深越大；当拍摄距离越小、焦距越长、光圈越大时，景深越小。

5．取景器

取景是指通过照相机取景装置（取景器）观察和确定把哪些景物摄入画面的过程。常见的取景器有磨砂玻璃式和光学直看式两种类型。

（1）磨砂玻璃式

这种取景器是被摄景物通过镜头将影像呈现在磨砂玻璃屏上供取景用的。取景器的成像光路和实际拍摄的成像光路为同一光路。常见的单镜头反光照相机的平视取景器就属于这种类型。

磨砂玻璃式取景器的特点是取景屏上看到的景物，和被摄对象上下、左右方位一致；取景屏上看到的景物范围就是能拍摄到的景物范围。

（2）光学直看式

这种取景器是不通过镜头，而是直接通过位于照相机上部的另一光学装置取景，取景、拍摄各是一条光路。其特点是在取景屏上四角分别有四个角线符号框出取景范围。角线框外的景物在取景屏上也能看到，但不是拍摄取景范围，胶片上只能拍摄出角线框内的景象。

6. 输片机构

每拍摄一幅画面以后，都要将胶片卷过一个画幅的长度，才能拍摄下一幅画面，这叫输片（或称卷片）。照相机的卷片装置分为自动和手动两种方式。

在自动方式下，当按过快门后，由照相机内部的微型电机带动卷片装置自动完成卷片。在手动方式下，当按过快门后，需人工卷片。

不论哪一种卷片方式，相机在卷片动作过程中都同时完成自动上快门（即卷片的同时给快门上弦）、自动停片（即保证卷过一个画幅长度后自动停止）、自动计数（计数器显示正在拍摄第几幅画面）。

135照相机的输片机构还包括供片轴、收片轴、卷片齿轮、倒片钮等部件。

7. 机身

照相机除以上介绍的镜头、光圈、快门、聚焦、取景、输片等主要装置外，还有自拍、闪光联动、测光、感光度锁定、电池、电池盒等其他装置。这些装置大都安装或连接在照相机的机身上。绝大部分135单镜头反光照相机的机身和镜头可以分离，同一机身可以配接各种焦距的镜头，以适应各种摄影场合的需要。但配接时应注意，不同的照相机，镜头接口的规格不一定相同，故镜头不能通用。

二、摄影胶卷

摄影胶卷有各种规格、种类和性能，了解和掌握这些知识对于恰当选择使用各种胶卷具有重要的实用意义。

（一）胶卷的规格

摄影使用的胶卷有彩色和黑白两大类。这两类胶卷都有各种规格，以适应不同的照相机。通常使用胶卷的规格有如下两种。

①135胶卷。供135照相机使用的胶卷，一卷可拍摄36幅

(24毫米×36毫米)画面。

②120胶卷。供120照相机使用。一卷可拍12幅(60毫米×60毫米)或16幅(45毫米×60毫米)画面。由于120胶卷画幅面积比135胶卷画幅面积大几倍,更有利于放大成巨幅照片。因此多为专业摄影所用。

(二)胶卷的种类

摄影常用的胶卷有三种:负片、正片、反转片。

1. 负片

胶片经摄影曝光后,冲洗出来生成和被摄对象明暗相反、色彩互补(相反)的影像,这种胶片称为负片。在一般的摄影活动中,普遍使用的胶卷是负片胶卷。

摄影负片胶卷有三种:黑白胶卷、日光型彩色胶卷、灯光型彩色胶卷。

①黑白胶卷。一般常用的黑白胶卷是ISO 100/21°全色胶卷,有135型和120型两种规格。ISO 100/21°是胶卷感光度的标注。全色胶卷是指胶卷能对自然界各种色彩均能感受,并且能以相应的黑白灰影调反映出来。

②日光型彩色胶卷。一般的日光型彩色胶卷外包装标注有"ISO 100/21°日光型彩色负片胶卷"字样。ISO 100/21°是胶卷的感光度,日光型是指胶卷适用于室外阳光的高色温光线下拍摄景物。胶卷有135型和120型两种规格。

③灯光型彩色胶卷。一般常用的灯光型彩色胶卷外包装标注有"ISO 100/21°灯光型彩色负片胶卷"字样。灯光型是指胶卷适用于室内灯光的低色温光线下拍摄景物。胶卷也有135型和120型两种规格。

2. 正片

胶片经过对负片进行拷贝后,冲洗出来生成明暗、色彩和被摄对象相同的影像,这种胶片称为正片。正片胶卷和胶片的感光度很低,一般拷贝用的只有ISO 6/9°~ISO 16/13°,但胶片颗粒很细，生成的影像结像效果极佳，一般适用于负片拷贝，供幻灯投影、电影、广告、展览、印刷等使用。正片胶卷有黑白片、彩色片之分，也有135、120等多种规格。

黑白正片胶卷有色盲片、分色片两种。色盲片只对蓝、紫色光有反应，分色片则能感受除红光以外的大部分色光。

3. 反转片

胶片经摄影曝光后，采用反转冲洗法冲洗出来直接生成明暗、色彩和被摄对象完全相同的影像，这种胶片称为反转片。反转片也有黑白和彩色、135和120、高感光度和低感光度等不同的规格品种。反转片胶卷拍摄后不经负片拷贝而直接获得正片效果，是制作幻灯片极为理想的材料。彩色反转片胶卷一般常用的是 ISO 100/21°日光型彩色反转片胶卷。为了获得细腻的、高分辨率的画面效果，宜采用感光度较低如 ISO 40/17°的彩色反转片胶卷。

彩色反转片胶卷也分为日光型和灯光型两类。

三、摄影基本概念

尽管胶卷的规格、种类各不相同，但是它们共同的作用是尽可能完美地再现景物。自然界的景物千变万化，为适应各种条件下摄影的需要，胶卷的照相性能差异很大。为了能满足图形媒体教学需要和尽可能发挥各种胶卷的特点，教师应了解胶片成像的原理、三基色光原理、光源的色温等一些基本概念。在此基础上，掌握胶卷一些主要的照相性能。

（一）胶片的成像原理

1. 黑白胶片（负片）成像原理

胶片上涂布有卤化银感光乳剂，被摄景物在胶片上生成的影像使受光部分卤化银发生相应的光化学变化，经显影后在胶片上形成与原拍摄景物明暗正好相反的黑白影像。

黑白感光胶片上的卤化银感光乳剂是由无数细小的具有感光

作用的卤化银（溴化银、氯化银等）和明胶混合而成的。胶片受到镜头射入的光线照射之后，发生光化学反应：

$$Br^- + hv = Br + e$$
$$Ag^+ + e = Ag$$

式中：Br^- 为溴离子、Br 为溴原子、hv 为光量子、e 为自由电子、Ag^+ 为银离子、Ag 为银原子。

这种光化学反应属于氧化还原反应，胶片经过光照后，一个光量子被带负电的溴离子吸收，产生一个溴原子及一个自由电子，自由电子在晶体中游动时，与带正电荷的银离子作用，从而引起电中和，使许多银离子还原为银原子黑点，不均匀地分布在许多溴化银晶体上，形成潜影。曝光后的胶片，经过显影、定影处理后，感光部分银盐颗粒形成黑色影像，而未感光部分成为透明的白色。这就是与被摄物体明暗相反的底片。

2. 彩色胶片（负片）成像原理

胶片上涂布有三层能分别感受红、绿、蓝三色光的感光乳剂，被摄景物在胶片上生成的影像使受光部分三层感光乳剂分别对影像中对应的色光发生光化学反应，经彩色显影后在胶片上形成与原拍摄景物明暗相反、色彩相反（互补）的彩色影像。

(二) 光的三基色原理

太阳是摄影主要的光源，太阳发出的光是白光。白光由红、橙、黄、绿、青、蓝、紫等各种色光组成。

色调、亮度、饱和度称为彩色光三要素。色调是指光的颜色，如黄、红、紫红等。亮度是指色光的明暗程度，如浅蓝比深蓝明亮、黄光比蓝光明亮。饱和度是指色彩的深浅程度。饱和度和色光中的白光成分多少有关，白光愈多，饱和度愈低，色就愈淡。白光饱和度为零。

红光、绿光、蓝光称为三基色光。用红、绿、蓝三色光按不同比例混合（叠加），可以生成白光和各种色光。这种获得白光和色光的方法称为加色法。

景物的色彩是经太阳光照射后反射出的色光，幻灯片的色彩是经白光照射后透射出的色光，它们都是吸收（减去）了白光中某些色光后反射或透射余下的色光。用黄、品红、青三种颜色的玻片分别从白光中减去不同比例的蓝光、绿光、红光，以获得各种色光的方法称为减色法。黄、品红、青分别和蓝、绿、红互为补色（黄光加蓝光成白光，则黄、蓝互为补色）。

（三）颜料的三基色原理

红、黄、蓝是美术颜料的三基色。颜料的颜色是经太阳光照射吸收了白光中某些色光后反射出的色光，不同颜色的颜料混合得越多，吸收的色光种类越多，反射出的色光种类越少。红、黄、蓝三种颜料混合的结果是黑色。

（四）光源的色温

同一景物受不同颜色的光源照射，会呈现不同的色彩效果，只有白光光源照射在景物上能呈现景物固有的色彩。但现实生活中的白光光源一般并不是理想的白光，白光光源或偏蓝，或偏黄，使景物的色彩受到相应的影响，这在摄影中表现得特别明显。如雪山上的阳光使照片上景物发蓝，傍晚的阳光使照片上景物发黄，电灯灯光使照片上物体发黄。光源这种性质我们用色温来表示。

色温，是指当绝对黑体加热到某一温度时所辐射出来的光与某种光源发出来的光的色调相同时，黑体所具有的温度，称为这种光源的色调温度，简称为色温。（绝对黑体是指在外来辐射作用下，既不反射也不透射，而能把落在它上面的辐射全部吸收的物体。它本身受热发光的颜色，完全取决于自身的温度。）

色温用绝对温标来表示，单位是 K。如常用的电子闪光灯的色温较高，和日光色温相当，色温为：5300K。

光源色温高，其光偏蓝；光源色温低，其光偏黄。

表4—2列出部分人工光源和自然光源的色温。

表4—2　　　　光源色温

	镝灯	5500K
	闪光灯	5300K
	日光灯	5000K
	摄影卤钨灯	3200K
	普通白炽灯	2800K
	日出后半小时	2500K
日出后	日落前二小时	3500K~4000K
	直射阳光	4800K~5800K
	阴间多云	5600K~8000K
	阴雨天	6500K~8000K
	蓝天	10000K~13000K

（五）胶卷的照相性能

胶卷的主要照相性能有感光度、感色性、颗粒度、反差性和宽容度。

1. 感光度

感光度是胶卷对光线的敏感程度，即感光速度。

感光度不同的胶卷对曝光量的要求也不同。在相同拍摄条件下，感光度高的胶卷，光圈可小些，快门速度可快些；感光度低的胶卷，光圈就要大些，快门速度要慢些。

世界各国对胶卷感光度的标志标准不统一。常见的有 GB 制（中国）、DIN 制（德国）、ASA 制（美国）和 ISO 制（国际标准）。

GB 制与 DIN 制均采用感光速度的对数值，二者数值相同。如 GB 21°等于 DIN 21°。其中序数数值每相差"3"，表示感光速度相差一倍。如 GB 24°感光速度是 GB 21°的 2 倍。

ASA 制采用感光速度的算数值。ASA 100 和 DIN 21°的感光速度相等。ASA 200 感光速度是 ASA 100 的 2 倍。

ISO 制是国际标准制度，它同时用分子表出感光速度的算数值（ASA）和用分母表出感光速度的对数值（DIN）。表示方法如下：ISO 100/21°。

2. 感色性

感色性是指胶片感光乳剂对各种色光的敏感程度。

黑白胶卷根据感色性分为全色片、色盲片、分色片三种。

彩色胶卷对各种色彩均能感受，并且三层感光乳剂对红、绿、蓝三色的感受性能必须一致，才能保证景物色彩不失真，这叫做彩色平衡。

为了适应不同光源色温下拍摄景物的色彩保真要求，彩色胶卷分为日光型和灯光型两种类型。日光型彩色胶卷用于日光下拍摄，如在灯光下拍摄必须加装蓝色滤色镜以提高灯光色温，否则照片色彩会偏黄。灯光型彩色胶卷用于灯光下拍摄，适宜光源色温为3200K。如在日光下拍摄必须加装橙黄色滤色镜以降低日光色温，否则照片色彩会偏蓝。

3. 反差性

景物在光线照射下有明暗层次的差别。被摄景物中主要部位明暗差别叫做景物反差。影像也有明暗差别。影像中主要部位的明暗差别叫做影像反差。景物反差和影像反差通称为反差。明暗差别大，称反差大；反之，称反差小。

衡量一张胶片反差大小是以胶片上最亮部分和最暗部分的明暗亮度的比值表示的，衡量被摄对象的反差大小也是如此。将胶片影像的反差比值与被摄对象的反差比值进行比较，如两者比值接近，则胶片反差正常，胶卷质量良好。

4. 宽容度

景物的最亮部分到最暗部分之间的明暗过渡有丰富的层次变化。胶卷接受一定曝光量后，能按比例记录和反映景物这种明暗不同的层次变化的能力，称为胶卷的宽容度。

一般来说，胶片上的影像无论其反差大小，应该像自然景物一样，有丰富的明暗变化层次。胶卷的宽容度有一定的限制，一般宽容度越大越好，但目前宽容度最大的胶卷，也还无法完全表现自然景物丰富的明暗、色彩层次变化。特别是面对反差较大的景物，胶片只能表现景物偏亮的部分层次或景物偏暗的部分层次，拍摄时应通过控制曝光量加以选择。

黑白胶卷和彩色胶卷相比，彩色胶卷宽容度更小，拍摄时要求掌握好准确的曝光量。

5. 颗粒度

胶片上构成影像的银颗粒粗细程度的量值叫颗粒度。它直接影响影像质量，并决定胶片能放大的倍数。颗粒细，表现景物细部的层次丰富，分辨率高，可以放大的倍数就高。颗粒粗，影像也粗糙，景物细部的影纹很难清晰地记录下来，放大倍数也受影响。

综上所述，胶卷照相性能除感光度、感色性、反差性、宽容度、颗粒度外，还有解像力、灰雾度、清晰度、保存性等，其中感光度是胶卷最重要、最基本的性能。感光度的高低和其他照相性能有对应的关系，如表4—3所示。

表4—3　　　　　　胶卷部分性能对应关系

感光度	颗粒度	反差性	宽容度
高	粗	小	大
低	细	大	小

胶卷这些照相性能之间的关系，对于幻灯片、投影片制作如何选用感光材料具有重要的指导意义。如拍摄运动物体可选择较高感光度胶卷，以适应高速快门动态拍摄时曝光量较小的需求；拍摄静态图形文字则可选用较低感光度胶卷，虽拍摄时快门速度较慢，但胶卷颗粒较细，有利于提高影像质量。

四、拍摄

摄影的前期工作是拍摄。在教育技术中经常接触的有室外拍摄、室内拍摄、翻拍和屏幕拍摄。这四种拍摄都必须完成同样的拍摄过程。拍摄的全过程包括：装片、启用检查、确定曝光量（光圈、快门）、取景、调焦、卷片、按动快门、取片。我们结合四种拍摄情况，重点介绍拍摄过程中的一些常用方法。

（一）拍摄过程

①装片检查。按相机操作要求装上胶卷。启用时检查三件事：镜头盖应取下；机上感光度设定装置应锁定在胶卷感光度数值上；机上电源应打开。

②确定曝光量。根据室内外环境、光源、对象，选择确定光圈、快门，即确定曝光量。

③取景调焦。选择适当的拍摄角度、拍摄距离和镜头焦距，在取景框内观看，进行构图取景。同时，利用屏上聚焦指示器调焦。

④卷片拍摄。上述调节完成后，进行卷片，按动快门拍摄。

（二）室外拍摄

室外拍摄是以阳光为光源进行拍摄的，如果是彩色摄影，应使用日光型彩色胶卷。

拍摄的重要操作技能是确定曝光量，我们以室外拍摄为例，介绍确定曝光量的方法。

确定曝光量就是要确定拍摄时的光圈大小和快门速度。光圈和快门没有选好，曝光量会发生偏差。曝光量过大，底片（负片胶片）曝光过度，底片上负像黑的地方就太多，即密度过大；曝光量过小，底片曝光不足，底片上负像就太淡，即密度过小；唯有曝光适当，底片上负像变黑的程度才最为合适。

在摄影中，我们是借助于调节光圈大小和快门速度来控制底片的曝光的。两者的组合构成了一组曝光量的确定值，例如光圈、快门组合：F8、1/125秒构成一组曝光量的确定值。光圈增大、曝光量增大；光圈减小、曝光量减小；快门速度加快、曝光量减小；快门速度减慢、曝光量增大。

在保持曝光量不变的情况下：

光圈如加大一档,快门则应加快一档;

光圈如减小一档,快门则应减慢一档。

例如 F5.6、1/250 秒,F11、1/60 秒和 F8、1/125 秒三种组合都是相同的曝光量。

具体选择用哪一组光圈、快门组合时,可根据对象动态和景深需要来确定。如对象是快速运动的物体,应首先选择快门速度较高的一组。如对象是缓慢移动或静止的物体,应优先考虑景深需要,景深要求大的,选择光圈小的一组;景深要求小的,选择光圈大的一组。选择的光圈是否满足景深要求,可以查看镜头光圈环和距离环上的景深标示。

现代的相机一般有自动测光装置。可以自动测出拍摄对象的曝光量,显示一组适当的光圈、快门数值供选用,并且可以自动确定光圈和快门。自动确定光圈和快门有两种方式,一种是"快门优先",即由操作者先确定快门速度,拍照时相机自动测光调节光圈大小。另一种是"光圈优先",即由操作者先确定光圈大小,拍照时相机自动测光调节快门速度。相机的自动测光装置必须在电池正常,感光度设定装置准确锁定在胶卷感光度数值上时,方能正常运行。

确定曝光量,还应了解影响曝光量调节的其他一些因素。

1. 胶卷的感光度

在同样条件下拍摄,由于采用的胶卷感光度不同,曝光量调节也就不同。如对 ISO 100/21°胶卷曝光量确定为 F8、1/125 秒,对 ISO 200/24°胶卷曝光量则应确定为 F11、1/125 秒。依此类推。

2. 光线的强弱

室外照明光源是自然光,自然光的强弱是变化多端的。在一年之中,夏季最强,冬季最弱,春秋季居中。一天之中,中午前后最强,早晚最弱。除此之外,天气情况、地理纬度、海拔高度等都明显改变着自然光的强弱,影响曝光量的确定。

3. 镜头的焦距

一般胶卷曝光量的参考值，都针对的是配置标准镜头的相机。如换为长焦距镜头，进光量会减小，应适当增大光圈。使用变焦距镜头更应注意焦距的改变对曝光量的影响。

这里给出 ISO 100/21°胶卷室外拍摄的曝光量选择表供参考，快门速度定为 1/125 秒，如表 4—4 所示。

表 4—4　　　　　　　室外曝光表

环　境	光　圈
骄阳、蓝天、雪地、海滩	F 22
直射阳光	F 16
晴间多云	F 11
阴间多云	F 8
阴天	F 5.6

表 4—4 所列适用于日出后两小时至日落前两小时之间。

（三）室内拍摄

室内拍摄主要使用人工光源。人工光源也有强弱变化、功率大小、光源多少、被摄物体至光源距离远近的各种问题。这些都影响着被摄物体的摄影曝光效果。

常用的人工光源是摄影灯和闪光灯，在这两种人工光源下拍摄称为灯光拍摄和闪光拍摄。

1. 灯光拍摄

摄影灯一般是卤钨灯泡，色温较低，约 3200K。所以彩色摄影时要使用灯光型彩色胶卷。

灯光拍摄的两大问题，一是光源要有足够照度，二是布光要合理。

被摄物体要有足够的亮度才能正常成像。亮度是指从照相机位置看到（测出）的被摄对象明亮的程度。被摄物体的亮度来自光源，是光源照射到物体后物体反射的光效果。光源照射到物体上的光越强,物体的亮度越高。这种光源照射到物体表面的光的强弱程度,称为光源对物体的照度。同一光源,对不同距离的各种物体照度不一样,照度应在物体位置对着光源测试。

要保证被摄物体有足够的亮度,必须保证光源对物体有足够的照度。如照度不够,可以增加光源灯,或缩小光源和物体之间的距离,或提高物体的反射能力(如改变物体表面质地)。

光源灯增加,就出现布光的问题。实际上即使不增加光源灯,为了被摄物体上各点亮度合理,明暗反差不至于太大,也需要布光。

教学摄影布光,一般有主光、副光(辅助光)、轮廓光。主光从物体侧前方投射,照度高,是表现物体形状、结构、质感和色彩的主要照明光线。副光从物体侧前或侧后另一方向投射,照度低于主光,用于弥补调整主光形成的阴影部分明暗层次。轮廓光一般在被摄物体背面高处投射,照度不高,用于勾画物体轮廓,区分物体和背景,增强画面纵深感。

解决光源的照度和完成布光后,即可拍摄。拍摄的曝光量确定,不能靠目测,只能靠测光表或相机自测光装置。测光时必须在机位对着被摄物体测试亮度,才能获得正确的曝光量。

2. 闪光拍摄

电子闪光灯是一种人工光源,它具有发光强度极大,闪光持续时间极短的特点,因而在摄影中有着极其广泛的应用。同时闪光灯的这些特点给闪光拍摄曝光量的调节和用光技巧带来新的问题。这些问题集中起来主要有三点:选择胶卷、快门取值和光圈设定。

①选择胶卷。电子闪光灯色温较高,约 5300K～6000K,与日光色温相似。如系彩色摄影,应使用日光型彩色胶卷。

②快门取值。电子闪光灯闪光作用时间极快,小于 1/1000 秒。一般说来相机的各档快门速度都大于闪光速度,各档都能与闪光同步,但实际上只有一部分快门档能同步。这一方面由于相

机各类快门在打开时并非全过程完全开启，而闪光同步要求闪光灯必须恰好在快门完全开启的瞬间闪亮，使整幅画面均匀感受到闪光，这就只能选择快门较慢的速度，使快门完全开启的时间加长。另一方面应用闪光灯的场合一般较暗，仅靠相机常用的各档快门开启均无有效曝光作用，实际上有效曝光时间只是闪光作用时间，相当于已把快门锁定在 1/1000 秒档。综合上述两点可以看出，快门速度有必要、且有可能设定在慢速度各档，即 1/60 秒~1 秒各档，效果一样，既对曝光无碍，又能与闪光完全同步。一般使用闪光灯时相机常设定在 1/60 秒档。

③光圈设定。使用闪光灯拍摄，快门已固定不变，只调节光圈。调光圈需兼顾三个因素：胶卷感光度、拍摄距离、闪光灯的闪光指数（即发光强度）。在闪光灯不变的情况下，感光度高、光圈小；感光度低、光圈大；拍摄距离近、光圈小；拍摄距离远、光圈大。话虽如此，但具体标准难于把握。为此，各种闪光灯均在灯上根据自身的闪光指数提供一张曝光表，供使用者调光圈时参考。

五、数码照相机

（一）数码照相机的分类

数码照相机的分类有很多种，根据感光器材料的不同，可以分为 CCD 数码照相机和 CMOS 数码照相机；按感光器件形式的不同，可以分为面阵型数码照相机和扫描型数码照相机；按相机的结构分为单镜头反光数码照相机、袖珍数码照相机、数码后背照相机等三类。

（二）数码照相机的基本组成

数码照相机是传统照相机与现代电子技术高度融合的产物，与传统相机不同的是数码照相机利用 CCD 芯片或 CMOS 芯片感光，并将光信号转为电信号，再进行模数转换后记录在存储器上，最后利用电脑或数码打印机将图片输出。

数码照相机的组成有：镜头、CCD芯片或CMOS芯片、光圈、快门、取景器、液晶显示器、A/D（模/数转换器）、MPU（微处理器）、存储器、电池和输出接口，如图4—6所示。

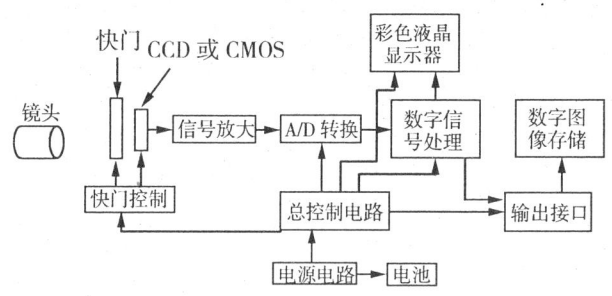

图4—6 数码照相机的基本组成

1. 镜头

数码照相机的镜头与传统照相机的镜头作用相同，是将要拍摄的景物成像在感光平面上。传统照相机的感光平面是胶卷或胶片表面所在的位置；数码照相机的感光平面是CCD或CMOS感光芯片表面所处的位置。

衡量镜头的性能指标主要是焦距和最大相对口径。焦距数值的大小决定了镜头的成像特性。根据焦距是否可变化，数码照相机所用镜头分为定焦距镜头和变焦镜头两大类。

（1）定焦距镜头

定焦距镜头是指焦距固定不变的镜头。根据焦距的数值相对于数码照相机中感光芯片对角线的长度来分，定焦距镜头可分为标准镜头、广角镜头、远摄镜头三类。

①标准镜头。标准镜头是指焦距长度与感光芯片的对角线长度接近的镜头。不同的数码照相机所用感光芯片的大小不同。标准镜头的镜头焦距数值差别很大，如尼康D100（CCD23.7毫米×15.6毫米）数码照相机，标准镜头的焦距在35毫米左右，而

一般的轻便数码照相机标准镜头的焦距在10毫米~20毫米左右。

②广角镜头。在数码照相机上，广角镜头是焦距长度比感光芯片的对角线长度短得多的镜头。广角镜头具有摄取视角大（大于57°）、夸张变形、扩大透视等特点，适宜于在短距离内拍摄宽阔范围的景物，以及需要增强透视的拍摄。

③远摄镜头。在数码照相机上，远摄镜头是指焦距数值比感光芯片的对角线长度长的镜头。远摄镜头具有将远处物体拍得较大的特点，尤适宜于在拍摄难以接近的物体时使用。远摄镜头还有缩小透视的特点。

(2) 变焦镜头

变焦镜头的焦距可在较大范围内变化，在不改变拍摄距离的情况下，能够在较大幅度内调节拍摄的成像比例及透视。一只变焦镜头可替代若干个不同焦距定焦镜头。数码照相机变焦镜头的变焦比越来越大，变焦范围越来越广（f=7.8毫米~23.4毫米相当于35毫米的38毫米~114毫米），质量越来越高，不少变焦镜头的质量已与定焦距镜头的成像质量相媲美。

变焦镜头的变焦具有手动变焦与电动变焦两种形式，在轻便数码照相机上的变焦镜头，几乎都采用电动变焦，单反数码照相机上的变焦一般为手动变焦。

2. 感光芯片

数字照相机中的感光芯片的作用是将光信息转化为电信号。目前，数字相机的感光芯片主要有CCD（电荷耦合器件）和CMOS（互补型金属氧化物半导体）两种。CCD芯片比CMOS芯片更灵敏，因此CCD芯片可在昏暗的光线下获得较好的相片。用CCD芯片的相机获得的相片也比CMOS清楚。

3. 聚焦系统

数码照相机的聚焦方式有自动聚焦、手动聚焦。当半按下快门钮时，数码照相机自动测定拍摄距离，镜头自动前后移动，使被拍摄的景物在感光芯片平面上清晰成像，完成自动聚焦。高档专业数码照相机往往同时具有自动聚焦和手动聚焦系统，普通数码照相机一般只有自动聚焦而没有手动聚焦系统。手动聚焦是用手转动数码照相机上的聚焦环来实现或按数码照相机上的聚焦按钮来完成聚焦。

4．光圈

光圈是利用其进光孔径的大小来控制曝光时到达数码照相机感光芯片上的光线强弱的装置，位于照相机镜头内。光圈大小可通过镜头的光圈调节环（专业数码照相机）、机身上相应的调节按钮调节，或由数码照相机自身调节。光圈的大小用光圈系数 2、2.8、4、5.6、8、11、16、22、32 等表示。光圈系数与光圈孔径的大小成反比，光圈系数数值越大，光圈孔径越小；光圈系数数值越小，光圈孔径越大。两相邻光圈系数的光圈，其进光量相差一倍。如 F8 的进光量是 F11 的两倍。

5．快门

快门是利用其开启时间的长短控制曝光时间，从而控制曝光量。快门速度通常用 1、2、4、8、15、30、60、125、250、500、1000 等表示，分别表示快门开启时间为 1s、1/2s、1/4s、……1/1000s 等，即所标数值的倒数表示实际快门开启时间。

6．取景器

取景器是供拍摄者观察被摄景物和景物范围，确定画面构图和聚焦的装置。数字照相机采用的取景方式为取景器取景和利用彩色液晶显示器取景。

7．存储器

数码照相机中的 CCD 或 CMOS 芯片将光信号变为模拟电信号，并将电信号输出，经处理后保存在存储器里。数码照相机可以使用的存储器件多种多样，不同的数码照相机使用不同的存储器件。如 NIKON 数码照相机使用的存储卡为 Compact Flash、Micro Drive，SONY 数码照相机使用的存储卡为 Memory stick。

8. 供电部分

数码照相机可用电池供电，也可用交流适配器供电。有彩色液晶显示器的数码照相机，一般在有交流电的地方最好使用交流适配器供电。

(三) 数码照相机的性能指标

1. 分辨率

数码照相机的分辨率是数码照相机拍摄记录景物细节能力的度量。数码照相机分辨率的高低，取决于数码照相机中CCD芯片或CMOS芯片像素的多少，像素越多，分辨率越高。CCD芯片的分辨率以及像素数的多少常被用作划分数码照相机档次的主要依据。数码照相机的分辨率使用图像的绝对像素数来衡量，这是由于数码照相机大多数采用面阵CCD芯片。数码照相机的分辨率还直接反映出能够打印出的照片尺寸的大小。分辨率越高，在同样的输出质量下可打印出的照片尺寸越大。同类数码照相机而言，分辨率越高，档次越高，但占用的存储器空间就越多。

CCD的分辨率是一个重要的指标，在同样的最大拍摄图像的分辨率下，CCD的分辨率越大越好。对于同样可以拍摄图像分辨率如1280×1024的数码照相机，500万像素的CCD数码照相机的拍摄质量比400万像素CCD的数码照相机好。

对于分辨率，厂家都会标明其相机的最大分辨率，如1280×1024。用户也可以调低分辨率，从而在相同的存储卡上保存更多数量的照片。不同用途的照片可以选用不同的分辨率以及压缩比。这种选择应当是越多越好。同一分辨率下可以有不同的压缩比，分辨率和压缩比同时决定照片的质量。

2. 色彩深度

色彩深度是用来表示数码照相机的色彩分辨能力。数码照相机的色彩位数多，记录的细节数量就多。一般数码照相机有24位的色彩位数，可以生成真彩色的图像。广告、大型图片出版摄影用数码照相机，需要有30位或36位的色彩深度。

3. 相当感光度

对于传统照相机，感光度只是感光材料对光的敏感程度。数码照相机与普通照相机不同，它本身包含了用于接收光线信号的CCD或CMOS芯片，对曝光多少也就有相应要求，也就有感光灵敏度高低的问题，相当于胶卷具有一定的感光度一样。为了方便使用者，数码照相机厂家将数码照相机的CCD的感光度等效转换为传统胶卷的感光度值，所以数码照相机也就有了"相当感光度"的说法。多数数码照相机的相当感光度为ISO100。有的数码照相机相当感光度有ISO50、ISO100、ISO200等，都可以调整。

4. 白平衡调整

所谓数码照相机的白平衡，就是数码照相机对白色的还原。如果你使用可以手动调节白平衡的数码照相机，在日光下拍出来是白色的物体，保持数码照相机的白平衡不变；在白炽灯下，拍出的物体影像的色彩就会偏红。这是由于不同光线的色温不同造成的。要使在各种光线条件下拍摄出的照片色彩都能还原为景物本身的色彩，就要调整白平衡。白平衡调整有自动白平衡调整和手动白平衡调整两种。绝大部分数码照相机上的白平衡调整为自动白平衡调整，数码照相机根据拍摄的光线自动调整白平衡，而不需要拍摄者做任何调节。有些数码照相机可手动调整白平衡，将数码照相机镜头对准一张白纸，然后按下白平衡调整按钮，直到液晶显示器上代表白平衡的相应符号由闪烁到停止或显示"OK"为止。

(四) 数码照相机的使用

数码照相机的使用方法和传统照相机基本类似，这里就不同点提出建议。

1. 准确聚焦。数码照相机都有自动聚焦，将数码照相机取景器里的聚焦标志对准要拍摄的物体，半按下快门，直到物体的影像清楚为止。

2.保持相机稳定。数码照相机的快门有时滞现象,按完快门就移动照相机,结果得到了模糊的照片。若使用LCD取景可以让拍摄更加方便,但让手离开身体时就会不自觉地有些晃动,而且这种晃动往往不为拍摄者察觉。所以,尽量使用取景器,把相机靠紧头部可以有效地减轻晃动。在光线不好的时候尽可能使用三脚架或其他支撑物,以保证相机在较长时间曝光时不会晃动。

3.选择适当的分辨率。数码照相机分辨率一般都很高,可根据不同的需要选择图像的分辨率。图像分辨率越高占的空间就越大,分辨率小占的空间就小些。

4.用播放按键观看所拍的照片,将不满意的照片删去。

5.存储卡的维护。对于数码摄影而言,存储卡在摄影过程中扮演着相当重要的角色。只能在数码照相机已经关闭电源、照相机完全处于关闭的情况下安装和取出存储卡,否则可能造成储存卡的损坏。因此,应在关闭照相机电源后,确定照相机已完全处于停止状态再安装和取出存储卡。注意,一般情况下都不要随便取出存储卡。

6.电池。数码照相机对电力的需求特别大。一般是用锂电池,这些可重复使用且电量较大的电池深受用户的欢迎。使用时应该尽量将电量全部用完再充电。长时间不使用数码照相机时,必须将电池从数码照相机中或是充电器内取出,存放在干燥、阴凉的环境中,而且不要将电池与金属物品存放在一起。

【思考与练习】

1.图形媒体的特点是什么?它适用于什么信息内容?适用于什么场合?

2.图形媒体教学手段和应用方法有哪些?教师可以运用它们完成哪些教学工作?

3. 结合自己的专业，想一想中学课程中有哪些内容可以采用投影教学？

4. 投影教学需要哪些设备器材？这些设备器材的种类和相应的特点有哪些？

5. 投影片的制作方法有哪些？你自己对哪种或哪几种方法感兴趣？你自己有没有能力去运用？你觉得制作方法中还有什么不清楚的问题？

6. 拍摄有哪些操作过程？影响拍摄效果的因素有哪些？景深在拍摄中起什么作用？怎样控制景深？

7. 用彩色胶卷进行彩色照片翻拍和电视屏幕拍摄时，分别应注意哪些问题？

8. 计算机可以完成哪些图形教学工作？怎样利用计算机制作投影片？

9. 数码照相机镜头种类有哪些？

10. 怎样使用数码照相机？

第五章 图像媒体教学

图像媒体是以电视为代表的信息传播媒体,是现代社会接触人类范围最广泛的媒体形式之一。图像媒体由于能直观、生动、形象、动态地传播自然和生活中的各种知识信息,在人类的政治、工作、生活与学习中占据了越来越重要的地位,并且已深入教学领域,成为视听教学常用的一种重要媒体。

第一节 图像媒体

图像是指表现事物视觉形象的动态画面。图像媒体是指以图像作为信息表现形式的信息传播工具。视听教学中的图像媒体具体是指以图像作为信息表现形式的电视、电影、计算机等各种媒体。

一、图像信息

人类通过观察周围动态的事物来认识自然、认识社会,来获取知识、学习本领。并且,人们最习惯、最容易接受和理解来自亲眼看见的动态视觉形象所包含的信息内容,即图像信息内容。图像信息就是这样一种动态视觉信息,它依赖于图像对真实事物的形象模拟,利用人类的这种视觉器官本能,和以此形成的对图像的天生判断能力及理解能力,采用图像作为信息的表现形式来传播事物内容的。

图像信息不仅和图形信息一样，能表现事物的形状、大小、色彩、空间位置等外形特征，而且能准确地表现这些特征随时间变化而变化的连续动态过程。这种动态过程，恰好是构成大部分教学内容如物理定律、化学反应、自然现象、生产技能和生活常识等知识的核心和关键内容，是教学关注的内容重点和难点。

由于图像信息在教学中应用已十分普遍，我们有必要对它作进一步了解。

1. 图像的类型

图像作为信息表现形式，一般有两种类型：实景图像和动画图像。

①实景图像。实景图像一般简称图像，是指拍摄、记录和再现真实人物、事物和景物的电视、电影画面。

和动画图像相比较，实景图像更真实。

②动画图像。动画图像一般简称动画，是指通过人工绘画或特技手法，用形象和动作连续变化的图形画面来形成视觉动态感的电视、电影画面，如图形动画、木偶动画、模型动画、电脑动画等。

和实景图像相比较，动画图像更形象，更准确。

动画所表现的内容，不受对象的拍摄时间、地点和对象的内外结构等客观条件的限制。动画能根据教学的需要，把复杂的科学内容用高度概括、集中、简化、夸张的表现手段剖析得透彻、准确、简明生动而又清楚易懂，并能把科学原理、概念加以形象化，使这些形象化的图形活动起来，现象的本质就变得具体生动、引人入胜了。

2. 图像信息的特点

图像信息采用了视听媒体的图像表现形式，并通过视听媒体进行教学传播，因此它既具备视听媒体一般的教学特性，如视听性强、表现力强、重现力强、接触面广、参与性强和受控性较高等，又体现出图像信息自身的一些特点。图像信息在教学应用中，主要有以下几个基本的性能特点。

(1) 动态画面。图像信息的画面在不停地变换，画面中的影像也在不停地运动。因此，图像特别适宜表现事物运动、变化的动态的教学内容。

(2) 时间性。由于事物的运动、变化均伴随时间的进程而进行，因此图像信息的呈现过程就有时间上的限制。也正因为如此，图像在表现动作状态的同时，对动作的时间性（动作开始、持续、结束时间和动作快慢）体现十分准确。这一特点对技能教学非常重要，例如手术操作技能、机械操作技能、体育运动技能等教学内容，都要求动作的时间准确性。图像信息恰好能满足这方面的需要。

(3) 技术性。图像信息具有特殊的技术性，各种媒体在构成图像的技术手段上各有特点。例如，电影图像是采用摄影胶片的光化学技术手段完成，并以每秒 24 幅画面的频率放映的；电视图像则采用电子扫描技术手段完成，并以每秒 25 帧画面的频率播出的。并且，在图像的清晰度、色彩和画面的稳定性上都形成相应的技术特点。

(4) 艺术性。图像信息由于采用画面构图形成图形，连续的画面图形形成图像，因此在构图手法和电影、电视表现手法上都体现出一定的艺术性。

(5) 信息化。图像信息同样具有现代信息的共同特点，即能够搜集、存储、加工、复制、传输和扩散。

二、图像媒体传播技术手段

图像媒体传播技术手段一般分为三种：电影、电视、计算机。

1. 电影

电影是使用最早一种图像媒体，并且最早被作为视听手段应用于教学中。电影的图像十分清晰,画面一般都有配音(部分科研片和教学片不配音),视听效果俱佳。但电影制作周期长、成本高,教学中已很少应用,一般多应用在文化娱乐中。许多有教学价值的电影片,已转录为录像电视片,继续在教学中使用。

2.电视

电视是目前在教学中应用最普遍、最广泛的一种图像媒体。电视和电影一样,同样有可供观看的清晰图像(普通的电视画面清晰度不及电影),有与画面同步的配音效果。但电视制作较容易,制作成本较低,片源丰富,使用方便,并且电视机已遍及千家万户,形成网络,很适合在教学中应用。电视技术手段的硬件设备主要是录像机、电视机,软件是电视录像片。电视是我们在图像媒体这一章里主要介绍的内容。

3.计算机

计算机是目前最新出现的、发展最迅速的一种图像媒体。计算机的画面清晰度已经可以达到电影画面的效果,并且计算机图像能迅速、方便地在信息网络上传播,是一种很有教学应用价值的现代图像媒体。计算机媒体技术手段的硬件是计算机,软件是计算机图像软件。

4.激光影碟机

激光影碟机又叫镭射影碟机,由荷兰飞利浦公司于20世纪70年代首先开发成功,80年代初开始批量进入市场。随着激光技术和数字音像的发展,激光影碟机的技术水平也不断地提高,目前激光影碟机的画质已明显优于录像机,被广泛用于社会各行各业。

第二节 图像媒体教学方法

一、图像媒体教学方法基础

图像媒体教学方法是建立在运用电影媒体传播手段和电视媒

体传播手段基础上的一种视听教学方法。这两种图像教学媒体在教学中有突出的教学功能,主要体现在以下几个方面:

1. 能表现直观的、形象的、动态的知识内容,不受表现内容的时间、空间限制。

2. 能表现宏观的、微观的动态事物。大如太空中的星球运动,小如水滴中的细菌游动,均能在图像中表现。

3. 能表现过去的、未来的动态事物。如用电视表演再现历史事件,用动画特技预演未来的事物发展。

4. 能表现高速的、慢速的、或动作瞬间完成的动态事物。如用慢动作特技播放子弹高速击穿玻璃的运动过程,用时间压缩特技表现花蕾缓慢开放的过程。

5. 能表现物体外部形象和动作,也能表现物体内部结构和内部动作。如用动画表现活塞在汽缸中的运动。

图像媒体的上述表现功能,在教学中发挥了很大的作用。纵观发挥图像媒体这些表现功能的教学手段和教学方法,不外乎电影放映和电视播放,也就是说,基本方法是演示教学法。

二、图像媒体教学方法种类

围绕电影、电视、计算机等图像媒体教学手段,在演示教学法的基础上,介绍六种图像教学方法:课堂演示教学法、闭路电视教学法、微型教学法、录像带教学法、电视广播教学法和网络教学法。

1. 课堂演示教学法

课堂演示教学法是指在课堂教学中播放电视教学片或电影教学片。这是学校课堂教学最常采用的图像媒体教学方法。在具体运用这种教学方法时,可以选择以下的方式进行。

①以播放电视片、电影片为主的课堂演示教学法。如爱国主义思想教育课程,可以用整堂课时播放一部爱国主义教育影片,直接让学生从观看影片中接受教育。

②以教师讲课为主,图像演示为辅的插播演示教学法。如在教学中插播一些电视教学短片、电视资料片断。先讲后放、先放后讲,或边放边讲等方式均可采用。

③视听强化、反复播放的演示教学法。在教学中反复播放同一电视片断,用视听手段强化和加深学生对某个事物或某种现象的认识,或反复训练学生某项技能。

2. 闭路电视教学法

利用教学闭路电视,在课内和课外播放教学片或教学资料片。

3. 微型教学法

在技能教学中,将操作过程和操作动作分解为细小的单元,用摄像、录像的手段,逐段记录下教师的示范和学生的操作,播放、观看、分析、比较,并反复数次,以此来提高实践和实习的教学效果的一种电视教学方法,称为微型教学法,也称为微格教学法。微型教学法在师范学校学生实习中应用较普遍。

4. 录像带教学法

将教师的讲课或辅导实况记录在录像带上,供学生自行播放学习。学校教学中给优秀生扩充知识、给部分学生补课和家庭辅导,也可采用这种方法。随着激光影碟机的普及,目前用 VCD、DVD 光盘进行教学也日益增多,现代远程教育中更为普遍。

5. 电视广播教学法

将教师的讲课录像和电视教材,通过电视广播发射,传播给成千上万的学习者,供其学习。中央教育电视台为普通中小学提供了与学校教学同步的教学辅导节目。作为教师,可以经常收看用以提高自己的教学水平,也应指导学生收看进行学习。

6. 网络教学法

网络教学是利用计算机信息网络沟通教师和学生,双方屏上见面(图像),相互交流进行教学。学生也可以从网上调取图像教学资料进行学习。目前远程教学中采用视频会议系统,可以弥补师生分离无法面对面交流的缺点,很多网络交流软件都具有视频传输功能。

三、图像媒体教学方法应用

由于电视和电影等图像媒体在现代社会已广泛进入人们的生活、工作和学习中,因此图像媒体教学方法在运用电视或电影进行教育宣传的活动中应用很广。例如:

1. 知识传授

在以认知目标为主的课堂教学中,用电视演示直观的、动态的教学内容,如演示实验、自然现象、社会现象、生产过程等等。

2. 技能训练

在以技能目标为主的教学训练中,用图像媒体提供示范,提供训练情景。如外语听说训练教学中运用电视进行情景教学,师范生实习教学中运用微型教学,生物解剖实验中运用电视示范教学等等。

3. 思想教育

用电影或电视播放思想教育影片对学生进行爱国主义、共产主义等思想品德教育。

4. 个别教学

提供电视录像片用于学生自学,用于在职人员进修。

5. 学术交流

电视录像演示经常应用在自然科学或部分社会科学的学术报告中,应用在校际之间的学术交流活动中,应用在科研成果展示活动中。

6. 科普教育

应用电影和电视教学方法进行科普宣传、新技术推广和农业技术推广。

7. 文化娱乐

在青少年的思想品德教育、文化教育、智力教育等方面，发挥电影、电视等视听娱乐功能，把教学内容融合于大家喜闻乐见的文娱形式中，寓教于乐，可达到理想的教学效果。

第三节 电视教学

电视是视听教学中应用最普遍、使用最方便的图像媒体手段。电视具有图像直观、形象逼真、动态画面、特技生动、视听兼备、声画同步、不受时空限制，能在全球范围内现场实况转播等特点。并且电视设备普及，电视节目来源丰富、复制容易、使用方便。因此电视教学深受学生和教师欢迎，教学效果显著。

一、电视基础知识

电视涉及的技术知识很多，专业技术含量较高。根据视听教学应用的需要，我们介绍一部分作为教师应当了解和掌握的有关知识。

1.电视成像原理

电视通过摄像机把景物的光影像转换为电信号，用发射系统把电信号发射传播出去（或用录像带把电信号存储起来，经录像机重放），再通过电视机接收并把电信号还原为光影像在屏上显示，成为我们看到的电视图像。这种光—电、电—光转换原理，是电视成像的基本原理。

2.电视基本概念

（1）像素

电视屏幕上每一幅图像画面都是由上百万个细小的光点有规律地排列组成。这些细小的光点称为像素。

像素是由一条细小的电子射线束撞击屏幕发出的光点，每个光点亮度大小、色彩效果均不相同。

(2) 扫描

像素组成图像是先由左到右逐点横排成行，然后每行由上到下逐行排列，组成一幅图像。一幅图像也称为一帧图像或一帧画面。整个成像过程都是由电子束逐点高速运动完成的，这个过程称为扫描。其中水平方向的扫描叫做行扫描，垂直方向的扫描叫做场扫描。

(3) 行频

电子束每秒钟水平行扫描的次数叫行频。我国规定每帧画面垂直方向的行扫描线为625行，每秒显示25帧画面，因此电视行扫描线每秒为15625行。即行频为15625行/秒，或15625赫兹（Hz）。

(4) 帧频

电子束由上到下垂直扫描一次构成一帧画面，每秒可以完成这种扫描25次，即每秒显示25帧画面。这种每秒垂直扫描显示画面的次数称为帧频。电视的帧频为25帧/秒。

(5) 场频

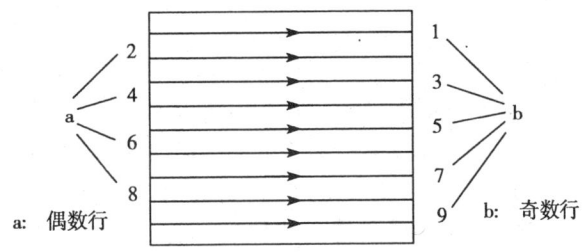

图5—1 隔行扫描光栅

事实上，由于技术上的安排，每帧画面并不是一次从上到下扫描完成的，而是采用隔行扫描的办法，把625行扫描线分两次垂直扫描完成。第一次扫1、3、5、7……奇数行，构成一场画面（奇数场）；第二次扫2、4、6……偶数行，又构成一场画面（偶数场），如图5—1所示。一帧画面就由两场画面相嵌在一起合成。这样,虽然两次垂直扫描的总行数仍是 625 行,但是每秒钟垂直扫描的次数却增加了一倍,即每秒钟垂直扫描为 50 次(50 场)。电视每秒垂直扫描的场数称为场频,场频为 50 场/秒。

(6) 同步扫描

正确重显图像还必须保证收、发同步扫描。所谓同步扫描,就是摄像管和显像管的电子束扫描步调要完全一致。其中包括扫描的频率要相同,扫描的相位也要相同。也就是说,扫描的快慢要相同,每行每场扫描的起始时刻和结束时刻都要相同。

如果收发两端扫描的频率相同,只是相位不同,图像将会出现左右错位或上下错位的现象,如图 5—2 所示。其中,(a) 为正常图像,(b) 为行不同步现象,(c) 为场不同步现象。

如果扫描频率不相同,则会出现图像上下滚动或者被撕裂扭曲的现象。

(7) 彩色三要素

彩色的色调、色饱和度、亮度称为彩色(或彩色电视图像)的三要素。彩色三要素的有关概念在"摄影"一节里已作过介绍,不过在电视概念中,把色调、色饱和度统称为色度。

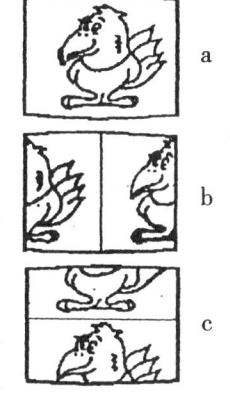

图 5—2 行场不同步

这样,彩色电视图像的构成为两大要素:色度和亮度。

(8) 空间混色

在"摄影"一节里,我们已经了解彩色光的"三基色光原理"和"加色法原理"。从加色法原理中知道,将红、绿、蓝三基色光按不同比例相加,便可得到不同颜色的色光,这种混合法叫加色法。

空间混色是加色法原理在电视技术中应用的一种方法。电视显像管中的红、绿、蓝三色电子束分别投射到屏幕上的相邻极近的三个相应色点上,产生红、绿、蓝三点色光。在足够远的距离观看,由于人眼对彩色的分辨力有限,分辨不清三个微小的色光点,就会产生三基色相混叠加为一点色光的合成效果。这样各个色光点的综合效果,构成彩色图像。

(9) 视频信号

视频信号(Video Signal)称为全电视信号,也称图像信号。视频信号由图像色度信号、图像亮度信号、消隐脉冲信号和行、场同步信号组成。视频信号带宽为 0 兆赫~6 兆赫。

(10) 音频信号

音频信号(Audio Signal)是指由话筒将声音转换成的电信号。在电视中,音频信号称为电视伴音信号,其频率范围为 20 赫~15 千赫。

(11) 射频信号

射频信号(Radio - Frequency Signal)是指用全电视信号和电视伴音信号调制的高频电视信号。射频信号一般用于电视节目发射和传送,电视机的天线插座输入的信号就是电视射频信号。

电视射频信号中,全电视信号采用调幅方式调制,伴音信号采用调频方式调制。调制后的两种高频信号相混合而产生高频电视信号。同一地区的不同电视台节目,发射用的电视射频信号占用的频道不同。

我国规定,电视射频信号每频道占用 8MHz 带宽,共有 68 个频道。1 频道~12 频道为 VHF 频段,13 频道~68 频道为 UHF 频段。

(12) 彩色电视制式

彩色电视的制式是指一种录制、播放和接收电视节目所采用的特殊的电视技术标准和技术方法。世界上各个国家或地区所采用的彩色电视制式不一定相同,不同制式的电视节目、电视设备之间不能通用。

世界上各个地区的彩色电视制式主要有三种:NTSC 制、

SECAM 制、PAL 制。

①NTSC 制。NTSC 制又叫正交平衡调幅制，目前有美国、日本、加拿大、韩国、中国台湾等国家和地区采用。

②SECAM 制。SECAM 制称为顺序——同时制，又称逐行轮换调频制。目前有法国、俄罗斯、东欧一些国家在采用这种制式。

③PAL 制。PAL 制又叫逐行倒相制，目前有英国、德国、澳大利亚、新加坡、中国和中国香港等国家和地区采用。

二、电视教学设备系统

常用的电视教学设备器材包括电视机、录像机、摄像机和录像带。

(一) 电视机

1. 电视机的种类

电视机分为黑白电视机、彩色电视机两大类。教学一般采用彩色电视机。

电视机大小不一样，从荧光屏对角线尺寸来看，有 5 英寸至 34 英寸等各种类型。大型的投影电视的屏幕可以达到 50 英寸至 200 英寸。

电视机功能各异，有射频输入、视频和音频输入、S‐VHS 输入、数字输入、多制式、多画面、菜单显示、重低音、立体声和卡拉 OK 等不同的功能。

一种图像分辨率较高，适宜电视节目制作、科学研究等专业使用的视频显示器称为监视器。监视器一般有视频信号输入 (VIDEO IN)、音频信号输入 (AUDIO IN) 和计算机数字信号输入 (RGB) 接口。

2. 彩色电视机的结构原理

彩色电视机由信号处理电路、显像管、扬声器和电源四大部分构成。信号处理电路包括五个部分：高频头、中频电路、伴音通道、彩色解码器和扫描电路。

彩色电视机基本结构方框图，如图5—3所示。

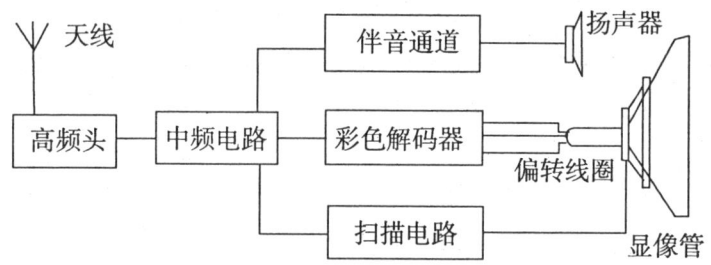

图5—3 彩色电视机基本结构

彩色电视机的工作原理是：高频头从天线接收到高频电视信号，进行放大、变频处理后送入中频电路。中频电路又将信号放大处理后分别检波输出音频信号到伴音通道，输出一路视频信号到彩色解码器，输出另一路视频信号到扫描电路。伴音通道将音频信号放大处理后输给扬声器播出伴音。彩色解码器将视频信号处理成红（R）、绿（G）、蓝（B）三基色电信号，输入显像管分别去控制三色电子束的发射，形成彩色图像。扫描电路则利用视频信号中的同步信号，输到显像管上的偏转线圈去分别控制电子束扫描的频率和相位。这样，就能在电视机上看到稳定、鲜艳的彩色图像，听到悦耳的声音了。

3．彩色电视机的调谐方法

彩色电视机的使用很简单，一般有亮度大小调节、色度大小调节、音量大小调节和调谐选台。由于目前电视机调谐大都采用了自动搜索选台，所以这里只介绍调谐的一般方法。

各电视台播放的电视信号有不同的频率，分属不同的频道。选择电视节目就是选择电视频道，选择电视频率，这称为调谐。现有的68个频道分为三个频段，L频段（1频道~6频道）、H频段（7频道~12频道）、U频段（13频道~68频道）。如果选择10频道的电视节目,应先按下一个选台键,将该键的频段选择装置调到H频段,再仔细调节调谐旋钮,直到图像和伴音都满意为止。

(二)录像机

1. 录像机的种类

按用途、质量等级分为广播级录像机、专业级录像机、家用级录像机;按电视信号的处理方式分为模拟信号录像机和数字录像机;按使用磁带的尺寸分为1英寸、3/4英寸、1/2英寸录像机。

2. 录像机的基本原理

磁带录像机与录音机一样,记录时是利用磁头将电信号转换为磁信号(电-磁转换)去磁化运动着的磁带,声音和图像以磁信号形式储存在磁带上。重放时,利用磁头从运动的磁带上拾取磁信号变成电信号(磁-电转换)。

由于视频信号频率高、频带宽,并且是每秒50场分场扫描,又有相位、同步等特殊技术要求,录像机在记录和重放信号中,采用了一系列新的技术措施。

3. 录像机的基本构成

录像机有以下四个基本组成部分。

①走带系统。走带系统使磁带在规定的张力下,按规定速度运行。走带机构由供带盘、收带盘、主导轴、压带轮、磁头鼓组件、磁带自动装卸系统等组成。磁鼓由一个电机驱动。

②视、音频磁头和视、音频录放系统。录像机有视频磁头(录、放视频信号)、声音/控制磁头(分别录、放声音信号和录、放控制信号)、全消磁头(抹消磁带上全部视频、音频、控制信号磁迹)、消音磁头(只抹消音频磁迹)四种磁头。

③机械控制和保护系统。在录像机中,当传动机械需要转变方式或状态时,要求各部件必须严格按一定程序动作,互相配合协调,使各部件动作顺序、动作时刻、动作幅度准确无误。某些

部件在运行中因各种原因发生异常,处于特别状态,如磁带到终端、磁带过度受潮、磁鼓结露、收带盘不转使磁带外溢、压带轮不到位使走带不正常等等。为了避免这些情况下损坏其他部件,录像机具有一套机械保护系统,由微处理器控制发出停机指令,实现自行保护。

④伺服系统。为了使信号在记录和重放过程中不产生失真和畸变,必须保证视频信号和磁带上剩磁信号彼此间可逆变化的精度。为此,采用特殊电路系统来对各传动机构和部件进行自动控制,使任何时刻位置精确,其速度、张力等符合规定要求。这个系统能自动反馈,对走带机构进行自动控制,使磁带保持标准速度运动;对磁头进行自动控制,使视频磁头保持标准转速和相位。这个系统称之为伺服系统。伺服系统包括磁头磁鼓伺服系统、主导轴伺服系统、张力伺服系统等。

(三)摄像机

摄像机是拍摄景物,并把景物的影像转换为电信号的电视设备。摄像机外形如图5—4所示。

1.彩色摄像机的结构原理

彩色摄像机的结构

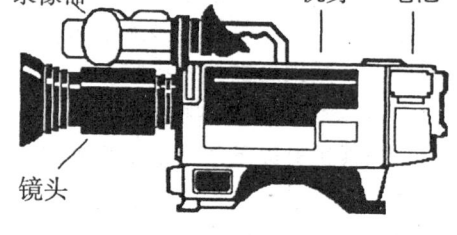

图5—4 摄像机

为三部分:光学系统、光电转换系统和电路系统。光学系统包括镜头和分色装置。光电转换系统包括CCD光敏元件及相关装置。电路系统包括视频处理电路和编码电路。

被摄景物光线经摄像机镜头和分色装置后在CCD表面生成三基色光影像,光电转换系统将光影像转换为红(R)、绿(G)、蓝(B)电子图像和电信号,再由电路系统将信号进行放大并形成符合电视制式所规定的彩色全电视信号。

2. 摄像机的种类

摄像机种类繁多，常见的有：

①家用级摄像机

VHS 家用摄像机（家用级）。一般摄像机机身上附带录像机，称为一体化摄像机。使用大 1/2 英寸录像带。如日本松下公司的 M-7 摄像机和 M-9000 摄像机。这种摄像机在教学中经常使用。

②专业级摄像机

S-VHS 高带摄像机（专业级）。如日本 JVC 公司的 KY-27 型专业制作用一体化摄像机，使用大 1/2 英寸高带（俗称金属磁带）。这种摄像机在教学中也经常使用。

VO 系列摄像机（专业级）。一种大型的、性能较高的专业制作用摄像机，如日本 SONY 公司的 M3 摄像机，一般连接在 VO 型录像机（3/4 英寸磁带）上使用。性能和 S-VHS 摄像机相似。许多大专院校和电视台（站）在使用。

③广播级摄像机

SONY 公司的 Betacam SP 摄像机（广播级）。这是一种一体化的，使用小 1/2 英寸磁带的摄像机，性能较高。电视台普遍采用。

BVU 系列摄像机（广播级）。使用时用电缆和便携式录像机连接，录像带是 3/4 英寸高带。电视台普遍采用。

数字摄像机。使用的是与一般电视技术完全不同的数字化图像处理技术，是一种新型的、高清晰度的电视摄像机。

(四) 录像带

1. 大 1/2 英寸盒式录像带

普通大 1/2 英寸录像带适用于 VHS 系列录像机，磁带宽度为 1/2 英寸，上有 "VHS E-60" 标志，E 代表普通带，60 表示带长为 60 分钟。它有多种带长规格，如 E-30、E-60、E-90、E-120、E-180 等。电视教材发行使用中一般都用该类录像带。

大1/2英寸录像带还有高带，标志为HG；还有超高带，标志为Super HG。适用于S-VHS录像机的大1/2英寸录像带，带上均有S-VHS标志和Metal Tape标志。这种磁带上涂布的磁性材料硬度很高，频响范围大，录制的节目质量较高，称为金属带。

大1/2英寸录像带录制节目后，磁带上有视频信号磁迹、音频信号磁迹、控制信号磁迹共三种磁迹。磁带上信号的磁迹分布，如图5—5所示。

2．小1/2英寸盒式录像带

这类录像带带宽仍然是1/2英寸，但带盒比大1/2英寸录像带体积小，故称小1/2英寸录像带。小1/2英寸录像带一般为金属高带，供Betacam摄录一体机使用。

3．3/4英寸盒式录像带

这种类型的录像带是目前电视教材制作中运用较为广泛的磁带。VO系列和BVU系列录像机均用这种录像带。3/4英寸盒式录像带主要规格有KSP-10/20、KSP-30/60、KCS-10BRS/20BRS、KCA-30BRS/60BRS等。如今，电视教材制作中已逐步使用3/4英寸高带。

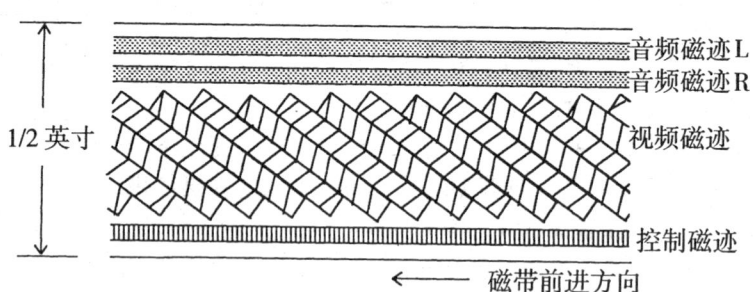

图5—5　录像带磁迹分布

录像带在使用和保管过程中，应注意防潮、防尘、防高温。

（五）激光影碟机

1．激光影碟机的种类

激光影碟机按其音视频处理的格式分为 LD（Laser Disc）影碟机、VCD（Video Compact Disc）影碟机、DVD（Digital Versatile Disc）影碟机。

2. 激光影碟机的工作原理

激光影碟机主要由激光拾取系统、音视频信号处理系统、伺服系统、机械系统、控制系统等组成。如图5—6所示DVD播放系统。

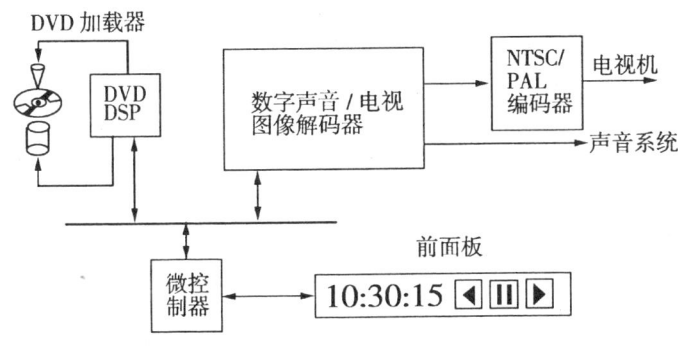

图5—6　DVD播放系统

DVD盘读出机构主要由马达、激光读出头和相关的驱动电路组成。马达用于驱动DVD盘做恒定线速度旋转；DVD激光读出头用于读光盘上的数据。

数字音频视频处理器的作用主要是对压缩的电视图像数据进行解压缩，还原为电视图像，送给电视系统；对压缩的声音数据进行解压缩，还原为立体声信号，送给立体声系统。

控制部分的作用是控制影碟机的正常运行，完成各项功能的切换，从而改变工作状态。

伺服系统的作用是保证激光拾取系统正确跟踪、扫描光盘的信号面，取出正确的信号，保证影碟按规定转速稳定转动，消除误差等。

3. 激光影碟机的使用

①激光影碟机使用前应仔细阅读说明书，了解激光影碟机的结构和各种按键、旋钮的功能。

②检查电源的电压是否与机器工作电压相符。

③将激光影碟机的视频输出（Video out）和音频输出（Audio out）分别连接到电视机的相应信号输入端口。

④激光影碟机使用时应水平放置在稳固的桌子上，装入光盘时，光盘封面向上，用完后应取出光盘，不能将光盘留在碟片托盘内，否则再移动机器的过程中容易将光盘卡住。

⑤注意防潮、防尘、防磁、防震。

三、电视设备应用方法

电视设备在教学中有以下七种应用方法。

1. 电视广播节目收看

在教学中，直接用电视机收看电视台播放的电视节目进行教学。收看的条件是有电视机、接收天线或有线电视网接口。

2. 录像带节目播放

在教学中播放教学录像带，设备系统配置有录像机、电视机和录像带。录像机和电视机之间用射频信号线连接。播放时设备系统的连接，如图5—7所示。

3. 电视广播节目收录

将电视台广播的节目收录下来，供教学中使用或留作教学资料供教学参考。这是搜集电视教学资料最直接、最方便的一种方法。作为教师应随时注意教育电视台和地方电视台的节目预告，发现对教学有益的节目，就收录下来，这将会给你的教学工作带来极大的帮助。收录电视节目的设备系统配置有录像机、电视机、空白录像带、接收天线或有线电视网接口。设备系统的连接，如图5—8所示。

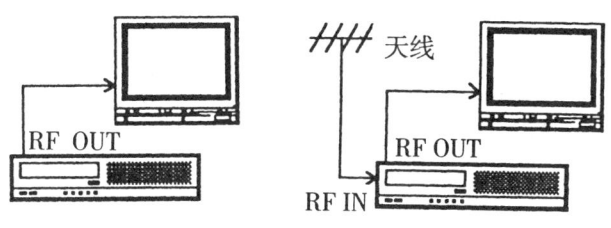

图 5—7　录像播放系统　　图 5—8　电视节目收录

4．录像节目复制

录像节目复制也是一种搜集电视教学资料的好方法，同时也是一般整理和编辑录像节目的常用方法。录像节目复制的设备系统配置有录像机两台、电视机一台、节目录像带、空白录像带、视频和音频转录线各一根。设备系统的连接，如图 5—9 所示。

图 5—9　录像节目复制系统

5．电视实况转播

电视实况转播是指将教师讲课、做实验或做手术等过程，用摄像机现场拍摄，向各教室同步实现转播，供大多数学生观看。电视实况转播的设备系统配置有摄像机、话筒、电视机（带视频和音频输入接口），视频电缆和音频电缆。设备系统的连接，如图 5—10 所示。如电视机只有天线插口（即射频输入接口），则可以将摄像机输出的视频和音频信号先输入到一台 VHS 录像机中，再从录像机射频输出到电视机。有的摄像机本身自带话筒和射频输出装置，使用就方便得多。

6．微格教学

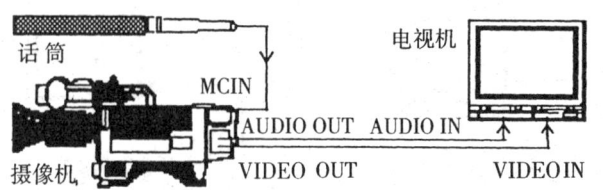

图 5—10　实况转播系统

微格教学是用摄像机、录像机把教师的示范、学生的实习操作记录在录像带上，播放给学生观看和比较。微格教学的设备系统配置有摄像机、话筒、录像机、空白录像带、电视机、视频电缆和音频电缆。设备系统的连接，如图 5—11 所示。

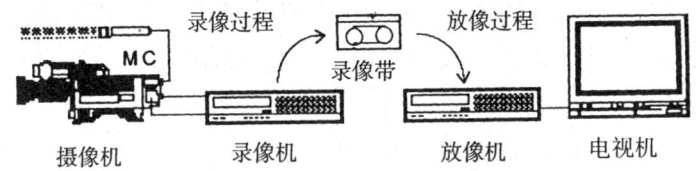

图 5—11　微格教学设备系统

7．闭路电视

教学闭路电视用于同时向许多教室和寝室传输同一电视节目或各种不同的电视节目。节目可以自办，可以播放录像，可以在演播室实况转播，也可以收转卫星和各电视台播放的节目。教学闭路电视系统一般由教学电视节目播出设备、接收设备和传输线路组成。在学校范围内，一般采用电缆闭路传送。教学闭路电视系统方框图，如图 5—12 所示。

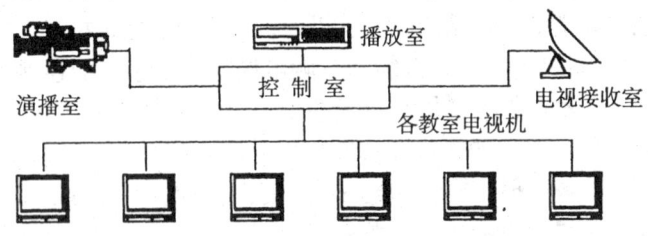

图 5—12　教学电视闭路系统

四、电视教学节目制作方法

(一) 电视节目的基本概念

电视节目的制作涉及一些文学、电影艺术、电视艺术方面的基本概念和专业术语。了解和掌握这些基本概念和专业术语,对于设计电视教材方案、编写教学电视稿本、动手制作电视节目都有很大的帮助。

1. 画面和镜头

屏幕上呈现的一帧一帧的图像称为画面。我们已经知道,电视每秒有25帧画面。在一段时间内,屏幕上连续呈现的画面整体称为"镜头"。"镜头"在这里是一个电影、电视艺术中的专业术语。

2. 镜头的划分

镜头的划分有一定标准。在摄像时,录像机马达开动至停止这段时间内,磁带记录的一段连续画面称为一个镜头。在编辑(剪辑)时,前后两次编辑接点之间那段连续画面称为一个镜头。

3. 一组镜头

几个镜头组合在一起,就能表达一种含义,或一个情节,这几个组合在一起的镜头,称为一组镜头。类似文学写作中几个句子构成一个段落,表达一种含义,或一个情节。

这样的一组一组镜头连成一个整体,构成一部电视片(或电视节目)。类似文学写作中一个一个段落连成一个整体,构成一篇文章。

镜头组可以按一个景物、一个事件、一个情节、一个场景或一个完整的操作程序一个一个地去构思、编写、拍摄和编辑。

4. 景别

景别是指以被摄景物的主体为标准的画面拍摄范围大小。景别是电视镜头的一种构图表现手法。拍摄者根据内容需要,确定画面中主要对象的远近和大小,即景别的大小。景别的大小是由摄像机与被摄对象之间的距离大小或变焦距镜头的焦距大小形成的。

　　景别一般划分为远景、全景、中景、近景和特写，简称远、全、中、近、特。景别之间没有严格的界限，只有一些粗略的划分标准。

　　①远景。远景又叫远景镜头。远景镜头中人物很远、很小。

　　在各类景别中，远景的视距（观众在屏幕上感觉到的景物与观众之间的距离）最远。远景的视野广阔，景深悠远，能表现远距离的人物、事物及周围广阔的自然环境。远景常用来介绍环境，渲染气氛，或表现大场景中主体的活动情况。

　　②全景。全景又称为全景镜头。全景一般指能清楚地表现主要被摄人物和物体的全貌的镜头。

　　全景镜头可以用来表现人物在某一环境中的活动或人物的形体动作，用来表现物体的整体结构或空间位置。

　　③中景。中景又称为中景镜头。中景一般指表现主要被摄人物膝盖以上部分或被摄物体大部分结构的镜头。

　　中景镜头可以用来表现人物的动作和物体的主要结构。

　　④近景。近景又称为近景镜头。近景一般指表现主要被摄人物腰部以上部分或被摄物体局部结构的镜头。

　　近景镜头可以用来表现人物的局部动作和面部神情，用来表现物体的局部结构和表面质感。

　　⑤特写。特写又称为特写镜头。特写一般指表现主要被摄人物胸部以上部分或被摄物体细部的镜头。

　　特写镜头的视距很近，它能让观众从近处来观察对象的细微特征，给人以突出鲜明的印象。特写镜头可以用来表现人物的细微动作和细微表情，用来表现物体的细部特征。

　　5. 镜头的拍摄角度

　　从不同的角度观察同一对象会得到不同的视觉感受。摄像机镜头，就犹如观众的眼睛，可以在各种机位，以不同的角度对景物进行拍摄。从机位的高低来说，有平摄、仰摄、俯摄；从机位的方向看,有正向拍摄、侧向拍摄、斜向拍摄和反向拍摄;纵横交错又会形成无数个角度。

①平摄。是摄像机与被摄对象处于同一水平线的一种拍摄角度,画面给人有平视的感觉。平摄可以分为正向拍摄、侧向拍摄、斜向拍摄和反向拍摄四种。

②仰摄。仰摄是摄像机从低处向上拍摄高处的对象的一种拍摄角度,画面给人有仰视的感觉。仰摄适用于拍摄高处的景物,能够使景物显得更加高大雄伟。

③俯摄。俯摄与仰摄相反,是摄像机从高处向下拍摄,画面给人有俯视的感觉。这种镜头视野开阔,适宜表现较大的场面和环境。

6．镜头的运动拍摄

摄像机在运动中进行拍摄的方法,称为运动拍摄。运动拍摄方法所拍摄的镜头,总称为运动镜头。反之,称为固定镜头。运动镜头给人一种在走动中观看景物的感觉,真实感特强。

运动镜头是一种视点、视距、角度都在不断变化的镜头。它的表现形式虽然千变万化,但基本形式不外乎推镜头、拉镜头、摇镜头、移镜头、跟镜头,其相应的运动拍摄方法简称为推、拉、摇、移、跟。

①推镜头。推镜头是指画面上景物由小到大、由远到近地逐渐接近观众的运动镜头。推镜头的景别由大到小,视距由远变近。

推镜头有两种拍摄方式:移动推摄和变焦距推摄。

移动推摄。移动推摄时,摄像机沿着拍摄方向机位逐渐向前移动,逐渐接近被摄对象。

变焦距推摄。变焦距推摄时,机位不动,只改变镜头的焦距,由短焦距逐渐变为长焦距,使景别由大到小。

移动推摄和变焦距推摄在视觉效果上有区别。移动推摄的镜头中,景物之间的相互位置的视觉效果会发生变化。而变焦距推摄的镜头中,景物之间的相互位置的视觉效果不变化。

推镜头可以用来突出场景内有重要作用的人和物,用来强调细节,有使观众接近被摄对象进行观察的效果。

②拉镜头。拉镜头是指画面上景物由大到小、由近到远地逐渐离开观众的运动镜头。拉镜头的景别由小到大,视距由近变远,景物由局部变为整体。

拉镜头也有两种拍摄方式:移动拉摄和变焦距拉摄。

移动拉摄。移动拉摄时,摄像机沿着拍摄方向机位逐渐向后移动,逐渐远离被摄对象。

变焦距拉摄。变焦距拉摄时,摄像机机位不变,镜头焦距由长焦距逐渐变为短焦距。

移动拉摄和变焦距拉摄在视觉效果上也有类似两种推镜头的区别。

拉镜头可用于逐渐展现主体的全貌及其所处的环境。

③摇镜头。摇摄所拍摄的镜头,称摇镜头。摇摄时,摄像机机位不变,只是机头沿左右或上下方向转动,连续改变拍摄视点。有时,可以旋转180°或旋转360°进行摇摄。

摇镜头可以展现较大的场面和众多的人或物,使观众对四周的各种景物或事物逐一进行观察,有如观众环视的效果。

④移镜头。移镜头是指拍摄方向不变,机位沿着一个方向连续运动中拍摄的镜头。其主要作用是沿一方向逐一表现事物或景物的全貌,犹如观众边走边看景物的效果。镜头效果真实、生动,富于空间感和生活气息。移镜头可以左右移动,也可以斜向移动。拍摄路线可以是直线,也可以是弧线。

摄像机垂直于拍摄方向的上下移动而拍摄的镜头,称为升降镜头。

⑤跟镜头。跟镜头是指拍摄时,摄像机机头始终对着运动着的被摄对象,使它一直保留在镜头画面内。其作用是能更好地表现处于运动状态中的人物、动物、物体等动态形象。

7.镜头编辑

将摄录的镜头按一定的顺序组接在一起,构成电视节目的过程,称为镜头编辑,技术上也称为电子编辑或电子剪辑。艺术上则称为"蒙太奇"。

镜头编辑一般根据题材的特点和稿本的要求,可以按内容的时间顺序、按情节、按场景、按逻辑、按推理、按比较、按比喻、按动作节奏等等艺术手法去进行镜头组接,类似文学写作的各种手法。电影、电视艺术中把这类镜头组接手法称为蒙太奇手法。

8.电视特技

电视有许多迷人的特技手法。教学中常见的有以下几种。

①组接特技。镜头与镜头之间的组接,除一般的"切换"手法外,还可以采用:

淡变。前一镜头由浓到淡消失后,接入由淡到浓的后一镜头。

叠化。前一镜头由浓到淡消失的同时,由淡到浓的后一镜头出现,前后镜头的结尾和开头变化过程是同时叠现在画面上的。

划变。像拉幕换场一样,随着一条直线划过画面,前一镜头退出画面,后一镜头进入画面。

上述手法产生的前后镜头的转换效果称为组接特技。组接特技效果一般是用特技机实现的。

②键控特技。教师端坐讲课的电视画面中,整个背景画面在不断地改变;或教师头部一侧出现一个有图像的小画框。这称为键控特技效果。键控特技效果一般也是用特技机实现的。

③字幕特技。教学电视片画面上的各种字幕效果,是用字幕机(装有字幕叠加卡和字幕软件的计算机)实现的。

④慢动作特技。运动对象的动作被放慢速度表现在画面上,称为慢动作特技效果。慢动作特技效果是靠具有动态磁迹跟踪功

能的录像机实现的。

⑤动画特技。教学电视片中的简单动画特技效果一般可以用手工绘画或手工技巧实现,但效果要求高的、正规的动画现在均采用计算机制作。

⑥数字特技。多画面、画面翻转、画面移动、三维变形等各种特技效果是一种数字特技效果,是用专业的数字特技机实现的。

9. 配音

电视虽然是一种图像信息,但作为一种视听艺术手段,图像一般是和声音结合在一起应用的。把声音与图像同步配合在一起,称为电视配音。电视配音的声音有语言(解说、对白)、效果声和音乐。

(二)稿本编写

电视节目的内容范围很广,形式种类繁多,制作的方法和要求也各不相同。但制作教学需要的电视节目,特别是和各学科教学课程结合十分紧密的电视教材,就必须按照视听教学设计的有关原则和要求,按照视听教材在科学性、教学性、艺术性、技术性四个方面的标准,精心构思,认真编写,严格制作。

制作教学电视节目,首先面临的工作是稿本编写。

1. 选题

教学电视节目制作,首先要确定选题。一般来说,教学中的许多知识内容和实验内容都可以制作电视节目。但是,选题好,则既能事半功倍顺利制作,又能迅速让电视节目在教学中发挥作用。选题差,则不是制作困难重重,就是制作的电视节目不能发挥理想的教学效果。至于选取哪些题目来编制教学电视节目,一般有三条基本选题原则。

①教学内容中的重点、难点和关键问题;

②适于用电视手段来表现;

③技术设备和经费上有能力承担。

这三条基本原则，在确定选题时缺一不可，必须予以足够的重视。具体来讲，第一条原则是指选题要符合教学的需要，解决教学内容中的重点、难点和关键问题，有利于提高教学质量。第二条原则是指选题内容视觉形象要鲜明，动作性要强，这样才适于用电视手段表现。太抽象的教学内容很难搬上屏幕，无动作的静止景物可用幻灯、投影表现，用不着动用电视手段。第三条原则是指一些制作技术难度大、费用高、拍摄点太分散，或选题内容用现有制作手段根本无法表现的题目，就不宜入选。例如，根据上述原则，选题应该选那些教师不容易讲清楚，学生又不易听懂的，而需要学生牢固掌握的教学内容；受宏观、微观、时间和空间限制的，不易观察到的景物、现象和事件方面的教学内容；需要展示却无法在教室内展示，但通过电视的直观再现而能达到和展示同样教学效果的实物、实验教学内容；具有长期的使用价值，教学范围较大的教学内容；很特殊的典型范例、事例、病例、案例等等。

2．电视教学节目类型和表现形式

题目一经确定以后，就要对节目的内容到形式作出一番构思和规划。确定节目类型，选择表现形式，就是两个必须考虑的问题。

(1) 类型

教学电视节目有教学片（电视教材）、科研片、科普片、专题片、纪录片和电视剧等各种类型。我们应主要了解和掌握电视教学片的有关内容。教学电视片有一定的教学目的。从教学目的出发，教学电视片分为六种类型。

①政治思想教学片。以提高学生的政治思想素质、道德品质为主要目的的教学片。

②知识教学片。以提高学生的科学知识水平为主要目的的教

学片。

③技能教学片。以提高学生的技能技巧水平为主要目的的教学片。

④体育教学片。以提高学生的身体素质水平为主要目的的教学片。

⑤心理健康教学片。以提高学生的心理素质水平为主要目的的教学片。

⑥艺术教学片。以提高学生的艺术欣赏水平为主要目的的教学片。

(2) 表现形式

每一种电视节目都具有一定的表现形式。选择表现形式，应根据内容要求、题材特点、视听效果、观众对象心理反映等因素来考虑。一般来说，教学电视节目有以下四种表现形式。

①讲演形式

教师的形象直接在屏幕上出现，采用讲授和演示的方式传递教学内容，这种表现形式称为讲演形式。

讲演形式以教师的讲授和演示为主，间或在讲述中插入几段电视或电影资料镜头。插入资料镜头后，教师的讲述即成为画外音。

讲演形式如同传统课堂教学，目前在广播电视教学节目中运用广泛。其编制较为简单，适宜编制系统课程的教学电视片采用。

②图解形式

教学内容直接以图像和效果声音形式出现，并配以适当的解说，这种表现形式称为图解形式。

图解形式的教学片具有形象、直观、逼真、生动和动作性强等特点，能促使学生用视觉和听觉同时去感受和理解教学内容，提高教学效率。显然，这种形式的教学片能极好地配合教师教学，而又不影响教师在课堂讲授中的主动性。因而是一种理想的电视教材。

图解形式的教学片能弥补文字教材在知识内容的表述上直观性、形象性较差的缺点，适宜用于解决教学内容中的重点和难点。另一方面，由于其编制过程较为复杂，故只适用于教学专题内容的选题，面对整门课程，一般不宜采用这种表现形式。

③表演形式

以演员的表演来构成情节，形成教学内容，这种表现形式称为表演形式。

表演形式常见于电影故事片和电视剧，是一种群众喜闻乐见的表现形式。其本身具有较高的艺术性，并且能够给人以强烈的艺术感受。

表演形式的教学片，主要以话剧、游戏、访问和讨论等演员表演，来表现文学、语言、事件、历史和传记等充满人物活动和充满感情色彩的教学内容。英语教学电视片《跟我学（Follow Me)》采用的就是表演形式。

表演形式的教学片还包括部分借助于动画、剪纸、木偶等美术片形式来表达教学内容的教学片和资料片。它们是通过艺术家塑造的人或动物形象来进行表演的。其效果生动活泼，深受学生的喜爱。

④示范形式

上述三种形式的教学片主要用于传授知识，开发智力，发展智力。而示范形式教学片主要用于培养学生的动手能力，训练学生的技能技巧。

示范形式教学片如实地摄制了社会生产实践与科学实验中的典型范例，用于各类实验课、体育课和艺术训练课，用于各种生产见习和教学见习，作为教学示范、观摩与效仿的教材。这种形式也可用于生产和教学实习中的自我训练，如在技能实习中用电视录制下学生的训练结果,将其与典型示范的录像对照分析,反复研究,提高自己的技能技巧。

3. 电视稿本

教学电视片是一种视听艺术作品,又是一种严谨的教学材料,制作时必须有电视稿本作为依据,严格按照电视稿本的要求进行视听艺术创作。因此,编写电视稿本是制作教学电视片工作环节中最重要的一环。作为教师,要制作教学电视片,则必须掌握电视稿本编写这一基本技能。

电视片一般有两种稿本:文学稿本和分镜头稿本。

文学稿本是表现教学片内容的原始书面材料,它是整个电视片的基础,也是分镜头稿本和全片创作的基础。在教学电视片编制中,文学稿本一般称为文字稿本。

分镜头稿本是以镜头为基本单元的电视拍摄工作稿本,是编导根据文学稿本进行的再创作,是摄制工作具体实施的蓝图,也是最后审定的重要依据。

(1) 文字稿本

①格式要求

教学电视片的文字稿本有一定的格式,一般常见的基本格式有两种。

A. 对应式

对应式也就是画面和解说词左右分开,但一一对应的格式。稿页左边写画面内容,右边写解说词,中间用一条直线分开,两边画面内容和解说词内容在位置上要一一对应。这种形式在教学片稿本中使用较多。

例如,教学片《圆》中的一段:

画　面	解　说
中学生在纸上画了个圆。 孩子在沙坑里画了个圆。 地球旋转。 大海汹涌，托起一轮红日。 儿童饱含稚气的眼睛。 少女奕奕有神的眼睛，明亮的眸子。	我们日常生活最多见的可算是圆了。 我们居住的地球近似圆的。 照耀地球的太阳看上去也是圆的。 人的眼球还是圆的。

B. 穿插式

这类文字稿本是采用画面和解说词穿插交错的形式，即写一段画面，接着写一段解说词，如此反复，故把这种形式称为穿插式。例如教学片《人体的支柱——骨骼》中的一段：

画面：人体骨头支架和人体解剖图。
解说：人的骨头构成人体形状的支架，支撑人体的重量，保护身体内部的器官，维系身体各部分的运动功能，人体的骨头共有 206 块，分为三大部分。
画面：人体骨架。大小不同、粗细不一、长短不等的散骨。
解说：其中颅骨 29 块，躯干骨 51 块，四肢骨 126 块。这些长短不等、大小不同、粗细不一、形状各异的 206 块骨头，就像 206 个坚强的战士，结成一个团结战斗的集体，构成了一副人体的完整支架。它们在人体内各有不同的功能和作用。

此外，在文字稿本中，需要用动画的地方，或用文字难以描述的地方，可用绘图的方式来部分代替文字表现画面内容。
②文字稿本写作的基本要求
文字稿本的写作既要考虑视听教学的特点和规律，也要在内容、形式和写作方法上符合图像和声音的表现规律，因而对文字稿本的写作有一些要求。

第一要讲求科学性。作为教学电视片,必然要运用到教学实践中去,这就要求稿本在科学原理上准确无误。无论从内容上、选材上,还是从表现上,都要符合科学原理准确的要求。

第二要符合教学的各项要求。教学电视片作为一种教学材料,在编写稿本时,就要有明确的教学目的,内容要符合教学大纲的要求,表现形式应体现一定的教学原则和教学方法,还要突出各类教学片的教学特点。

第三要主题单一、明确。一般的教学电视片,时间都比较短,往往只有几十分钟甚至几分钟。要把问题说清楚,而且这些问题又是教学的重点和难点,就特别要求主题明确而单一。主题过多,中心分散,在有限的时间里,是不可能将问题说清楚的。因此,主题不仅要单一,而且要明确,用鲜明的视觉形象和准确的解说清晰地展现出来。

第四要选取适当的内容材料。题目一经选定,主题明确后,就需选取适当的内容材料,以便突出主题,表现主题。在选材中,应紧扣主题,做到目的明确、选材准确,要真实、典型、新颖,要选取具有视觉形象、富有动作性的材料,还要考虑声、光、色等效果。

第五要结构严谨、层次分明。结构是教学片的骨架。应根据主题的需要,按照逻辑规律和生活规律,对材料进行组织和安排,使之成为一个整体。一部完整的教学片,其各部分内容要紧紧相扣,脉络清楚,有条不紊。

第六要讲究写作技巧。文字稿本的写作应当在文学写作中的形象描写手法基础上突出电视的视听特点。文学写作中的场景描写、景物描写、人物描写、动态描写、动作描写、语言描写、声音描写等具体的形象描写手法,是文字稿本写作的基本技巧。只要熟练地运用这些写作手法,并体现电视图像的画面构图、景别变化、镜头运动、角度处理、光线效果的特点以及口语的语言特点,就能写出既符合拍摄要求,又有一定艺术水平的教学电视文字稿本。

(2) 分镜头稿本

分镜头稿本是摄制组进行拍摄制作的详细具体的施工蓝图，是编辑和审查的重要依据。分镜头稿本对一部教学片制作的顺利实施起着决定性的作用。

①分镜头稿本的格式

分镜头稿本的基本格式如下所示。

镜号	景别	技巧	时间	画面	解说	音、效

镜号：是各镜头按设计的先后顺序编的序号。

景别：该镜头的景别。即远景、全景、中景、近景或特写。也可用全→近（全景推成近景）、特→全（特写拉成全景）等。

技巧：该镜头所用的拍摄技巧和组接技巧。如俯、仰、推、拉、摇、移、跟、淡出、淡入、切换、划变、叠化等。

时间：该镜头的有效时间长度。

画面：是按照画面构图的规律，用文字描绘出该镜头的拍摄内容。

解说：该镜头对应的解说词。

音、效：指音乐和音响效果。要求注明是前期录音、同期录音还是后期录音。

②分镜头稿本的写作要求

做好编写前的准备工作。在编写分镜头稿本前，导演须吃透文字稿本的内容，掌握文字稿本的主题和表现特点。然后查阅有关的文字和音像资料，到拍摄现场实地查看将要拍摄的实物、对象和场景。

将文字稿本的描述在头脑中形成一个个画面清晰、明确的镜头。在分镜头稿本中按镜头顺序逐项写出内容和要求。编写中除遵循文字稿本的写作技巧外，还要依据画面内容的表现需要、摄制的可能性和观众的视觉心理要求，具体、形象地描写拍摄对象的外形、位置和动作，对各工种提出具体的艺术和技术要求。此外，还应根据画面内容和解说词长短计算镜头的时间长度。

例如，教学电视片《圆》分镜头稿本片断（在前例《圆》文字稿本基础上改编）：

镜号	景别	技巧	时间	画面	解说	音、效
1	全	字幕	8秒	黄色美术字《圆》。		序曲欢快
2	中-特	俯、推叠化	12秒	戴红领巾的女孩，托着画板，在纸上画圆。	在我们日常生活中，最多见的可算是圆了。	｜
3	特	跟	3秒	行驶的自行车车轮。		｜
4	特	跟	3秒	行驶的汽车车轮。		｜
5	全		3秒	旋转的电风扇。		｜
6	特-全	俯、拉	12秒	沙上的圆。几个男孩在沙滩上用树枝画圆。		｜
7	全	模型	10秒	夜空中旋转的地球。	我们居住的地球近似圆的。	｜
8	远	化出	25秒	大海，红日冉冉升起。	照耀地球的太阳看上去也是圆的。	｜
9	近-特	化入	6秒	儿童稚气的眼睛。	人的眼球还是圆的。	舒缓
10	特		6秒	少女明亮的眼睛。		｜

（三）教学电视节目的摄制

在演播室内，讲演型和表演型教学电视节目一般采用实况拍摄和现场编辑同步进行的摄制方法。即几台摄像机从不同角度同时拍摄，经过特技机当场选择、切换（或淡化、叠化、划变），送入录像机录制在磁带上。拍摄、切换、录像、录音同时一次性完成。

大部分教学电视节目制作，特别是图解型教学电视片，则一般都采用拍摄和编辑分别进行的方法。整个摄制过程分为前后两个部分。一是前期工作，包括稿本阶段（选题、编写文字稿本、编写分镜头稿本）和拍摄阶段（外景拍摄、室内拍摄、特技制作和音响素材录制）；二是后期工作（编辑、特技、配音、审定）。这里主要介绍的是拍摄和编辑分别进行的电视节目摄制方法。

在分镜头稿本编写好后，就可以投入拍摄和后期编制工作。

1. 摄录

拍摄工作总是从外景拍摄开始的。外景拍摄一般指野外、异地的镜头拍摄。外景拍摄的设备器材要齐备，包括摄像机、录像机、三脚架、录像带、电池、充电器、话筒、灯光、电缆等。室内拍摄是指教室、实验室内的拍摄和文字、图形资料拍摄。特技制作是指动画、模型等特殊制作和拍摄。这些拍摄镜头都一一记录在录像带上，经内容质量检查和技术质量检查后，作为编辑素材备用。拍摄现场的音响效果和一些特殊的声音，也须录制在录像带或录音带上，作为编辑素材备用。

拍摄电视镜头有一些基本技术要求。拍摄操作技术的基本要求有：稳、平、匀、准、快五点。

稳：指摄像机在拍摄时要保持稳定，避免画面抖动。

平：指拍摄时要求画面水平，不能歪、斜。

匀：指运动拍摄时摄像机的运动（推、拉、摇、移、跟）速度要均匀，要符合正常的视觉规律。

准：指三个含义：一是画面取景范围要求准确；二是调焦点要求准确清晰；三是景物色彩和亮度调节要求准确。

快：指调机、构图、对光、调焦、摄录等一系列拍摄动作要求快速。

录像也有一些基本要求。首先，录像人员在录像时要注意观看监视器，监视画面技术质量，并随时观察视频信号、音频信号和电池贮量三个电平指示表，通过电平指示的情况，对录像机进行适当的调整。其次，要注意正确使用电源。当我们在演播室内拍摄录像时，一般应使用交流供电方式。而在野外摄录像时，一般都需要用蓄电池。

2. 编辑

电视镜头的编辑是采用电子编辑设备和手段，将拍摄好的素材镜头按照稿本的设计顺序，一一组接起来，并进行必要的特技、字幕处理和实现一些艺术效果。在图像上构成一部完整的电视节目的雏形。

(1) 编辑方式

电视镜头的编辑有两种方式，一种是模拟式线性编辑，一种是数字式非线性编辑。

模拟式线性编辑方式有两种操作方法，一是组合编辑，另一种是插入编辑。

组合编辑：组合编辑的特点是同时记录图像、声音和控制磁迹信号，对各种信号磁迹的组接点是连续平滑的。一般新编或使用新磁带时常用这种方式。

插入编辑：插入编辑的特点是在已编辑好的磁带上，可以抹去原来的部分视频或音频信号，在该处插入等长的视频或音频信号。但编辑磁带上必须有完整的控制磁迹（CTL）信号，否则不能插入。

数字式非线性编辑方式是将全部的镜头素材输入计算机内转换为数字信号，再用非线性编辑软件对镜头进行编辑，同时进行特技和字幕处理，并能同时进行配音。在计算机中完成全部电视后期编辑工作。

(2) 编辑要求

编辑的要求可以概括为两点：

一是镜头组接要合理，要符合科学逻辑。即组接的效果能表达出明确、清晰的知识或道理，叫人看后知道片子说了些什么，不能随意连接、颠三倒四，叫人看后不知所云。

二是镜头过渡要自然,要符合生活逻辑。即镜头组与镜头组之间、镜头与镜头之间的连接过渡要有一定的联系因素,如时间上的联系因素、地点上的联系因素、人物之间的联系因素、动作之间的联系因素、声音之间的联系因素、因果关系的联系因素等等,让人能看明白。不能随意连接、互不关联,叫人看都看不懂。

(3) 编辑的具体工作

在编辑工作开始之前,必须首先仔细研究导演的分镜头稿本,领会导演的意图。然后审看素材,进行仔细挑选,并将选用的镜头做好标记,记录在分镜头稿本的镜头号下,以便在正式编辑时快速查找。

在开始编辑的片头前,应留有约1分30秒的彩条和蓝底信号,以保证图像的稳定。编辑时,可根据分镜头稿本上的镜头号和该镜头的标记查出镜头,利用编辑控制器上的搜索盘,并通过监视器,选择最佳的画面编辑点。编辑点选定后,可预看编辑的效果,满意后就可以进行正式编辑。编辑操作完后,还可审看,如正常就可进行下一镜头的编辑。画面编辑完成后,应作仔细审看,一切正常后方可配音。

3. 特技

编辑中的特技包括三种:组接特技、字幕特技、动画特技。

(1) 组接特技

组接特技是在编辑时通过特技机,在镜头与镜头的连接中实现淡变、叠化、划变等组接技巧效果。

(2) 字幕特技

教学电视片的许多画面上都有字幕,字幕是在编辑时通过字幕机迭现在画面上的。字幕有各种字体、有不同的进出画面的方式、也有多种视觉艺术效果。

(3) 动画特技

通过电子编辑可以产生动画。摄像机摄录的一幅幅形象、动作略有不同的动画画稿,以每秒5个~10个镜头的频率逐渐编辑起来,利用人的视觉特点,产生动感,形成动画。

通过计算机和二维、三维动画软件创作动画。目前,这类创作系统在动画制作中应用已越来越广泛。

4. 配音

一个教学电视节目,要有配合图像的解说、效果音响和音乐,其中解说尤为重要。三种声音一般是事先分别录制,然后再经过调音台,混合为同一声道的声音,最后完成一部声画并茂的电视节目。

(1) 解说配音

配音员要根据分镜头稿本中的解说词,密切配合图像内容来作旁白解说,按镜头的播放节奏进行同步配音。解说配音要求语音标准、声美情满;字正腔圆、抑扬顿挫。若要进行对白配音,则须要对准演员口形,掌握好口语语调和情感,语句的长短和速度。

(2) 效果音响

效果声的录音,最好与摄像同时进行,记录在录像带上,或录在录音带上。有时它也可后期补录,配音时与图像同步录制在录像带上。

(3) 音乐

音乐是指音乐配音。这是制作电视教材的最后一个步骤。教学片的音乐一般是给画面配以背景乐曲,对画面作情绪上补充和深化,加深感染力。乐曲的风格、情调和旋律要和画面内容相适应。

解说词、音响效果、音乐三种声音分别录制在录音磁带上,然后把三种声音混合到录像带上去。混合时应以解说的声音大小为主,音乐和效果声二者音量大小应按有利于教材内容的表达原则而定。插入的音乐音量应由小到大进入,结束时也应由大到小退出。

5. **教学电视节目的审定**

为保证教学节目的质量，对教学节目，特别是直接用于课堂教学的电视片（电视教材），必须经过严格地审定。教学电视片的编制，虽经过在选题、编稿、拍摄、编辑和配音的过程中层层把关，但在片子完成后，仍要将完成片作几次全面的审查。

审查步骤首先是内容的审查。要求有关人员对照文字资料对全片进行仔细审查，提出意见，然后进行认真研究和分析，进行修改。

第二是综合质量的审查。要求对完成片从内容到表现形式、镜头效果、特技效果、声音效果等全面审查，以确保质量。

完成片的审查应从科学性、教学性、技术性和艺术性四个方面作出详尽的、综合的评价。当完成片通过审查后，一部教学电视片的摄制工作就告一段落。

第四节　计算机图像教学

计算机图像教学是指利用计算机图像处理和图像传输技术手段来进行教学活动。

和一般的电视技术相比，计算机图像技术有几个显著的特点。

一、计算机图像技术的特点

1. 数字图像

计算机采用的是数字图像处理技术，其图像的清晰度、分辨率都大大优于目前电视的模拟图像技术。新型的高清晰度电视（High-Definition Television，简称HDTV）就是采用的数字图像技术。高清晰度电视的画面垂直分辨率可达到800线以上，专业的可达到1000线以上（目前家庭中使用的普通电视机，垂直分辨率为200线左右）。

2. 非线性编辑

非线性编辑即使用计算完成电视节目后期编辑、特技和字幕工作。由于电视镜头在编辑中可以任意前后组接，随意穿插组合，故称为非线性编辑。非线性编辑可以将模拟视频信号转换为数字图像信号进行编辑，条件是只需要在计算机中插入视频采集压缩卡，再配备非线性编辑软件，如 Premiere 6.0，就可以完成电视编辑任务。

3. 动画制作

由于计算机的高速运算功能和数字图像处理功能，计算机能迅速完成一系列的动画设计，生成二维或三维动画，并能逼真地和真实景物拍摄的影视图像进行特技合成，效果形象生动。计算机动画使传统的动画制作和动画观念发生了极大的改变。现在，计算机动画制作已逐渐取代了传统的电影和电视的动画拍摄制作，也在教学电视节目的动画制作中广泛采用。

4. 网络传输

计算机的数字图像能在计算机互联网上传输。虽然在网络传输效果和速度上计算机图像目前还不能与卫星电视图像相媲美，但网络传输的交互性强、资源丰富，且技术上、效果上不断完善，必将在图像信息的传播领域内占上一席重要的地位。

二、计算机图像教学方法

在一般动态教学内容的表现上，计算机电视图像的表现不如电视录像方便，应用较少。这主要因为计算机本身容量有限，播放 VCD 光盘又受到技术条件或光盘电视资料源的限制，故不如电视录像能录、能放、能找到大量资料来源方便。但是在课堂演示的多媒体教学内容中，或在个别式交互教学中，却有独特的作用。

1. 图像演示教学法

用计算机直接播放 VCD 教学节目。方法是将光盘放入计算机后，从 Windows 的"开始"菜单中依次选择：程序/附件/娱乐/Windows Media Player，调出节目播放界面；在界面的"文件"菜单条目内，选择"打开"；在打开后的对话框中选择"浏览"；在弹出的浏览对话框上的"搜索栏"中选择 Vcd-oo [E:]；在列出的栏目中选择 Mpegav，对话框中将列出节目名单；点击需要的节目名称即可播放 VCD 上的电视教学内容。播放时，利用播放界面上工具栏的"查看"、"播放"功能键，可以实现暂停播放、停止播放、音量控制、屏幕放大或全屏播放。由于用计算机直接播放 VCD 对光驱的寿命影响较大，在条件允许情况下，最好还是用 VCD 机播放为好。

许多需要用动画表现的教学内容，最好用计算机进行动画设计、制作和演示，其制作成本低、时间短、效果好，并且由于教师自己设计或制作，往往动画表现很符合教学内容要求。

计算机可将电视录像内容一段一段输入机内硬盘，作为图像文件保存。在课堂上播放演示，但不如直接用录像机方便，片长也受到硬盘容量限制。一般采用输入一小段电视录像在计算机课件中，和文字、图表、图形等其他教学内容置于同一画面内演示。各种信息表现形式在画面位置上交叉，相辅相成，共同说明或演示同一教学内容。并且如同投影、幻灯演示一样，画面中图像可以随时置于静止状态，供学生仔细观看。

在教学中，计算机图像演示可以与计算机文字、计算机图形演示在时间上交替穿插进行，也可以根据教学需要，重复演示、非线性（打乱原播放顺序）演示或一帧一帧地演示。

2. 交互式教学法

计算机图像教学法最显著的优越性是表现在个别教学中，即用计算机课件进行交互式教学。现代的计算机多媒体课件或游戏类课件均普遍采用图像形式表现教学内容，特别是直接用动画表现教学内容和程序提示。吸引学生以极大的兴趣自选、自定和自行掌握学习内容和进度，形成生动、活泼的学习氛围，使学习如同游戏一般轻松。游戏型教学课件就是充分利用和发挥了这种计算机交互式教学法的长处。计算机网络教学，也将普遍采用交互式教学法。

三、计算机图像教学设备系统

计算机图像系统由硬件（计算机、输入设备、输出设备）和软件构成。

1. 硬件

计算机：包括主机、监视器、光盘驱动器、键盘、鼠标。主机内安装有视卡（视频采集压缩卡）、视频播放卡或电影卡。

外接输入设备：摄像机、录像机、LD机、VCD机、DVD机。

外接输出设备：大屏幕电视机、监视器、液晶投影器。

2. 软件

操作软件：Windows 2000

工具软件：Windows Media Player（视频播放软件）
　　　　　Macromedia Flash Players（动画播放软件）
　　　　　视卡配备的专用工具软件

应用软件：各种动画软件（如 FLC 格式软件）、图像软件（如 MOV 格式）和许多课件。

四、计算机图像教学方法应用

计算机图像教学目前在学校教学中应用较少，多用于个别教学和视听教材制作。计算机图像教学一般应用在下述几个方面。

1. 图像演示

在课堂教学、学术报告中演示图像教学内容和讲演资料。教室、报告厅内应有大屏幕显示装置（液晶投影器、投影屏幕或电视机）和计算机。教师自备软盘或光盘。

2. 个别教学

大量的以动画图像形式为主的教学软件和课件,进入千家万户,在知识传播、能力培养和技能培训等方面正逐渐发挥出越来越大的作用。

3. 课件制作

作为图像教学软件,课件中往往采用以动画、电视图像为主的教学内容。其中就需要应用动画创作、视频信号采集和非线性编辑的制作方法。

①动画创作一般直接使用动画制作工具软件设计和生成动画。制作主要过程如下:首先进行动作设计,在纸上用草图画出一个动作的始、末形态,然后用计算机画出上述内容的单线条图(扫描输入或直接用动画工具软件绘画),输入一个动作过程的始、末位置和路线。再用动画工具软件按设计要求进行运算,生成线条图动画效果。动画效果认定后将色彩填入线条图,再重新运算一次即可。生成的动画可作为一个动画文件(如 * .flc 文件)存储。

常用的动画工具软件有:

Flash(二维动画工具软件)

3D Studio MAX(三维动画工具软件)

②视频信号采集一般通过视频采集压缩卡进行,启动视卡专用工具软件,输入的视频信号被转换为数字信号并按一定的压缩比压缩存储到硬盘内,生成一个影视图像文件(如 * .mov 文件),供课件编辑选用。

常用的视频工具软件如 Windows Media Encoder、Adobe Premiere 等影视编辑工具软件。

含有大量影视和动画内容的课件,占用的数据空间大。课件完成后,一般存储于大容量硬盘中,或通过光盘刻录机存储于可写式光盘中。

至于 VCD 光盘的制作,节目内容无需通过计算机编辑处理,只需将整部影视片的视频信号,直接通过具有 MPEG 压缩功能的视频采集卡转换压缩，再由光盘刻录机存储于可写式光盘中。

4. 辅助教学电视片制作

用计算机动画、计算机字幕辅助电视制作，已是教学电视片制作中极普通的常用方法。目前，一种称为非线性编辑系统的电视制作方法已开始在一些专业制作部门应用。非线性编辑系统是将一个个电视镜头素材全部输入计算机存储，采用专用编辑软件，在计算机上完成全部镜头编辑、特技、字幕及配音工作。整个过程快速、无损失、多方案地由一个人在计算机上全部完成，完成后可以立刻通过网络或卫星传输到别处。编辑中各镜头位置、长短可以随意改换，操作十分方便。但是除直接用数字电视摄像机以外，在一般电视制作中计算机视频信号输入（模数转换）、计算机视频信号输出（数模转换）较费时间；并且按高质量画面要求，计算机硬盘还必需有10GByte以上的容量，因此在一般教学电视片制作中非线性编辑系统应用还有一定困难。而在电视新闻、电视广告的制作和数字电视节目制作中，非线性编辑系统却非常适用。

【思考与练习】

1. 举例说明电视教学的方法。
2. 电视技术的基本概念有哪些？
3. 电视节目制作的基本概念有哪些？
4. 电视传送与接收的基本原理是怎样的？
5. 怎样收录电视节目？
6. 怎样播放电视录像节目？
7. 怎样复制电视录像节目？
8. 怎样编制教学电视节目？
9. 结合自己的专业，编写一篇中学教学题材的电视节目文字稿本。

10. 将自己编写的电视文字稿本改写成电视分镜头稿本。

11. 编写一个室内表演型电视节目文字稿本和分镜头稿本。题材自定,片长 5 分钟~10 分钟。供《实验六电视节目制作》实验时选用。

第六章　多媒体和网络教学

声音媒体、图形媒体和图像媒体在教学中均有各自的长处，可以根据教学的不同需要分别在教学中采用。但对于一些自然界和社会生活中的形、声俱备的事物，就不宜采用单一表现形式媒体教学手段，而最好采用视听结合的媒体教学手段，也就是多媒体手段。事实上，电视手段本身已经是一种视听结合的多媒体手段。

具有声音、文字、图形、图像中两种或两种以上信息表现形式的媒体，称为多媒体。

第一节　多媒体教学法

一、多媒体教学模式

从媒体表现手段的角度来看，多媒体教学模式分为两种模式：多媒体组合模式，多媒体计算机模式。

1. 多媒体组合模式

两种或两种以上的不同媒体手段组合在一起应用的视听教学模式，称为多媒体组合模式。多媒体组合模式中，各种媒体仍保留各自的结构和技术特点。并且应用时各自分别操作控制。

我们知道的有幻灯、投影、录音、扩音、电视等各种媒体手段，将其中的两种或两种以上的媒体手段结合在一起就构成多种不同的多媒体组合模式。这些多媒体组合模式各有所长，针对不同的教学需求和不同的教学条件，可以分别采用。

多媒体组合模式常用的有以下几种具体的教学模式。

①投影+扩音

②投影+录（放）音

③幻灯+录（放）音

④投影+幻灯

⑤投影+电视

⑥投影+扩音+电视

⑦投影+幻灯+扩音

⑧投影+幻灯+录（放）音

⑨投影+录（放）音+电视

⑩投影+幻灯+扩音+录（放）音+电视

2．多媒体计算机模式

由于计算机技术的迅速发展，计算机已能处理和再现文字、图形、图像和声音多种表现形式的信息。并且由于计算机已在教学中普遍应用，能很方便地在课堂上进行教学演示，所以形成一种新型的视听教学模式，即多媒体计算机教学模式。

将文字、图形、图像和声音等多种媒体表现形式统一用计算机技术手段处理、播放和控制的视听教学模式，称为多媒体计算机模式。

多媒体计算机教学模式在课堂教学中应用时，已看不到普通的投影器、幻灯机、录音机、录像机和电视机，取而代之的是由计算机、液晶投影器、投影幕布构成的多媒体计算机演示系统。但在大教室或会场上，扩音设备仍和多媒体计算机演示系统一起使用。

多媒体计算机演示系统，如图6—1所示。

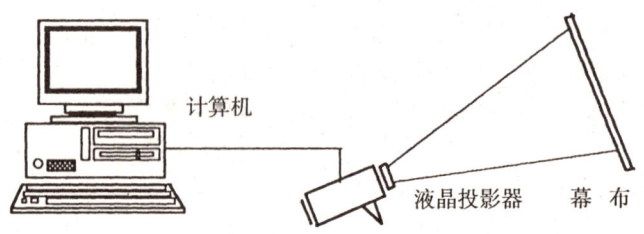

图6—1 计算机演示系统

二、多媒体教学方法

多媒体教学方法是各种媒体教学方法的综合应用。但对于课堂教学来说,其基本教学方法仍然是演示教学法。在其他教学活动和其他教学场合中,多媒体教学方法还有不同的应用方式。

1. 课堂演示教学法

多媒体课堂组合演示教学法是在课堂中选用不同的视听媒体,组合在一起演示,或选用多媒体计算机演示系统演示的教学方法。

课堂多媒体组合演示教学法与各类媒体的演示教学法在教学中运用的程序和要求均一样,但由于充分发挥了视听综合效果,比单一的视觉媒体或听觉媒体对学生的兴趣和注意力的影响要大得多,有利于学生对知识的综合认识和理解。

在教学中运用多媒体组合演示教学法时,一种用法是几种媒体同时同步使用,如幻灯放映和录音解说同时同步演示;投影、幻灯放映和教师扩音讲解同时同步进行等等。另一种用法是几种媒体在教学进程中先后使用,如先用投影演示,再用电视演示。

2. 多媒体实验室教学法

多媒体实验室是一种视、听媒体组合的语言实验室。也就是前面所提到的视听比较型(AVC型)语言实验室。这种多媒体实验室在以录音为主的语言实验室中增加了电视系统。学生每座或每两座配置一台9英寸电视监视器,有的还在讲台上配置了投影器、幻灯机、电视机、录像机等装置。

多媒体实验室充分利用了多媒体视、听综合效果,作为一种技能培训方法,情景交融、声画并茂,对提高学生的语言领悟能力和实际应用能力能起到较大的作用。

3. 多媒体计算机教学方法

目前,学校中都设置了多媒体教室或多功能教室,为教师在课堂上利用计算机进行多媒体教学提供了条件。多媒体教室主要配置有以下设备:液晶投影器、多媒体计算机、视频展示台、话筒、扩音系统、投影幕布和一张教师控制台。有的教室还增设了一些辅助设备,如书写投影器、胶片投影幕布、录音机、录像机、VCD机和学生用计算机等等。教师在教学中可以采用多媒体计算机教学方法,用计算机投影演示具有声音、文字、图表、图片或动画形式的电子板书教学内容,投影演示多媒体教学课件,用教学投影演示软件加强和学生之间的教学交互、师生互动、实时反馈、实时评价等教学活动;教师也可以在讲解的同时,利用视频展示台,直接投影演示在纸上书写文字、画图和推导算式,直接投影演示实物教具和印刷品资料;还可以在课堂教学中上网调用网络资源辅助教学或直接采用远程网络教学方法教学。

多媒体计算机除了能在课堂上进行多媒体教学演示外,还能在个别教学中发挥相当大的作用。由于计算机的人机交互特性和多媒体功能,能极大程度地激发学生兴趣,吸引学生与之交流,因而特别适宜在个别教学采用。

在个别教学这种特殊的教学方式中,一些在一定程度上能代替教师发挥教学作用的教学方法,如程序教学法、资料检索法、游戏教学法等方法被广泛运用,并结合计算机多媒体特点进一步得到改进和发展。从而形成了一种在教学中适用面更大的教学方法,即计算机辅助教学方法。

第二节 计算机辅助教学

计算机辅助教学既是计算机应用的一个广阔领域，又是一种新的教育技术手段和教学方法。

一、CAI 基本概念

1. 计算机辅助教学（CAI）

计算机辅助教学（Computer – Assisted Instruction，简称 CAI），是指利用计算机技术和现代通信技术来处理、控制、传输和表现教学信息，向学生传授知识和对学生进行技能训练。

计算机辅助教学的基本方法，是把教学内容和教学程序编制存储在计算机中，学习中按一定的教学程序将教学内容和问题呈现在学生面前，然后根据学生的回答作出"是"与"非"的判断，并相应给出反馈信息。通过这样一系列的"人机对话"交互活动，达到教学目的。

2. 多媒体计算机辅助教学（多媒体 CAI）

计算机辅助教学中采用的信息表现形式，应当是文字、图形、动画、图像和声音综合表现的多媒体形式，而不是只限于文字（文本）的单一表现形式。只有采用多媒体形式，才能在教学中真正发挥现代教学媒体的作用。因此，我们研究和应用计算机辅助教学，都应在多媒体计算机的基础上进行。这种基于多媒体计算机的计算机辅助教学，称为多媒体计算机辅助教学（Multimedia CAI，简称 MCAI 或多媒体 CAI）。

3. 智能化计算机辅助教学（智能 CAI）

智能化计算机辅助教学（Intelligent Computer – Assisted Instruction，简称 ICAI 或智能 CAI）。和 CAI 相比，智能 CAI 向学生提供的刺激包括了文字、图形、动画、图像、声音等多媒体信息,使学生可以通过多种感官获得丰富的教学知识。其次,计算机不再限于使用选择反应,而允许学生输入分析式的,甚至是计算式的应答;并且,计算机提供的强化不再限于确认学生反应的正确或错误,而有可能进一步判定学生应答的正确程序,诊断其错误的性质与根源,并提供最适宜的反馈信息。

智能CAI目前还处于进一步探索和研究中,只在某些学科领域内小范围试用。

4. 计算机管理教学(CMI)

计算机除辅助完成教学任务之外,还可以辅助教师承担一部分教学的管理工作。例如保存学生成绩、对学生的学习进行监控、调配学习资源、对测验进行管理、分析及评价、对课堂信息进行实时处理等。计算机辅助管理教学,即用计算机完成上述管理工作。为强调其帮助教师进行教学管理的一面,故又叫做计算机管理教学(Computer Managed Instruction,简称CMI)。

5. 计算机辅助教育(CBE)

计算机辅助教育(Computer‐Based Education,简称CBE),是指计算机在教育领域各方面广泛应用,发挥综合作用。计算机辅助教育定义范围较宽,包括了计算机辅助教学、计算机管理教学、计算机辅助教育研究、计算机进行教学资源调度等等。

二、CAI教学方法

计算机辅助教学主要有四种教学方法:人机交互教学法、程序教学法、模拟教学法和远距离网络教学法。

(一)人机交互教学法

计算机辅助教学过程中,教学始终是围绕着计算机与学生之间的系列"会话"(人机对话)而展开的。图6—2所示的是在CAI中学生与计算机之间的交互活动。在其交互活动中各教学步骤如下:

1. 学生选择课程

CAI系统中通常存储着许多课程的课件,学生可以根据自己的学习基础、学习目标、学习兴趣或教师安排的学习内容和学习进度选择一定的课程。计算机立即根据学生的选择从课件库中将那一课的教学程序调入内存运行,并在屏幕上显示出教学序言。

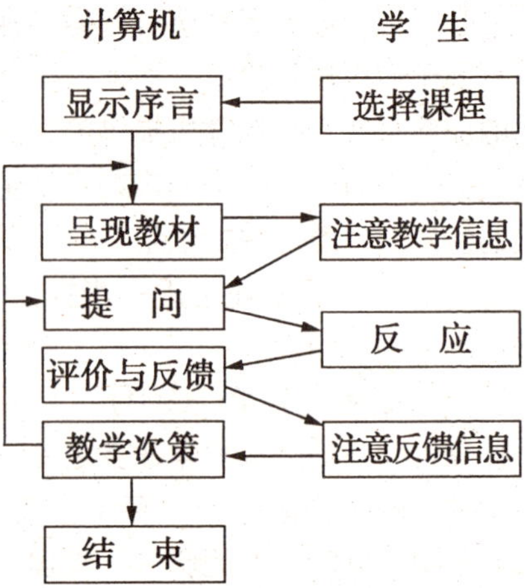

图6—2 人机交互教学法

2．计算机呈现教材

计算机呈现一小段教学材料。其教学材料可根据情况采用文字、图形及声音等多种形式来表现其内容。

3．学生注意教学信息

学生根据计算机呈现的教学内容进行学习,努力开动脑筋并力图记忆和理解教学内容。

4．计算机提问

在计算机教学过程中,提问是必不可少的环节,是为了测试学生对刚才所学内容的掌握程度。计算机可以有多种多样的提问方式。

5．学生反应

对于计算机提出的问题,学生通过思考和判断作出反应。学生通常在键盘上输入自己的回答和提出请求。

6．计算机评价和反馈

计算机接受学生的应答时,除了判断其正确与否外,还需要根据其情况提供适当的反馈信息。反馈信息包括应答结果的正误显示、错误的原因显示和对学生的赞赏、批评、勉励、建议等。

7. 学生注意反馈信息

学生对自己学习反应的结果是否正确非常关心,因为他可以通过计算机提供的结果知识帮助自己确认结果,明白什么是正确的,什么是错误的,以及错误的原因等。

8. 计算机作教学决策

这时,计算机会根据某种教学决策决定下一步的教学行动。一般会有以下某一种安排:

①继续(呈现新材料)。

②复习(呈现同样的材料或类似的材料)。

③补习(提供更加详细的基础知识学习材料)。

④测验(提供一个小测验,检查是否达到学习目的。这通常在一课学习结束时才进行)。

⑤诊断(提供刚才问题或类似问题的启发信息,为学生开列一些有关的学习资料等)。

有的 CAI 系统允许学生参与教学决策,使学生对上述活动的选择有主动权。

(二)程序教学法

CAI 是程序教学理论与计算机技术相结合的产物。程序教学是以行为主义心理学的理论为基础创造出来的一种教学方法。在这种教学中,使用所谓的教学程序,将学习内容分成许多小的教学单元,并按一定顺序连接起来,每一单元都提出问题,即给以刺激,要求学生作出反应,然后确认他的应答而予以"强化"。学习者通过这样一步一步的知识积累而达到预期的目标。这种教学过程如图 6—3 所示。

程序教学的"刺激—反应—强化"规则,由于多媒体的出现使其在教育中的应用更显得五彩斑斓。计算机向学生传授的知识可以包括文字、图形、图像和声音等多种形式的动态信息,使学生可以通过多种感官获得丰富的信息。

(三)模拟教学法

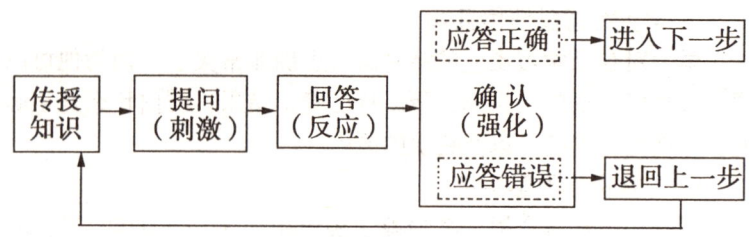

图6—3 程序教学的基本过程

模拟又叫"仿真"。是指用模型来模仿真实现象(自然的或人为的现象)的行为。在教学中应用计算机模拟教师的教学行为,完全或部分地替代教师的教学工作,这种方法已引起越来越多的行家的广泛关注。

计算机模拟教学法在教学上的实际应用已十分广泛,从自然科学、医学、管理科学到工程技术的许多学科教学中都可以采用模拟教学法。模拟教学法一般有两种方式:实验模拟和模拟训练器。

1. 实验模拟

可以在计算机上构造模拟实验环境来代替或加强传统的实验手段。这种实验方法具有费用低、耗时少和安全性强等优点。如在给学生讲授遗传定律时,用常规方法进行一组果蝇实验要持续几个月,若事先在计算机中存有带不同特征的果蝇身体部件图,包括头、眼睛、双翅、胸和腹等,当学生要求做一次果蝇交配实验时,计算机能根据孟德尔定律,按照一定的概率随机选取带有正常特征和异常特征的身体部件组成后代果蝇。这样,学生只需用3小时~4小时就能完成好几代果蝇的交配实验,大大缩短了实验周期,节约了实验经费。已经运用计算机实验模拟教学法的还有诸如原子核裂变、导体内部正负电荷移动、各种化学反应等实验。

2. 模拟训练器

计算机控制的模拟训练器能够产生逼真的操作环境,已在许多专门技能的训练中得到应用。例如,利用飞机模拟系统模拟驾驶飞机过程中的各种真实感觉,借以培训飞行员。在此模拟系统中,驾驶员在训练机舱中可通过电视大屏幕看到模拟的机外情况。有一张飞行大地图,电视摄像机在地图上受驾驶员操纵杆控制而移动。计算机根据各种假设的自然条件及飞机操纵情况,控制升降装置,使机舱倾斜、升降或抖动甚至发出各种声音,实现飞行过程模拟,并通过传感器将有关信息送给计算机。计算机按飞行高度、速度、方位等参数及风力、风向、气压等条件进行综合计算,并将计算结果送到操纵台的仪表,使驾驶员有直接感觉。与此同时,在操纵台前面放映出陆地的电视图像,并配合显示天空中的云层和能见度,很有真实感。在车船驾驶、武器操练以及大型复杂系统的设备控制等方面的训练也纷纷采用了模拟训练器。采用这种训练方法,可以节约很多训练经费与时间。

(四)网络教学法

通过计算机信息网络,学生可调用世界各地学校、图书馆、教学机构的教学资料信息,极大地扩充自己的知识面和知识量。学生可以通过网络向教师请教,教师也可通过网络指导成百上千的学生学习。师生之间,人机之间均可即时交互。

三、CAI的特点

CAI是一种完全新颖的教学方法,使用时必须掌握其特点以充分利用其长处。CAI的特点可以概括为以下四点:交互性强、个别化教学程度高、学习效率高、科学性强。

1. 交互性强

交互性是指学生与计算机之间有直接的对话活动。按双方在交互活动中的控制权的不同,可以分成三种方式:

①计算机控制为主的方式;

②学生控制为主的方式;

③混合控制的方式。

目前的 CAI 中以第一种方式占多数，即计算机首先提出问题，然后由学生回答。通过这种交互活动，计算机可以检测学生的学习情况，学生也可以从计算机提供的反馈信息中立即知道结果，并能获得鼓励和帮助。CAI 这种频繁的交互活动，使学生与计算机之间、学生与教师之间、学生与学生之间进行广泛的教学交流，形成一种开放的、积极的交流教学的环境。

2. 个别化教学程度高

个别化教学是指按照学生个人特点因材施教。它包括三个特点：

①自定步调。CAI 能允许学生自行控制学习进度，使其在整个学习过程中始终掌握着学习速度的主动权。

②难度适宜。CAI 能根据学生当前的知识水平，提供难度适宜的学习材料。在学习新课时，计算机能先对学习者进行事前测试，根据他们的成绩来确定最合适的教学课程。因此，计算机能给每个学生，特别是成绩优秀的学生和成绩差的学生，以不同的学习序列来适应他们学习上的差别，这为因材施教问题的解决开辟了新的途径。

③适应个性。不同个性的学生中常常有不同的学习风格，CAI 有可能根据学生的个性来提供不同风格、不同类型、不同教学方法的学习材料。

3. 学习效率高

CAI 系统能以各种媒体方式呈现教学内容，刺激学生的各种感官，以此加强学生印象，强化学生记忆。CAI 系统不仅能对学生提出的问题简单给出一个或几个可供选择的答案，而且还能让计算机通过一系列分析来作出学生原先未知的结论。显然，这种教学方式有利于学生迅速掌握知识内容，有利于启发学生思维，有利于培养学生逻辑判断能力，从而提高教学质量，缩短学习时间。

4. 科学性强

计算机既能忠实地反映自然界基本的客观规律，又能反映事物复杂的变化情况。利用计算机这一优势的 CAI 系统，可以避免因教师个人条件限制而带来的教学水平差异，并能克服某些科学规律难以呈现和不便在课堂讲授的困难，增强了学生学习环境的科学性。例如，惯性定律本身应当在没有摩擦和没有阻力的理想条件下进行观察，而通常的实验室又不具备这种条件。由 CAI 创造的学习环境既可以提供有摩擦和阻力的现实境界，又可以提供没有摩擦和没有阻力的理想境界。可以使学生通过两种实验条件及现象的比较更深刻地理解惯性定律的本质。

四、CAI 的作用

（一）辅助学生进行个别化学习

CAI 为学生提供了以计算机为主的新颖的学习手段，从而开创了人机对话的个别化教学方式。

计算机具有多媒体表现形式，能提高学生学习兴趣，增强求知欲；计算机信息量大、传输迅速、调用方便，能有效地扩充学生的知识量；计算机为学生提供了交互式教学、程序教学、模拟教学、网络教学等新型的教学方法，提高了学生学习的主动性，适应了学生的学习个性。总之，可以引导学生进入一个主动的、高效率的学习环境。

（二）辅助教师进行个别教学

CAI 由于具有目的鲜明的教学性、逻辑严密的教学程序和知识丰富的教学内容，并采用专门设计适用于个别教学的教学方式，故在一定程度上代替了教师在教学过程中的作用，辅助教师解决了个别教学的辅导难题。

（三）辅助教师课堂教学

计算机辅助教学可以为教师提供新型的课堂演示手段。在教学或讲学过程中，教师可用计算机对某个问题、某种现象、某些概念或某种思路进行说明、演示、板书和讲解。可以在教学中搜集、处理学生的反馈信息，并通过计算机对学生的学习结果进行课堂评价。

（四）辅助教师教学办公

计算机具有文字、图形、图像和声音处理以及数据库管理的强大功能，教师可以运用教学设计原理、原则和方法，规划教学系统，设计教学活动和过程，利用计算机编制教案、修改教案；搜集教学资料和利用资料；编制幻灯片和投影片满足教学需用；编制 CAI 课件；开展 CAI 教学；并能利用计算机对教学进行研究和探索。这对改进现代教师的教学职业技能和教学工作方法，改善教师工作条件，减轻教师负担等方面，都具有十分突出的作用。

此外，利用 CAI 系统进行教学，可以节省教师的精力和时间，使教师从批改作业、记录成绩、反复训练学生的基本技能等事务性和重复性工作中解放出来，有更多的精力去考虑提高教学质量和进行科学研究。

当然，CAI 只是作为学校教学的一个重要补充，而不是要完全取代传统的教室和教师。它是一种带着学生走向知识，使学生对自己的学习更为负责的教学方式；使教师从传统的教学中解脱出来，注重教法和学习法，促使学生充分体会学习的乐趣，增强学习吸引力的教学方式。我们相信，只要在 CAI 程序的设计中更多地考虑到学生的需求，突破传统课程的限制，提供更大的学习灵活性。那么，任何课程，包括语文、外语、物理、数学、化学、生物或历史、地理、艺术、体育等，都将从 CAI 教育技术的应用中获得更大益处。

五、CAI 系统

CAI 系统由硬件、软件和课件三部分构成。

（一）硬件

硬件部分包括输入设备、输出设备、多媒体计算机、光盘、软盘、可移动磁盘。

1. 输入设备

数字图形输入设备：光盘驱动器、数字照相机、扫描仪。

数字图像输入设备：光盘驱动器、数字摄像机、数字录像机。

数字声音输入设备：光盘驱动器、数字录音机。

视频输入设备：摄像机、录像机、VCD机。

音频输入设备：话筒、录音机、CD机。

网络设备：网卡（或 Modem 卡）、上网接口。

2. 输出设备

存储设备：大容量外接硬盘、光盘刻写机及可写式光盘。

打印设备：黑白和彩色打印机。

显示设备：液晶投影器、大屏幕电视机、音响设备。

网络设备：网卡（或 Modem 卡）、上网接口。

3. 多媒体计算机

多媒体计算机（Multimedia PC，简称 MPC），一般包含光驱、视频卡及声卡等设备。

光盘驱动器简称光驱，一般是安装在主机内，驱动只读式光盘（CD-ROM）的一种数字信号读入装置。光驱有2倍速、4倍速、8倍速和24倍速等规格。在有相应的电影视卡和声卡支持下，也可播放 VCD 光盘和 CD 光盘。

视卡是安装在主机内的视频信号处理部件。视卡有视频采集压缩卡、视频播放卡、字幕叠加卡等。电影卡就是一种播放 VCD 节目的视频卡。

声卡是安装在主机内的音频信号处理部件。声卡有8位、16位、64位和波表声卡等规格。一般音频信号采集和播放是合并在一块卡上的。

4. 光盘和软盘

CD-ROM（Compact Disk Read Only Memory）是一种只读性光盘。也就是说是一种只能播放，不能记录的信息载体。

CD-ROM 是一张直径为 12 厘米的塑料盘，信息被处理成为数字信号后拷贝在盘上，播放时由激光束读取。信号一般拷贝在光盘底面，光盘表面无信号。

CD-ROM 能存储多种类型的数字信息。如文字、声音、图形、动画和图像。在一些复杂的，包括有大量数据的科学、文化、商业等应用场合，总需要大量地存储各种信号。方便而又便宜的 CD-ROM 满足了这种迫切需要。一片 CD-ROM 能存储 640 兆 Byte 的数据量，这非一般高密软盘的容量所能比拟。

随着存储技术的发展，目前可移动存储设备通过 USB 接口能与计算机快速相连，常用的有优盘，MP3 存储器，大容量移动硬盘等，给存储和移动带来了极大的方便。

（二）软件

软件是指程序、运行程序所必需的原始数据、运行程序所必须的文件资料的总称。软件是相对于硬件而言的。没有软件的硬件是"裸机"。没有硬件的软件是无本之木、无源之水。硬件是软件的物质基础，软件是硬件的灵魂，二者相互依存。

计算机软件一般包括系统软件、计算机语言、应用软件三类软件。

1. 系统软件

系统软件是管理、监控和维护计算机软硬件资源的软件。它主要包括：操作系统、各种程序语言的解释、储存和编译程序、机器的监控管理程序、调试程序、故障检查和诊断程序。如操作系统软件：DOS 软件、Windows 软件。

2. 计算机语言

计算机语言是人与计算机之间进行信息交换的符号系统。一般分为低级语言（机械语言）、中级语言（汇编语言）、高级语言（BASIC 语言、C 语言、Pascal 语言等）。

3. 应用软件

应用软件是面向应用领域，用于解决某种具体问题而设计的软件。如工资管理软件、文字处理软件、工程设计软件、多媒体编著工具软件、多媒体播放软件等。

(三) 课件

1. 课件

利用计算机进行教学，首先要编制一套适合于在计算机上使用的教材，并把它存储在计算机中。此外，还要编制一套教学程序，对在什么时候呈现什么教学内容和提什么问题，在什么情况下提供什么样的反馈信息等作出详细规定。因此，计算机能够教学，是因为先有教师在"教"计算机（编制教材和教学程序），然后才有"计算机教学生"（执行教学程序）。我们将计算机上所使用的教材和执行的教学程序统称为课程软件（Course Software），简称课件（Courseware）。

2. 课件的类型

CAI 课件的类型一般有教学演示、练习训练、个别指导、问答、模拟、问题求解、资料阅读和教学游戏等 8 种。在具体课程教学中，往往需要几种不同的形式结合运用。

(1) 教学演示型

教学演示型课件是采用类似幻灯播放、电视播放和声音播放的方式，向学生线性或非线性地演示教学内容。教学演示型课件和一般幻灯片、电视片和录音等视听教材演示效果相同，但使用功能有所不同。不同点在于教学演示型课件可以由使用者随意控制，连续或不连续地进行演示。这对于教师课堂教学使用十分灵活方便，也方便学生根据自己的兴趣选择使用。

(2) 练习训练型

练习训练型课件是由计算机向学生逐个显示习题，要求学生随机解答。若学生回答正确，则计算机给予肯定，从而进入下一个问题；若学生回答错误，可给予适当提示后，再向他显示同一个问题。其教学目的不是向学生传授新知识,而是在于使学生通过做大量的习题,达到巩固知识的目的。

这种模式的局限性在于因判断及处理学生的回答较为简单,难于很好地理解和判断学生发生错误的原因。

(3) 个别指导型

个别指导型课件以模拟个别讲授的教学情景,利用计算机扮演讲课教师的角色,将教学内容分解成一系列教学单元,分单元向学生呈现教学内容,然后提出有关问题。学生回答正确,将转向下一单元的学习。否则采取适当的补救措施,帮助学生成功地掌握本单元学习内容,再继续学习。

(4) 问答型

问答型课件的教学目的与个别指导相同,但允许学生与计算机进行比较自由的交流。一方面,计算机提问,允许学生以自己的语言回答问题。另一方面,允许学生主动提出与课题有关的问题。这样在计算机与学生之间真正形成"对话"。这类课件要求教学设计时考虑很周全、很细密,库存知识信息很多。

(5) 模拟型

模拟型课件体现了模拟教学方法,给学生的学习、训练营造逼真的环境、情景、视觉和听觉效果。

(6) 问题求解型

问题求解型课件是指在各学科教学中运用计算机作为解决各种计算问题的工具,使学生在校期间就能解决较多的与实际应用比较接近的问题。这里有两种不同的做法,一种做法是由教师预先编好解决某问题的程序给学生使用。在学生运行这个程序时,计算机向学生逐步显示解决问题的步骤,提示他输入必要的数据,最后再输出计算结果。另一种做法是鼓励学生用某种语言编程序,学会独自利用计算机解决所学学科中的各种问题的本领。

(7) 资料阅读型

资料阅读型课件是指以文字、照片、图片、动画、电影和电视等形式表现的大量的各种知识信息,供学生扩大知识面或查阅资料使用。教师也可用作课堂演示教学资料。例如百科全书、字典、词典和各种景物的材质库等。

(8) 教学游戏型

教学游戏型课件是利用计算机产生一种带有竞争性的学习环境,把科学性、趣味性和教育性融为一体。这种方法能大大激发学生学习兴趣,起到"寓教于乐"的作用。

多数游戏是为了锻炼学生的决策能力而设计的。因为一个游戏过程必然包括多个对抗步骤,每一步骤又有多种选择。这就迫使学生尽可能地应用他们所学的知识千方百计地寻求战胜对方的策略。这类游戏,往往与模拟教学法有着密切的联系。

也有些游戏的设计是与操作模式相配合的。例如通过填字游戏来帮助记忆单词,以赛车游戏来比赛做算术题的速度等等。

第三节 教师怎样应用 CAI

CAI 作为一种现代的教学方法,是以学生为中心,为学生提供新的学习手段、学习方式和有效途径。但作为主导 CAI 教学活动的教师,则必须掌握 CAI 的各种基本技能,才能有效地运用 CAI,发挥 CAI 的教学作用。同时作为新一代有理想、有眼光、有能力的年轻教育工作者也应主动积极地掌握 CAI 的有关知识和技能,主动积极地将计算机运用在教学工作中,使自己的教学工作能适应 CAI 和现代化教学的需要。

计算机能在教学中发挥较大作用,特别是在个别教学中能发挥显著作用。但是,对于教师来说,计算机这种教学作用不仅仅是有利于学生学习,而且更重要的是有利于教师本身的业务进修和日常教学、教研工作。可以利用计算机获取更多的知识,改善自己的工作条件,提高自己的工作效率。例如在辅助教师专业进修、了解信息、搜集资料、讲学讲演、教学办公、教学研究及教学管理等各方面，计算机都能发挥较大的作用。明确计算机对教师工作的作用，积极主动地去学习计算机辅助教学的知识，掌握计算机的操作技能，是新一代的教师必须具备的基本素质之一。

教师在自己的教学工作中运用计算机，主要体现在以下四个方面：用计算机搜集教学资料、用计算机辅助教学工作、用计算机辅助教学管理、用计算机编制教学课件。

一、用计算机搜集教学资料

1. 从光盘、软盘上读取资料

计算机光盘和软盘发行数量大，内容涉及面广。特别是光盘，信息容量惊人，又具有多媒体表现形式，是极有价值的、使用方便的资料来源。资料库、数据库、习题库、材质库和百科全书之类的 CD-ROM 盘，存储有大量的文字、图形、图片、图像和声音资料，这些都是教学的珍贵资料源。许多光盘上的多媒体课件，其丰富的知识内容、漂亮的画面形式、新颖的教学方法，对教师来说，都是很好的借鉴材料。教师可以从各类光盘、软盘中寻找与教学有关的文字、图形、动画等资料，并通过拷贝，将其搜集整理出来，供教学、教研使用。

2. 从计算机互联网中读取资料

在已加入 Internet 互联网的计算机上，用 WWW 的浏览器调阅世界各地的学校、图书馆、科研机构中的学术资料，将有用的资料下载到机内硬盘上，慢慢阅读筛选，供教学使用。

二、用计算机辅助教学工作

计算机可以辅助完成的教学工作很多，主要的有下面几项。

1. 用计算机辅助备课

在备课中用计算机进行教学设计，写出教学方案。教学使用时调出或打印出来即可。计算机处理的教案形式规范，内容丰富多彩。教案在计算机中保存、修改、充实都十分方便,也易于在不同的教学场合使用时,或针对不同的教学对象使用时,可以将同一内容改变为不同的教案备用。

计算机备课可以把大量的教学参考资料调入教案中备用。教学资料调用、更新和增删都十分方便。学生学习和考试时发生的问题、教学中的经验和教训,均可逐年收入教案,这对教学工作将会有很大帮助。

用计算机备课处理教案,要求掌握一种文字处理软件(如Word中文处理软件)应用技巧,掌握一种中文录入方法(如五笔字型输入法或拼音输入法),掌握一种绘图工具软件和简单的作图方法(如Windows下的"画笔"作图方法);会运用插入、粘贴、链接文字或图形的文件编辑功能和计算机常用的文字、图形处理功能。

2. 用计算机进行教学演示

在课堂教学中用计算机进行教学投影演示,是计算机最直接的一种教学应用。这种应用是把计算机当作一种多媒体播放设备和播放控制设备,在教学中实施板书、投影、幻灯、电视和播音等多媒体演示,并且可以现场人机交互。

用计算机进行教学投影演示,主要掌握一般的计算机软件调用方法即可。计算机监视器屏幕上显示的内容,就是投影屏幕上显示的画面内容。

在外出学术报告或讲学中,许多学者已把自己的讲稿或讲演资料录制在光盘上,随身携带一个笔记本电脑,无论走到何处,只要有投影或大屏幕显示装置,均可很方便地调出资料,进行讲演。由于机内可存储大量资料,因此在讲演中对于听众的提问,可以立即提供资料给予解答。

3. 用计算机制作幻灯软件

用计算机直接制作幻灯、投影效果的计算机演示软件,在课堂教学中用计算机和液晶投影器一幅一幅地连续投影在屏幕上演示、进、退、停留等操作和普通投影器、幻灯机一样方便,而且还具有放大、缩小等功能。

制作幻灯软件可以使用专用的工具软件 Power Point 2000。该软件可以绘画和写字,还可以提供顺序播放幻灯画面的程序。

4. 使用习题库

用计算机调用习题库软件,从中选取教学需用的习题,供学生作业、练习和考试使用。

习题库调用类似一般软件(如数据库软件)使用操作。在一些试题卷生成的方案中,各类习题库分别有一些不同的选择方法,使用时应按软件上的操作要求进行。

三、用计算机辅助教学管理

用计算机辅助日常的教学办公和教学管理工作,是减轻劳动强度、改善教师办公条件、提高教学管理水平、使教学管理工作更加规范化科学化现代化的有效方法。

目前,在学校中应用的计算机辅助教学管理系统已开始在教学管理领域发挥作用,主要体现在组织和控制教学活动上,具体包括诊断和处方、教学资源管理和调度、测验和试题生成、测试与评价、数据管理、通讯交流、咨询服务等七个方面。

1. 诊断和处方

"诊断"是在教学领域为了了解和确定学生在规定的教学目标中学习的进程情况,将学生的学习档案(作业、提问、考查、考试、实际等情况)输入计算机,应用统计、比较的程序软件进行一系列检查、分析、判断工作。例如根据学生在单元测验中的成绩判断该生在当前单元中的知识内容是熟悉还是未熟悉,这种诊断不需要参考学生的学习历史,叫做表征性诊断。又如在当前单元检查时,对于学习失败(未熟悉)的学生,根据其学习历史进行分析,确定该生学习失败的原因,寻求一个适当的补救方法或改变该生的学习路径,这种诊断叫做病理性诊断。

在教学中所谓的"处方",即是根据诊断结果,利用计算机为学生分配相应的学习任务和目标。处方又分为前进处方和补救处方两种。前进处方是给在诊断结果为已熟悉的学生分配的另一概念层次的学习任务和目标。而补救处方却是给在诊断结果为未熟悉的学生分配的同一概念层次的学习任务和目标。新的学习任务和目标与原来已遭失败的学习任务和目标,在方法或媒体上可有所不同,甚至可以是对学生的一些简单指示,如"请重学某单元""请阅读某材料"等等。

2. 教学资源管理与调度

教学资源由下述四个库存储并管理:

①教材库:存储并管理保存在计算机及其外设中的教学材料;

②资源库:存储并管理图书文献、教学设备(教室、实验室、实验设备等)、教学媒体(CAI软件、录像、幻灯等)以及教师情况;

③目标库:存储并管理教学目标中关于学科、课程以及作业的目标集合;

④题库:存储并管理测验项目、评价用的题目、与题目有关的统计资料和题库使用情况的统计资料,并进行题目的联机编辑。

通常根据教学目标和诊断处方,为学生分配资源,以满足对学生个别化教学的需要。在进行资源调度的过程中,将建立并输出不同的调度表。

3. 测验和试题生成

计算机测验生成具有三个方面的功能。它们分别是:针对每个学生的学习情况生成试卷;针对指定目标生成测验的比较形式;生成标准的测验试卷。

计算机试题生成是在题目生成规则集的支配下完成以下工作:随机生成测验题目;对已有试题进行选择、搭配,从而生成新试题；根据学习材料的结构模型或结构语言生成试题。

4. 测试与评价

根据生成的各种测验试卷对学生进行测试，并采用计算机对试卷进行阅卷评分，对成绩进行分析。

5. 数据管理

教学过程需要大量的数据，其中课程文件、学生名册、教学资源等属于静态数据，在数据库系统建立时装入。而测验数据、学习跟踪数据等动态数据则在系统运行过程中搜集。对于脱机测验的答案等批量较大的外部数据需要采用专门的输入设备输入计算机。

教学过程中也会产生、记录大量的数据。并且要求将数据分别提供给参与教学的各类人员。通常把输出的数据作为报告。根据管理级别，报告分为三级。

第一级是教学单元管理级。这一级处理在教学单元周期中搜集的数据，并为教师和学生提供单元测验的结果报告，包括单元名称、测验成绩、熟悉程度、下一步学习处方等信息。同时还向教师提供综合处方报告和测验结果分析报告。

第二级是课程管理级。这一级产生包括在学生名下列出的已学过的单元名称、学习日期、测验情况等信息的学生班级报告，和在各单元名称下列出的已学过该单元的学生名字、学习日期等信息的单元报告，这些报告提供给教师，以便合理控制学生通过该课程的进程。

第三级是教育计划管理级。这一级应为教师提供诸如各教学单元备课之间的连续关系与交叉关系、资料分配、时间平衡等构成整个教育计划的各课程进展情况和综合效果报告。

6. 通讯交流

计算机辅助管理教学系统是个复杂的管理信息系统，为了在个别化教学的情况下保持学生、教师、管理人员之间的联系交流，除人、机直接交互对话外，还可设立"信箱"，为学生、教师和管理人员提供相互通讯的功能。

7. 咨询服务

利用数据库系统中存储的学生情况数据,为学生提供咨询服务。例如:推测学生的知识能力和知识结构,并在此基础上就其学习目标、学习计划等提出建议。

并非每个计算机辅助管理系统都具备上述功能,而是各有侧重。目前常用以下三类系统。

第一类:学习监控系统。监督、控制学生进行个别化学习,自动为学生分配学习任务,提供诊断性测试、核对答案、提供反馈及处方。

第二类:计算机辅助测验系统。进行测验试卷编制、阅卷评分、统计分析并报告结果。

第三类:课堂教学信息处理系统。搜集课堂教学情况的数据,进行处理、分析并报告结果。

另外,即使没有计算机辅助管理系统软件,任何一个教师仍然都可以利用计算机安排教学日程、安排学生活动、记录学生情况、统计学生成绩、管理学生学习档案、发放各种通知、搜集反馈信息、进行教学研究和处理日常办公事务。

四、用计算机编制教学课件

用计算机编制多媒体课件,开展 CAI 活动,是一项有趣的、颇有吸引力的工作,但也是一项集教学经验、教材编写能力、艺术修养和计算机操作技能于一身的创造性工作。

课件设计者首先应根据教学大纲、教学内容及教学目标的要求,选择适当的程序教学模式,然后按照程序教学模式的需要把教材所包括的概念、规则和例子等内容分成许多小的教学单元,并按一定的逻辑顺序排列。也可根据学生基础和理解能力产生不同的分支。经过这样安排的教学内容在程序教学中即称为"课件"。课件实质上是通过计算机程序实现教学设计过程,即目标、策略和评价,并加上运行和控制功能。

(一)课件稿本设计

课件的设计过程与其他软件系统一样,也要经历目标分析、算法确定、程序设计、评价调试及运行维护等阶段。由于课件是教学内容、教学方法的具体体现,所以它的质量直接决定了CAI成败。为了设计出具有实用价值的高质量课件,使之适合于各种教学模式,作为课件最基础的稿本设计就显得特别重要。

课件稿本设计应包含这样几个阶段:课件目标分析、制定课件计划、教学设计、教学单元设计。

1. 课件目标分析

在此阶段,应对教学目的、教学对象、教学用途以及课件运行环境等提出明确的要求。

教学目的、教学对象的确定与其他视听教材的要求一样。在确定教学目的、教学对象的同时,应确定其教学用途。即准备将此课件用于课堂演示,还是用于个别辅导,还是用于操作练习,或用于其他用途。根据其教学用途,才能确定其相应的CAI课件类型。课件的类型不同,对其运行环境的要求也不相同。为了保证课件的实用性,对其运行的计算机硬件环境一般不宜过于苛求。

课件目标分析一般采用清单式进行,它包含如下内容:

(1)前言
编写目的
使用范围　　(课件名称、作用、所属领域)
术语解释
参考资料
(2)总体设计概述
课件描述　　(是否为独立系统、与其他系统的关系、所需
　　　　　　计算机的硬件软件配置)

课件功能摘要（可用表格、框图、菜单表示）
主要用户　　　（特点）
其他　　　　　（各种假定和限制条件）
(3) 详细内容
功能　　　　　（教学内容涉及的具体知识、规律和教学手段）
内容组织方式
规定限制条件（设计时的硬件限制及其他限制标准）
软件特性　　　（需要说明的可维护性和安全性）
接口情况　　　（人机对话接口及外设接口）
(4) 附录

通过这种分析清单，可以对所设计课件的目标从总体到具体的教学内容和内部的关系进行逐步深化的分析与描述，从而进入制定课件计划阶段。

2. 制定课件计划

课件计划是对各课内容大体上进行分配，包括两个部分内容：课程分配和课程调度。

课程分配是指根据内容把课程或按知识单元，或按段落，或按时间分成若干课，并依据教学大纲、教材、参考书等形成一系列体系和模型，确定出正、反例子和问题，按照教学原则把它们由浅入深、循序渐进地排列。同时考虑难易程度和重要情况的适当搭配。

课程调度是指根据各课的关系选用相应的调度策略。课程调度策略包括程序式、菜单式和混合式三种。

程序式策略是指计算机在执行 CAI 期间视学生的学习情况而决定课与课之间的连接关系。如图 6—4 所示的就是一种程序式调度策略课件示意图。

菜单式策略是指学习路径的控制权不是由计算机控制，而是由学生自己控制，允许学生在计算机提供的各课内容之间根据自己的需要进行选择。如图6—5所示的是菜单式调度策略课件示意图。

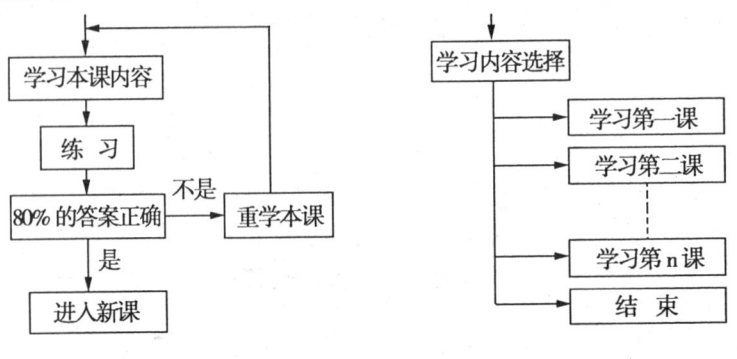

图6—4 程序式课件　　　图6—5 菜单式课件

混合式策略是把程序式策略和菜单式策略结合起来使用,是两种策略的综合。这种策略兼有程序式策略和菜单式策略的优点,但其在控制上较为复杂。如图6—6所示的是一种混合式策略课件示意图。

3. 教学设计

教学设计的任务是根据课程计划设计教学单元,确定课件结构方式。

课件结构方式有如下四种类型:

(1) 帧型课件

帧型课件的"帧"是教学过程的一个基本单位。一个帧面(又称框面)相当一个画面,画面内容包括提出的教学内容、学习者对它的回答信息及对学生各种应答的反馈信息(对回答的评价或诊断处理信息)等

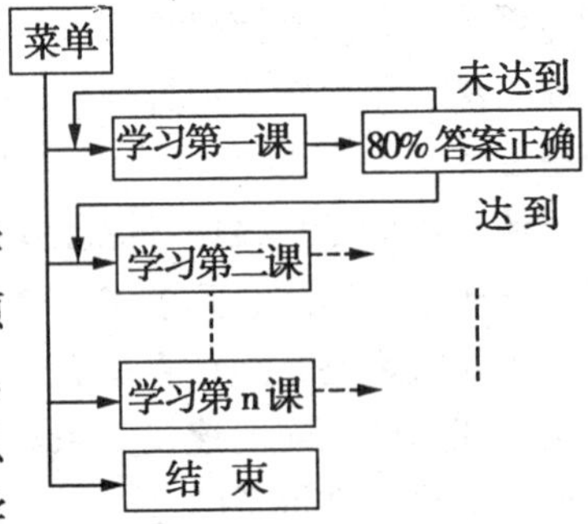

图6—6 混合式课件

内容。课件由一个个帧面连接构成。课件设计人员预先把叙述、提问、回答、诊断处理等所构成的帧面制作好,再组成帧面系列,然后按照已规定好的控制策略决定各帧面的连接顺序,以构成一个教学模块(即一节课的教学内容)。

该课件结构常用于实现"个别指导"和"操练与练习"。由于其编制程序简单,每个帧面几乎都是由信息显示、应答接收、应答判断和控制转移等常规功能段组成,且分支转向处理简单,所以目前使用比较普遍。

(2) 生成型课件

生成型课件是在计算机自动提示教学信息的同时,对学生的回答自动进行评价和诊断的一类 CAI 课件。它以帧型课件为基础,但不像帧型课件那样呆板,教学过程的安排较为活跃。在教学过程中,计算机向学生提供的信息是在计算机与学生之间的交互作用过程中动态地生成的,而不像帧型课件那样预先存储在机器之中。生成型课件能更好地适应个别化教学。

(3) 数据库型课件

帧型课件和生成型课件容纳的信息量不大,在使用方面受到一定限制。数据库则可以提供大量信息,提供信息处理手段(对信息进行搜集、存储、加工等),并且可以使信息形式多样化、结构多样化、调用反应迅速。

以问题数据库为基础建立的 CAI 课件对输入或诊断处理的提示内容不固定,有一定灵活性。由于能容纳大量的信息,从而扩大了计算机辅助教学的应用范围。数据库课件的不足之处在于,如果没有数据库中预先存储好的大量的信息内容,则它不仅与帧型课件没有多大差别,而且在性能上有可能比经过仔细设计的帧型课件还差。

(4) 智能型课件

智能型课件允许学生用自然语言回答问题,也允许学生用自然语言主动提出问题,并由计算机随机回答。

智能型课件包括三大模块：专家模块、学生模块和教师模块。

专家模块负责产生问题，对学生的应答作出评价。它由课程知识构成。课程知识包含两个方面的知识，即由课程内容组成的事实性知识，和应用这些事实性知识来解决问题的过程性知识。

学生模块的任务是存放学生的学习历史、当前知识水平和解题情况等有关信息。并处理各种预想的学习执行情况，对学生产生的错误原因进行分析。该模块向教师模块提供的信息作为教师决策的依据，课件系统以此为基础对学生的理解程度作出评价，对其错误进行诊断，有目的地对学生作出针对性的反馈。

教师模块的任务是为学生选择适当的问题供他解答，监督和评价学生的作业行为，在学生需要的时候为他选择适当的补习材料。教师模块起到的是一个教师的作用，它根据学生模块提供的学生情况和专家模块中的知识来作教学决策。

由于教师模块是教学系统与学生对话的主要界面，因此它不但要具有正常的自然语言的理解能力，而且要随时处理学生的意外问题。它是智能型课件系统体现"智能"的一个关键部分。

4．教学单元设计

教学单元设计包括屏幕设计、键盘输入设计、其他输入/输出设备的使用等等。教学单元通常分为两类：课文单元和问答单元。

（1）课文单元设计

课文单元主要在显示教学内容，如一个新概念、一条新的定律、一个示例等等。因此，结构和形式都较为简单。形式上可以采用文字、图形、动画、图像或声音等各种形式。工作方式则可以通过屏幕和其他输出手段（如录音、幻灯、录像等）呈现教学内容，起到教师课堂讲授的作用。要想达到一个良好的授课效果，必须先引起学生的兴趣和注意。通过讲授不但要使学生理解当前的讲授内容，而且应使学生领会到所讲知识与过去和将来所学知识的内在联系。

(2) 问答单元设计

问答单元形式的教学单元是计算机辅助教学的主要活动形式。它提供了类似于教师提问和帮助的学习环境，旨在对学生进行训练和个别教学。由于问答单元是人、机交互活动的主要部分，不仅涉及问题的描述，对学生回答的解释、判断与反馈，而且涉及学生学习效果的检查和 CAI 的应变能力。因此，它的结构和形式较为复杂。

一个问答单元包括计算机提问、学生回答、计算机解释判断、计算机反馈、退出教学单元等段落。问答单元流程示意图，如图 6—7 所示。

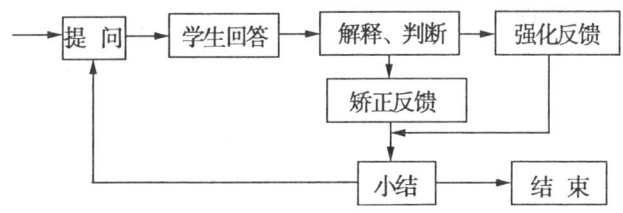

图 6—7 问答单元流程

(二) 编辑软件选择

根据上述原则和方法设计课件稿本后，即可考虑选择编辑软件了。编辑软件一般有两种：一是多媒体 CAI 课件创作系统，利用现成课件创作工具软件来制作课件。二是高级程序设计语言，利用程序设计来编辑制作课件。

当然，利用课件创作工具软件制作 CAI 课件比利用高级程序设计语言制作既省时又省力，且不需要操作者具有计算机程序设计能力，只需稍加学习，会使用一种编辑工具软件即可。

(三) 教学内容的编辑

CAI 课件的教学内容一般包含有文字、图形、声音三种形式。对它们的处理方法一是利用高级程序设计语言编程来处理，二是利用课件创作系统来处理。

1. 程序设计

程序设计的任务是按照前面的教学设计所确定的课件结构方式和教学单元设计的具体内容（文字、图形、声音）编制计算机程序，再输入到计算机中进行编辑调试，直到达到每个教学单元的设计要求为止。

编制程序是一个技术性非常强的工作，需要设计人员熟悉和掌握一种程序设计语言，如 Visual C++ 或 Visual BASIC，并了解具体如何利用编程技术来处理文字、图形、声音等各种信息。

2. 课件创作系统

课件创作系统又称为著作系统、编辑系统，是一种编辑工具软件包。使用课件创作系统可以不用学习程序设计语言，而直接编辑课件。这样减少了编制课件所需要的时间和精力，并使课件具有较强的可移植性。

从 20 世纪 60 年代末期开始，就陆续研制了若干 CAI 课件创作系统。如 TICCIT 就是一种典型的课件创作系统，它只要求作者写出其教学内容，并分成许多帧面，再确定各部分的形式、课文、问题、分支逻辑等结构，就可产生一个课件。

另一种课件创作系统，像 VAUT，它提供了一套指令，将用户所输入的教学内容编成用 COURSE WRITER 所写成的程序，而后直接执行这套程序即可。

值得一提的是有一种称为"提示型"的课件创作系统，它通过与课件制作者的一系列对话，提示制作者应该送入什么内容。如问题主干、正确答案及强化性反馈、错误回答与补救性反馈、课文等等。只要作者按照提示一步一步地录入自己的构思，就可生成一个课件，不必担心有什么考虑不周之处。

进入 20 世纪 90 年代，多媒体课件创作系统也陆续面市。其中有不少优秀的系统，它们各有特色，一般只要能熟练地掌握其中一种软件的用法就十分不错了。这里罗列部分多媒体编辑工具软件供选用。

方正奥思多媒体创作工具(Founder Auther Tool V2.0)
摩天多媒体编著系统
合力多媒体编著系统
台湾：洪图(Hong Tool)多媒体编著系统
美国：Macromedia Director 8.5
　　　Multimedia Tool Book
　　　Macromedia Authorware

3.多媒体课件制作过程

在决定用多媒体课件来辅助教学后，在稿本设计阶段，首先要根据教材的知识结构作教材分析。然后根据教材分析及学生分析设定教学目标，编排教学作业，决定多媒体课件的表达方式。这些工作全部完成后才能正式开始撰写稿本。

当稿本写成后，即可对其内容、可行性、需求情况进行分析。分析结束后便可进入设计阶段。此阶段的工作分为总体设计和细部设计两部分。总体设计阶段的任务是对稿本进行描述、定版、结构设计、制定测试计划；细部设计是根据总体设计的方向和原则更深一层地进行细节描述，以及各部分文字、图形、动画、声音的制作。制作这些文字、图形、动画、声音等框面，可以用你熟悉的任何一种或几种制作工具软件。例如：

文字处理：Word 2000
美术设计：Corel Draw 10.0
照片处理：Photo Shop 7.0
二维动画：Flash Mx
三维动画：3D Studio Max 5.0
图像处理：Adobe Premiere 6.0
声音制作：Cakewalk Pro Audio 9.0

制作阶段主要任务是建立图库、建立乐库、制作动画、设计卡片、设计流程、撰写系统操作说明等。

当稿本设计规划好并且完成所需用到的文字、音乐、图形和动画资料后,便可以用多媒体编辑工具软件制作课件了。

例如多媒体编辑工具软件 Authorware,它提供了交互式课件的各种流程图和十几种功能图标(如显示、删除、等待、决定、交互、计算、开始、停止、地图、动画、电影、声音等图标)。只要用鼠标把图标按住拖到流程图某个位置上,各环节即相互连接,依次发挥功能。事先制作好的各种素材资料,分别一一装入有关图标内即可。

至此,多媒体CAI课件全部制作完成,课件将按流程指定的顺序运行。

第四节 计算机网络

一、计算机网络

计算机网络是指在通信协议下,通过通信系统互联起来的,有序分散的计算机的集合。

"通信协议"是指为了使网内各计算机之间的通信可靠有效,通信双方必须共同遵守的规则和约定。计算机网络与一般计算机互联系统的区别就在于有无通讯协议的作用。

计算机网络的主要功能有两点:

一是资源共享。资源包括硬件资源和软件资源。硬件资源包括高性能的管理设备、输出输入设备、存储设备。软件资源包括各种资料信息。

二是提供强有力的通信手段。计算机网络使网上各处的计算机之间实现数据信息的快速传递和信息的集中、分散处理。

(一)计算机网络分类

1.局域网(LAN)

局域网(Local Area Network,简称 LAN)规模较小,地理

范围通常仅在一幢建筑物内或在一个单位（企业、公司或校园）内。局域网通信线路一般在几公里至十几公里，特点是组建方便，使用灵活，数据传输速率通常在几 Mbps（兆比特/秒，即每秒 10^6 个二进制"位"）以上，可高达几十 Mbps。学校内的校园网就是一种局域网。

2．广域网（WAN）

广域网（Wide Area Network，简称 WAN），通常作用范围几百到几千公里，甚至全球范围。广域网可以通过多种连接方式把多个局域网连接起来，数据传输速率一般为几百至几万 bps。

国际互联网 Internet 就是全球范围的最大的计算机广域网络，是全球性的信息系统。

我国的中国教育科研网 CERNET（域名 CN）和中国邮电网 CHINANET（域名 CN）已加入国际互联网 Internet。

（二）入网

1．入网基本条件

硬件要求是 PC486 以上计算机，8M 以上内存，25M 自由硬盘空间，一个速率在 9600bps 以上的调制解调器（Modem），一条电话线及插线式电话机。软件要求是 DOS 6.0 或 Windows 98、Windows 2000、Windows NT 或 Windows xp 等操作系统下的通信软件。

2．入网申请

在所在地电讯部门或网络公司办理申请入网手续，公司会来人安装网卡并调试，登记用户账号及入网口令，给用户办理一个 E‑mail（电子邮件）地址。用户经适当地培训即可。

教委、科委部门的人员向主管部门申请。北京、上海、成都、重庆、深圳、南京、合肥等地都开通了 Internet 的节点。例如，成都的电子科技大学计算机网络中心就是教育科技网络（也是 Internet）的一个节点。

二、计算机网络应用

计算机网络在人们日常生活和工作中已开始发挥越来越大的作用。网络上应用的项目很多，方法也很多。结合教学的需要。我们介绍以下四种应用。

1. E－mail

E－mail（Electronic－mail）是指电子邮件。计算机网络可以快速、低价地在两地互相传递电子信件。遵从 MIME（多目标电子邮件标准）的电子信件可在网络上传输文字、图形甚至高保真声音及图像。

电子邮件可同时向许多不同地点的有关人员发送同一内容的邮件；可以召开分散于全球各地成员的电子会议，通过同时交换电子邮件来研究问题；也可以由同一教师对不同地点的学生同时用 E－mail 传送教学内容，交换问题和进行指导。

2. WWW

世界信息网络 WWW（World Wide Web，简称 3W），是一种以超文本（Hyper Text）链接为基础的网络体系。利用 WWW 的 WWW 浏览器软件，可以很方便地操作和查阅世界各地各种资料信息。

WWW 浏览器是 WWW 的主要软件，常用的有 Netscape Navigator 浏览器（简称 Navigator）和 Microsoft InterExplor 浏览器（简称 IE）。使用的方法简介如下：

(1) 浏览

①通过计算机 Windows 2000 下的 Dial-up Networking 拨号器拨号建立与 Internet 网络的连接；

②运行浏览器软件 Netscape Navigator；

③在浏览器主窗口提供的 Location（地址）栏输入资源地址（URL），然后回车。数秒后该地址链接指向的资源主页（Home page）将会出现在屏幕上。用鼠标点出主页上的超级链接（Hyperlink），你就可在主页内出现的链接目录中选择它可以联结的

任一地方的内容（无论它是在你的隔壁或远在地球另一端）。你可以观看到文本、图形、多媒体文档（文字、图形、音频、视频图像等），也可在浏览文字的同时，欣赏音乐或电影片段。

例如，访问微软公司的主页，可在 Location 处输入：Http：//www.microsoft.com，回车。稍后，Microsoft 公司的主页就会出现在浏览器的主窗口内。

(2) 资源下载

所谓下载，即通过网络将远程服务器上的软件或信息拷贝到自己的机内硬盘或其他存储介质上。

在各网址的主页面处往往提供有软件、资料的下载服务。大多数情况下，你可以在其页面上看到"Down Load"的字样，后面列有供下载的软件列表，点击所需软件名后，即可开始下载。通常缴纳一定费用后可下载其软件的商业版本或有偿信息及资料。然而更多的是遍布各网点的供免费下载的软件及信息，这也是 Internet 之所以愈发普及和壮大的原因之一。

(3) 信息检索

Internet 上提供了许多进行信息检索的工具与途径。一般可利用 WWW 的信息查询网点（如全球最大的搜索引擎：http：//www.google.com，中国的知名搜索引擎有：http：//www.baidu.com，http：//www.3721.com 等）。

3. 网络教学

计算机网络可以通过电子函件传输声音、传输图形及有限地传输图像，将教师和学生之间，学校与学校之间同时异地联系在一起，进行教学活动。教学中教师和同学之间，同学和同学之间均可异地交流自己的意见，讨论教学有关问题。

例如，日本利用计算机网络，把位于太平洋上，距东京 350 公里的，只有 17 名学生的青岛小学、冲绳县北大东岛的北大东小学和东京都的城东小学、前田小学联结起来，这些小学通过计算机、摄像机、图文显示设备以及通信卫星等各种手段，同时听同一老师讲课，还可以通过麦克风和计算机在互联网上提问和答疑。通过这种网络教学方法，促进边远地区与大城市学生之间的交流，提高教学质量。

4．虚拟教学

虚拟景象是在计算机三维图像应用技术日臻成熟的基础上，综合运用模拟仿真技术、机器人传感技术、通信技术及显示技术等高新技术而蓬勃兴起的一门崭新技术，运用在技术训练和教学中。虚拟景象在教学中可以为学生提供一个模拟的极似实景的学习环境或训练环境（景象），由于这些景象是计算机网络中有关软件随着学习、训练的过程或动作虚构模拟的，故一般称为虚拟教学。如虚拟教室、虚拟手术室，虚拟飞行等等。计算机网络可以为虚拟教学提供远距离传输的通道。

虚拟教室在幼小儿童的个别学习中对营造儿童的良好学习环境和气氛很有好处。例如：学生在家中通过网络学习，就如同在教室中学习一样，看得到周围的"老师和其他学生"，并且还能和他们进行一定的交流。

再例如：日本东京都三鹰市利用互联网开设虚拟学校，用互联网和电视网将该市所有的中小学连接起来，提供虚拟教学服务。各中小学在交互网络上开设各自的网页，开展双向远程教学,提供教学信息,开展校际交流。学生可以通过交互网络选择自己感兴趣的课程,也可以提问,并在网络中进入虚拟教学环境。

第五节 信息技术和课程整合

人类社会已进入高科技的信息时代，人们的工作、学习和生活越来越离不开信息、越来越依靠信息。信息的搜集、加工、存储、复制、传播和扩散越来越依赖于媒体传播技术、计算机技术和网络技术，从而形成一个以信息的处理、传播和应用为中心，以计算机为主要手段的新型技术领域，我们把它称之为信息技术。如今掌握和运用信息技术，已成为现代社会里人类生存的基本能力。

信息技术和课程整合是指在课程教学过程中把信息技术、信息资源、信息方法、人力资源和课程有机结合，共同完成课程教学任务的一种新型的教学方式。它是计算机辅助教学的升华和延伸，信息技术与课程的有机整合不仅可以使信息技术课程的教学上一个新台阶，也可以促进学科教学的全方位的变革，加速我国信息化教育的进程。

一、信息技术教育的任务和目标

（一）信息技术教育的任务

培养每一个学生对信息技术的兴趣和意识，让学生了解和掌握信息技术基本知识和技能，了解信息技术的发展及其对人类日常生活和工作的深刻影响；通过信息技术课程使学生具备获取信息、传输信息、处理信息和应用信息的能力；教育学生正确认识和理解与信息技术相关的文化、艺术、伦理和社会等问题，合理合法地使用信息技术；培养学生良好的信息素养，把信息技术作为支持学习和工作的手段，为适应信息社会的学习、工作和生活打下必要的基础。

（二）信息技术教育的目标

1. 创造一个信息技术教育的大环境，培养学生的信息意识。让每个教师和学生都有机会接触计算机，增强他们的计算机意识，即要求受教育者具有一种使用信息技术来解决自己工作、学习和生活中的问题的意识。

2. 让学生掌握信息技术常识，能解决实际问题，具备创新能力。每个学生应该具有一定的信息科学技术知识和一定的信息技术能力。信息技术能力是指对计算机的操作能力，是指用计算机进行信息采集的能力、信息组织与表达能力、信息加工处理能力、信息通讯能力、信息系统的分析与查错能力、对信息系统与信息的评价能力、对信息结果的分析与报告能力等。它们具体包括：图书资料的检索，信息处理工具软件和网络通讯工具软件的使用；根据自己的学习或工作目的去搜寻信息，发现信息，搜集整理信息，包括从采访、实验、问卷调查、各种现代媒体如图书馆、网络、音像资料中搜集信息；搜集、筛选、鉴别、存储、变换、表现和传播信息；运用信息进行学科知识的学习和研究，善于将信息能力迁移到其他学科的学习中；通过对众多信息的归纳、综合、抽象、直觉、评价等思维活动，找出事物的倾向性、法则性、相关关系、因果关系等规律，构建新的信息；通过网络学习、发布、合作和交流信息，对自己和他人在信息处理和信息应用中的效果和效率进行评价；能采用信息技术手段解决其他学科领域中的问题。

3.培养学生良好的信息伦理道德修养。信息技术教育的目标之一，必须培养学生正确的信息伦理道德修养，遵守信息技术应用人员的行为道德规范，懂得什么是计算机犯罪，如何防止和消除计算机病毒，严格要求自己，杜绝非法的信息技术行为。

（三）信息技术教育的要求

根据信息技术教育的目标和今后承担中小学信息技术教学工作的需要，高等师范院校学生通过学习，应达到以下四项要求。

1.必须学会用辩证唯物主义观点研究信息技术教育的规律，用教育科学、计算机科学的理论来研究信息技术教育的方法；

2.掌握中学信息技术课程的教学目标和教学内容，并从实践中学会信息技术教学形式、教学方法和教学手段，能独立进行教学设计与教法研究；

3.具有在学校里应用计算机课件、计算机工具软件和计算机网络的能力；

4.具有协助其他学科教师在其课程中使用计算机的能力。

二、中小学信息技术课程的教学目标

通过信息技术教育，让学生掌握和应用信息技术，提高学习、工作和生活质量，是中小学信息技术教育的目的。目前，世界上许多国家都对青少年从小就开始进行信息技能的教育和培养，我国也逐渐在中小学开设信息技术课程。

对中小学信息技术课程的设置，我们考虑到学生心智发展水平和不同年龄阶段的知识经验和情感需求的差异，在小学、初中和高中阶段的教学内容安排上有各自明确的目标，体现了各阶段的教学侧重点，注意了培养学生利用信息技术对其他课程进行学习和探究的能力，注重培养学生的创新精神和实践能力。

各学段的教学目标是：

（一）小学阶段

1. 了解信息技术的应用环境和信息的一些表现形式；

2. 建立对计算机的感性认识，了解信息技术在日常生活中的应用，培养学生学习、使用计算机的兴趣和意识；

3. 在使用信息技术时学会与他人合作，学会使用多媒体资源进行学习；

4. 能够在他人的帮助下使用通讯设备远距离获取信息，与他人沟通，开展直接和独立的学习，发展个人的爱好和兴趣；

5. 知道有责任地使用信息技术系统及软件，养成良好的计算机使用习惯和责任意识。

（二）初中阶段

1. 增强学生的信息意识，了解信息技术的发展变化及其对工作和社会的影响；

2. 初步了解计算机基本工作原理，学会使用与学习和实际生活直接相关的工具和软件；

3. 学会应用多媒体工具、相关设备和技术资源来支持其他课程的学习，能够与他人协作或独立解决与课程相关的问题，完成各种任务；

4. 在他人帮助下学会评价和识别电子信息来源的真实性、准确性和相关性；

5. 树立正确的知识产权意识，遵守法律和规范道德行为，负责任地使用信息技术。

(三) 高中阶段

1. 使学生具有较强的信息意识，较深入地了解信息技术的发展变化及其对工作、社会的影响；

2. 了解计算机基本工作原理及网络的基本知识，能够熟练地使用网上信息资源，学会获取、传输、处理、应用信息的基本方法；

3. 掌握运用信息技术学习其他课程的方法；

4. 培养学生选择和使用技术工具进行自主学习和探讨的能力，以及在实际生活中应用的能力；

5. 了解程序设计的基本思想，培养逻辑思维能力；

6. 通过与他人协作，熟练运用信息技术编辑、综合、制作和传播信息及创造性地制作多媒体作品；

7. 能够判断电子信息资源的真实性、准确性和相关性；

8. 树立正确的科学态度，自觉地按照法律和道德行为使用信息技术，进行与信息有关的活动。

三、中小学信息技术课程的教学内容、课时安排和教学评价

中小学信息技术课程的教学内容，目前要以计算机和网络技术为主。教学内容分为基本模块和拓展模块（带＊号），各地区可根据教学目标和当地的实际情况在两类模块中选取适当的教学内容，详见下面所述。

课程教学内容安排

(一) 小学部分

模块一　信息技术初步

1. 了解信息技术基本工具的作用，如计算机、雷达、电视、电话等；

2．了解计算机各个部件的作用，掌握键盘和鼠标的基本操作；

3．认识多媒体，了解计算机在其他学科学习中的一些应用。

模块二　操作系统简单介绍

1．汉字输入；

2．掌握操作系统的简单使用；

3．学会对文件夹（目录）的基本操作。

模块三　用计算机画画

1．绘画工具的使用；

2．图形的制作；

3．图形的着色；

4．图形的修改、复制、组合等处理。

模块四　用计算机作文

1．文字处理的基本操作；

2．文章的编辑、排版和保存。

模块五*　网络的简单应用

1．学会用浏览器搜集材料；

2．学会使用电子邮件。

模块六*　用计算机制作多媒体作品

1．多媒体作品的简单介绍；

2．多媒体作品的编辑；

3．多媒体作品的展示。

（二）初中部分

模块一　信息技术简介

1．信息与信息社会；

2．信息技术应用初步；

3．信息技术发展趋势；

4．计算机在信息社会中的地位和作用；

5．计算机的基本结构和软件简介。

模块二　操作系统简介

1．汉字输入；

2．操作系统的基本概念及发展；

3．用户界面的基本概念和操作；

4．文件和文件夹（目录）的组织结构及基本操作；

5．操作系统简单工作原理。

模块三　文字处理的基本方法

1．文本的编辑、修改；

2．版式的设计。

模块四*　用计算机处理数据

1．电子表格的基本知识；

2．表格数据的输入和编辑；

3．数据的表格处理；

4．数据图表的创建。

模块五*　网络基础及其应用

1．网络的基本概念；

2．因特网及其提供的信息服务；

3．因特网上信息的搜索、浏览及下载；

4．电子邮件的使用；

5．网页制作。

模块六*　用计算机制作多媒体作品

1．多媒体介绍；

2．多媒体作品文字的编辑；

3．作品中各种媒体资料的使用；

4．作品的组织和展示。

模块七　计算机系统的硬件和软件

1．数据在计算机中的表示；

2．计算机硬件及基本工作原理；

3．计算机软件系统；

4．计算机安全；

5．计算机使用的道德规范；

6．计算机的过去、现在和未来。

（三）高中部分

模块一　信息技术基础

1．信息与信息处理；

2．信息技术的应用；

3．信息技术的发展与展望；

4．计算机与信息技术；

5．计算机系统的基本结构。

模块二　操作系统简介

1．操作系统的概念和发展；

2．汉字的输入；

3．用户界面的基本概念和操作；

4．文件、文件夹（目录）的组织结构及基本操作；

5．系统中软、硬件资源的管理和维护；

6．操作系统简单工作原理。

模块三　文字处理的基本方法

1．文本的编辑；

2．其他对象的插入；

3．特殊效果的处理；

4．版式设计。

模块四　网络基础及其应用

1．网络通信基础；

2．因特网及其提供的信息服务；

3．因特网上信息的搜索、浏览和下载；

4．电子邮件的使用；

5．因特网上其他应用；

6. 网页制作。

模块五* 数据库初步

1. 数据库基本概念；
2. 数据库的操作环境及其操作；
3. 数据的组织与利用。

模块六 程序设计方法

1. 问题的算法表示；
2. 算法的程序实现；
3. 程序设计思想和方法。

模块七* 用计算机制作多媒体作品

1. 多媒体制作工具及其特点；
2. 各类媒体资料的处理与使用；
3. 多媒体作品的制作；
4. 多媒体作品的发布。

模块八 计算机硬件结构及软件系统

1. 信息的数字化表示；
2. 计算机硬件及基本工作原理；
3. 计算机软件简介；
4. 计算机的安全；
5. 计算机使用道德规范；
6. 计算机的过去、现在和未来。

课时安排

小学阶段信息技术课程，一般不少于68学时；
初中阶段信息技术课程，一般不少于68学时；
高中阶段信息技术课程，一般为70~140学时；
上机课时不应少于总学时的70%。

教学评价

教学评价必须以教学目标为依据，本着对发展学生个性和创造精神有利的原则进行。

教学评价要重视教学效果的及时反馈,评价的方式要灵活多样,要鼓励学生创新,主要采取考查学生实际操作或评价学生作品的方式。

高级中学要将信息技术课程列入毕业考试科目。在条件成熟时,也可考虑作为普通高校招生考试的科目。

四、信息技术和课程整合的目标

1. 培养学生的创新精神与实践能力

信息技术应以课程目标为最根本的出发点,以改善学生学习为目的。国家教育部颁布的《基础教育课程改革纲要(试行)》指出,要"改变课程实施过于强调接受学习、死记硬背、机械训练的现状",提倡自主、探索与合作的学习方式,使学生在教师指导下主动地、富有个性和创造性地学习,真正实现学生学习方式的根本性转变。信息技术与学科课程整合必须有效地和课程改革配合进行,在促使学生注重科学探究学习、体验式学习及交流与合作学习,最终走向自主创新学习方面发挥积极作用。

2. 培养学生具有终身学习的态度和能力

终身学习要求学习者能根据社会和工作的需求,确定继续学习的目标,并有意识地自我计划、自我管理、自主努力通过多种途径实现学习目标。信息技术与课程整合要把培养学生学会学习、具备终身学习的态度和能力作为目标。

3. 培养学生具有良好的信息素养

信息素养是 21 世纪人才的特殊要求,信息技术与课程整合是培养学生形成信息素养的有效途径。

五、信息技术和课程整合的基本方式

1. 信息技术作为教学演示工具

教师可以使用现成的计算机辅助教学软件或多媒体素材库,也可以综合利用各种教学素材,利用多媒体制作工具编写自己的演示文稿或多媒体课件，形象地演示其中某些难以理解的内容，或用图表、动画等展示动态的变化过程和理论模型等。另外，教师也可以利用模拟软件或者计算机外接传感器来演示某些实验现象，帮助学生理解所学的知识。

2．信息技术作为个别辅导工具

指利用计算机辅助教学软件（包括操练练习、对话、游戏、模拟、问题解答及虚拟教学）等手段，让学生在练习、测验或观摩体验中掌握所学的知识，实现个别辅导式教学。在该方式中计算机教学软件实现了教师职能的部分代替，如演示、评定、模拟教学等。个别辅导教学能在一定程度上注意学生的个别差异，有利于学生自主学习。

3．信息技术提供资源环境及作为信息加工工具

该方式主要培养学生在信息能力中获取信息、分析信息和加工信息的能力。教师可以在课前将所需的资源整理好，保存在某一特定文件夹下或做成内部网站，让学生访问该文件夹来选择有用信息；也可以为学生提供适当的参考信息，如网址、搜索引擎、相关人物等，由学生自己去 Internet 或资源库中去搜集信息，并把这些信息进行二次加工，利用多媒体演示工具或网络发布工具表达信息。在这种方式中，最常用的模式是"情境—探究"模式或任务驱动学习模式。

4．信息技术作为交流和协作工具

计算机网络技术为信息技术和课程整合、为实现交流协作式学习提供了良好的技术基础和支持环境。在此方式中教师可根据教学的需要或学生的兴趣开设一些 BBS 专题或聊天室，使学生在学习中有机会对课程的形式、将要解决的问题或任务与学习伙伴进行充分的交流，也可通过 E‐mail、Blog 等方式进行交流协作学习。在该方式中，较为典型的是小组协作学习模式。

5．信息技术作为研发工具

教育的最终目标是要培养学生的探索能力、自己发现问题和

解决问题的能力，以及创造思维能力。在实现这种目标的教学中，信息技术扮演着"研发工具"的角色。很多工具型教学软件都可以为该层次的教学和学习提供很好的支持。如在中学数学教学中，Z+Z智能教育平台可为学生提供自我动手、探索问题的机会：当面对问题时，学生可以通过思考和协作，提出自己的假设和推理，然后用Z+Z智能教育平台进行验证。此外，学生还可以使用Z+Z智能教育平台自己做实验来发现、总结一些数学规律和数学现象。该种类型的典型教学模式有研究性学习和基于问题学习等。

6. 信息技术与课程全方位的整合

信息技术和课程整合的更高层次是促进教育内容、教学目标、教学评价、教学管理等全方位的改革，从而完成整个教学的信息化。信息技术在教学中的应用，给传统教学内容结构带来了强大的冲击。那些强调知识内在联系、基本理论、与真实世界相关的教学内容变得越来越重要。教学内容的表现形式将由原来的文本性、线性结构形式变为多媒化、超链接结构形式。教育内容的一系列改革会对现有的以知识为中心的教学目标产生强烈冲击，以能力为核心的教学目标将成为主体。随着信息技术和课程改革的不断深入，必将产生新的、强调帮助学生参与真实性的任务和项目的教学目标。随着教育内容和教学目标的改革，教学组织形式也会发生相应的变革。

六、信息技术和课程整合的教学模式

教学模式指在一定的教育思想指导下建立的，在一定的教育观念、教学理论支持下形成的一种典型的、稳定的教学程序或关于教学过程的稳定结构形式。信息技术的发展及其在教育领域内的广泛应用，无论是从教学内容上还是从教学方法上，都为新型教学模式的产生提供了强有力的技术支持。认识和把握信息化教学模式分类和特点，有助于我们对复杂的教学过程的组织方式作简要表述,分析主要矛盾、认识基本特征,进而在教学实践中灵活应用。

(一)基于课堂的多媒体教学模式

1. 视听演示型教学模式

在这种模式中,教师主要以演示、表演、显示、讲解等形式向一定规模的学生群体传授教学内容,学生则主要通过视觉和听觉获取信息。例如,教师可以利用单个媒体或组合媒体如图形、声音等来启发诱导学生,学生通过对视听材料的鉴别与分析来获得有效的信息。目前比较常见的是通过多媒体计算机演示多媒体课件。由于视听媒体对教学内容的表达有很大的自由度,它可把抽象的理论变成形象的过程来演示,能使学生较长时间保持集中而旺盛的精力,从而激发学生求知动机,吸引注意力,培养技能,提高思维能力。

视听演示教学的一般步骤是:

①准备视听材料。

在备课时,应根据教学内容的需要,准备或自己编制适当的视听材料。

②演示视听材料,进行授课。

利用事先准备的视听材料,进行授课,这比较适合于大班教学,因为教师不必担心自己的嗓音或学生看不清老师的板书。在进行授课时,要注意与学生保持充分的交流互动,在他们有疑惑或不理解的地方,老师应进行补充讲解或重复演示。

③根据反馈进行改进。

在进行授课时,要及时发现自己在演示中和视听材料中的问题,对视听材料进行改进,不断提高教学效率。

2. 情景教学模式

情景教学模式指教师根据教学需要,综合运用多种教学方法和手段,通过对事件或事物发生与发展的环境、过程的模拟或虚拟再现,使学生身临其境的一种情景交融的教学活动。情景分为实物情景、问题情景和角色情景三大类,从技术角度看,它是在类比、模仿、建立模型、技术仿真等概念和方法的基础上,广泛运用多媒体计算机及软件技术发展起来的先进教学模式。情景教学能激发学生的学习兴趣和情感,对培养学生情感、启迪思维、发展想象、开发智力等方面有独到之处。

情景教学模式的基本环节是:

①引导参与。

根据教学对象和教学内容,教师找准某个最易调动学生兴趣的切入点,例如,我们以成语典故或某个与课堂内容有关联的现实生活情景等开始。

②情景创设。

教师要注意选择角色扮演者或创设画面,引入情境。教师还应当具备预见模拟演练展开后可能出现的思想分歧、不同结论和有关困难,仔细分析不同角色的地位、作用、处境等能力。

③实践探索。

在创设的情景中展开教学,学生进入实践探究阶段,逐步加深对知识的领会、理解、掌握。

④总结提高。

教师要在课后进行总结以进一步改进以后的教学。

(二)基于网络的资源型教学模式

1. 信息浏览教学模式

随着越来越多的科技成果不断物化到我们的教学过程中,教学信息来源变得越来越丰富多彩。因特网为我们提供了世界上最大的知识库、资源库,它拥有最丰富的信息资源,为培养学生自学能力、发散思维、创造思维和创新能力提供了有利的资源环境。为了获取网络可以提供的有利信息资源,我们首先要学会浏览信息。浏览和获取有用信息也是信息能力的体现。

当前信息浏览教学模式已经逐渐在全世界得到普及和推广应用,其中"拾荒式"教学是让学生学会利用网络资源的重要方法。"拾荒式"教学又称作"拾荒式"搜索,它最初是美国田纳西大学为教育方法和教育技术课程设计的一个案例。所谓"拾荒式"搜索（Scavenger hunts）,就是提出一定的问题和任务,让学生查找、搜集解决问题所需要的信息的学习模式。"拾荒式"搜索近年来在国外中小学中得到广泛的应用。在网上进行"拾荒式"搜索容易在交互式活动中产生和获得结果,有利于扩大学生知识面,提升学生对学习的兴趣。

2. 网络课件教学模式

课件是教师或程序设计人员根据教学要求用课件写作系统或某种计算机语言编制的教学应用软件。网络课件是对一个或几个知识点实施相对完整教学的辅助教学软件,它基于 Browser/Server（浏览器/服务器）模式开发、能在 Internet（互联网）或 Intranet（局域网）上发布。由于在网络教学中教师和学生相对分离,故教师需要运用课件达成教学目的,学生则需要通过课件获取知识达到学习目的。网络课件具有多媒体超文本实现能力,并且有良好的交互和动态特性,所以借助网络来实现课件教学已经开始得到大力的发展和推广。

在进行课件教学时,我们首先要确定教学目标并进行教学内容分析,并在此基础上选择或制作我们的教学课件,以创设教学情景,让学生在网络课堂中进行自主学习。目前,全国中小学都普遍建立有各种各样的网络资源库,我们应在平日的教学活动中多利用网络课件资源,不断扩充课堂教学的知识信息容量,丰富课堂形式。以下是一些网络课件资源网站。

中小学教学课件资源网：http：//www.edu613.com

中国课件网：http：//www.chinakj.com

3. 问题解决教学模式

问题解决（Problem - solving）指的是人们在日常生活和社会实践中,面临新情景、新课题,发现它与主客观需要的矛盾而自己却没有现成对策时,所引起的寻求处理问题办法的一种心理活动。在问题解决中,问题解决者的态度是积极的,则已有的知识技能是人们用来解决问题的前提条件。问题解决模式的一般过程是:提出问题→分析问题、解决问题→再发现。

一个"好问题"应该能充分调动学习者的探究欲望,并在生活中能拓广、延伸其使用范围,充分享受学习的乐趣。比如,我们针对小学数学四则运算内容,从学生生活实际出发搭建一个基于网络环境下的"问题解决"教学平台,在这个平台中为学生设计一个超级购物游戏教学环境,学生选择自己喜欢扮演的角色(商场售货员或顾客),通过购买物品并计算物品的金额及找补货币,以掌握四则运算的相关知识和技能。在这种问题式的教学中,学生的主动性、积极性可得到充分发挥。

4. 研究性学习模式

研究性学习指学生在教师指导下,在学习的过程中采用科学的方法来进行学习,进而提高独立分析问题、解决问题的能力的学习方式。在研究性学习过程中,教师主要的职责是创设一种有利于研究性学习的环境和途径,学生更多需要的是教师从旁的指导和帮助。研究性学习强调让学生以思考的态度来对待学习本身,并通过思考的过程来得到正确的结论。在推进我国基础教育深化改革、全面实施素质教育的今天,倡导中小学生的"研究性学习"有着十分重要的理论和实践意义。

研究性学习侧重点在于问题的解决,它所要求的问题应该是具体的、有实际意义的。研究性学习的过程可以简单地理解为:问题的引出→分析研究→寻求解答。在研究性学习的过程中,学习者将模拟科学家的研究方法和研究过程,提出问题并解决问题,其实质是学习者对科学研究的思维方式和研究方法的学习运用。研究性学习通常包含以下几个步骤:确定研究课题→制定研究计划、确定研究方法→实施研究过程→整理研究报告。所有步骤都是在教师指导下完成的。

WebQuest是互联网上的一种鼓励高级思维技巧和强调以真

实的方式利用信息的学习方式。在WebQuest教学过程中,教师首先需要辨别确定学习者为了完成教学目标所需的潜在技能和知识,为使学生学习到知识,教师需要教他们一些必要的技能,包括使用搜索与利用互联网信息、软件使用、背景知识、研究过程与方法等。WebQuest教学一般包含以下过程:开放性问题的提出→任务与步骤的设计→资源搜集→活动→有效的评估。

(三)基于网络的远程教学模式

远程教学是英文Distance Education的英译词。通常意义上是指师生凭借一定的媒体所进行非面对面的教学。在网络环境下的远程教学中,教师和学生处于网络的两端,碰不着面,但教师通过网络对学生进行指导,学生利用网络向老师咨询。网络教学材料来自于Internet上的浩瀚的资源,也可以是由教师按照不同的教学要求组织起来并放置在特定服务器上的网络课程等多媒体形式的交互式教材。网络学习环境也成为了虚拟的空间,学生可以在任何地方、任何时间获取来自世界各地的不同人士的帮助,因而有利于个别化学习和协作学习。网络教学的广泛开展,必将有利于学生终身学习能力的培养。

1. 协作学习模式

协作学习模式一般是指在一定的激励机制下,学生以小组形式参与合作互助而达到特定的学习目标的一种学习模式。协作学习模式的核心思想就是以小组的形式去共同完成某一特定任务,它是以建构主义学习理论和人本主义学习理论作为理论基础的。在协作学习中,学习者借助他人(教师和学友)的帮助,实现学习者之间的双向互动,并利用必要的共享的学习资料进行意义建构,以获得事物的性质、规律以及事物之间的内在联系。协作学习强调学习者的创造性、自主性和互动性,可以采用的策略有小组分工、小组游戏竞赛法、共同学习、小组调查等。

协作学习模式的一般步骤,如图6-8所示。

明确学习目标 → 组建学习成员 → 进行协作学习 → 总结性评价

图6-8 协作学习模式

在第一阶段,小组成员要一起讨论并设计进程计划表、工作环境、所使用的资源和成员应该遵守的原则等内容,以使协作组中每位成员都有参与感,并能够最大限度地发挥其潜能。第二阶段,要明确每个成员的任务和职责,成员个人根据协作组对自己提出的要求,设计个人学习的目标、程序和方法等。在网络环境下,基本的协作模式有竞争、协同、伙伴和角色扮演等四种方式。竞争:由两个或多个学习者对同一学习内容通过网络进行竞争性学习,看谁能首先达到教学目标的要求。协同:在共同完成任务的过程中学习者发挥各自的认知能力,他们通过相互争论、相互帮助、相互提示及分工合作共同完成某项学习任务。伙伴:学习者通过网络查找与自己学习相同内容的学习者,经双方同意后结为学习伙伴。当其中一方遇到问题时,双方相互讨论,相互帮助。角色扮演:让不同的学生分别扮演学习者和指导者。学习者负责解答问题,指导者则检查其是否有误。当学习者在解题过程中遇到问题时,指导者则予以帮助。在学习过程中,所扮演的角色可以互换。例如,在影视编导课程中进行影片制作时,需要学习者分别扮演演员、摄像人员及后期的配音、合成等不同的角色,合作完成。

2. 人际交流教学模式

我们这里所说的人际交流指的是以网络为依托的人际交流。具体来说,人际交流教学模式是指在网络的环境下,施教者与受教者通过交流信息,使受教者完成指定的学习任务的一种教学模式。人际交流教学模式,如图6—9所示。

施教者 ↔ 网络 ↔ 受教者

图6—9 人际交流教学模式

网络人际交流的教学模式具有无比的优越性。通过网络我们不仅可以传递文字和语音,还可以实时传递交互的动态图像,这可以使教学活动声像俱备、图文并茂,大大提高教学效率。网络的交流能突破时空限制,师生交互可以是同步和异步的,交互对教师和学生都是开放的,通过网络交流获得的信息还可以用下载等方式永久的保存。现在通过网络交流完成教学的方式方法有多种多样。常见的有:

①电子邮件。

电子邮件是基于计算机网络的邮件信息系统。它可以传递文本、图形和文件,电子邮件已经成为网络远程教育中教师与学生,以及学生与学生之间交互的重要方式。

②聊天室。

聊天室也是基于计算机网络的交互系统。它支持文本、图形和声音,在文本和简单图形的交互中可以实现在互联网上的实时交互。聊天室内交互对学生的情感、态度以及人际关系具有重要的意义。

③BBS讨论区。

BBS讨论区也是基于计算机网络的交互系统。在实际教学过程中讨论区通常作为异步交互系统使用。与聊天室一样,讨论区是完全开放的系统,对所有有权进入讨论区的人完全开放,每个人都可以自由发言。讨论区上发布的内容可以长期保留在讨论区,学生和教师可以反复阅读讨论区的内容。

④BLOG网络笔记本。

BLOG是Weblog的简称,中文译为"博客",是在网络上的一种流水记录形式,人们可以用BLOG轻松自如地把自己的生活体验、灵感想法、得意言论、网络文摘、新闻时评等沿着时间的发展灌入BLOG中,还可以与朋友、家人、同事等进行分享。目前国内已有很多教育工作者利用BLOG来组织自己的网络交流教学,大大增强了师生交流的效率和质量,收到了良好的教学效果。

⑤视频会议系统。

视频会议系统不仅可以传递语音、数据,还可以实时传递动态图像。视频会议系统属于实时信息交互系统。视频会议系统既支持一点对一点的交互模式,也支持一点对多点的交互模式。多点视频会议系统中多点控制单元一般放置在教师所在的地方,在实际使用中,经常由教师控制由谁发言,教师在学生与学习材料交互的基础上,利用视频会议系统进行阶段小结和重点讲解。视频会议系统已经广泛地应用于现代网络远程教育实践中。

3. 直播教学模式

直播教学也叫实时网络课程,是基于互联网对视频、音频等信息进行实时传播实现的教师现场教学的模式。直播教学模式,如图 6—10 所示。

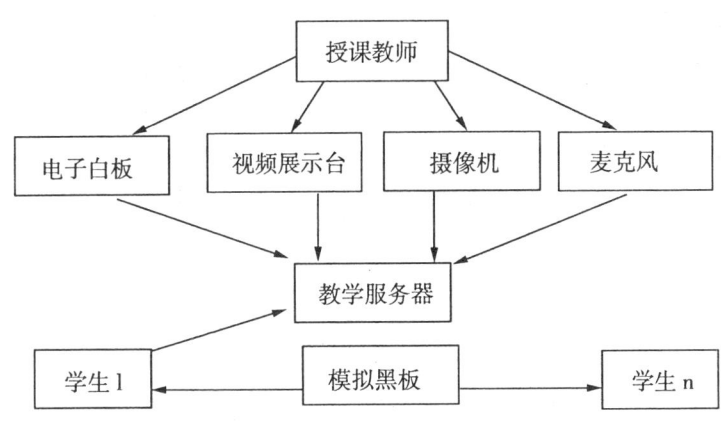

图 6—10 直播教学模式

在网络直播教学模式下,老师和学生空间上是分离的,但时间上是同时进行的。这种远程教育模式实现了异地授课、协同作业、分组讨论等教学功能,形成了一种超空间的虚拟课堂或虚拟班级。在这种模式下,教师与学生通过 Internet 就可以进行"面对面"的交流，教师可实时监控学生的学习状态、向学生提问；学生面对的是一个真实的教师，有疑问可随时向教师提出，也可在教师的组织下进行在线讨论。

直播教学模式有利于教育信息实现实时播出，适用性强，既可以在远程教学点的多媒体教室组织学生集体参加直播远程授课，也可以使学生分散在自己的终端（计算机）参加直播授课。直播模式的远程教学方法一般有三种：

①借助于广播进行直播教学。它的局限性是因为没有视频效果，因而对于自然学科课程来说，效果的确不理想。

②借助电视进行直播教学。由于它可以形象直观地调动人的大脑思维活动，因而是一种理想的远程教学方法，但由于它在课程组织上技术环节过多，牵涉的技术人员过多，因而在课程设计、课程组织、课程编导、课程教学等方面，存在着场面调度难的问题。

③借助双向交流视频教学系统进行直播模式的远程教学。其优点是，牵涉的技术人员不多，容易组织，但是存在技术成本问题。现在我国有70多所大学有远程教育学院，他们很多就是借助双向交流视频教学系统进行直播模式的远程教学。

（四）基于实验室的人机教学模式

1. 任务驱动教学模式

任务驱动教学模式中所提及的"任务"一般是指真实的生活任务。"任务驱动"教学法要求在教学过程中，以完成一个具体的真实性任务为线索，把教学内容巧妙地隐含在每个任务之中，让学生自己提出问题，并经过自己的思考和老师的点拨，自己解决问题。任务驱动教学法可以极大地调动学生的积极性，学生在完成一个与他们实际生活或学习密切相关且有趣的"任务"时，他们会专心致志，乐此不疲。在自主地完成"任务"时，学生可以掌握自己的节奏。任务驱动教学模式有利于培养学生的创新意识、创新能力以及自主学习的习惯。

任务驱动教学模式的教学过程一般是：

(1) 结合学生特点，精心设计任务。

任务的设计要以激发学生学习的兴趣为出发点，以满足学生的探究欲望为主观愿望，以完成教学任务为最终目标。在教学过程中，可以把教材中的整个一章设计成一个大任务，再将各个知识点设计成若干小任务。例如学习"中文WORD的功能和使用"一章时，要求每一位同学编制一份精美的班级小报。此任务中隐含着本章的几个知识点：①WORD的基本概念、建立编辑文档；②设置字体、字号，段落排版；③页面设置及文档的打印；④WORD的图形功能；⑤WORD的表格功能。把这5个知识点隐含在5个小任务中，每一节课完成一个小任务；每一个任务的确立都根据学生现有知识状况、教学内容的统筹安排而定。

(2) 引导学生分析任务并提出问题。

教师给出任务后不要急于讲解，而是让学生讨论、分析任务，再提出完成任务会遇到哪些问题。学生自己提出的问题，也就是他们想要知道的知识点。

(3) 根据提出的问题，及时让学生建构新知识。

当学生问题提出后，师生就需要开始共同寻求解决问题的方法，老问题可以通过学生自己解决，新问题要通过师生的共同探索解决。学生在动手的过程中不但因为完成任务获得了一种成就感，而且获得了探究知识的满足感和快乐感。

2. 模拟训练教学模式

模拟训练教学法是用模型或部分实物来模拟学习、生活、职业活动中的某些场景，组织相关知识学习，让学生进行操作练习的教学方法。这种方法对于某些缺乏实践条件（包括自然条件或设备条件、时空条件）和无法在课堂进行实地操作的教学内容（如飞行训练、游泳等）来说也有一定的教学效果。采用模拟训练教学法的教学环境应当具有真实性，模拟的环境应与真实的环境相似或接近，这样才能取得较好效果。模拟训练教学法要求学生将学校中的模拟训练与课外的实地练习紧密结合，以达到相辅相成的教学效果。

模拟训练的一般流程，如图6—11所示。

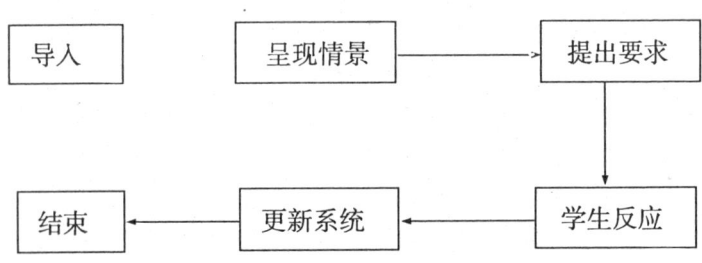

图6—11 模拟训练流程图

模拟训练教学法的应用领域非常广泛，除了用在教育领域外，还广泛地应用在军事、医学、飞行驾驶和非常规实验等领域，不仅可以节约大量的资金，而且可以减少许多的危险。例如在医学手术中，可以让实习生先进行大量的模拟手术，之后再去给病人进行手术，这必将提高手术的成功率。模拟训练教学法简化了现实生活的真实情景，有吸引力，能让学生积极地投入，提高学生认知、情感、人际关系方面的技巧。模拟训练教学法是比单一教师讲更为复杂的教学，恰当的运用能收到事半功倍的教学效果。

模拟训练教学法的一般过程是：

①活动前说明。提示模拟训练的前提和活动的概念。

②参与者的训练。包括设立情景（如规则、角色、程序步骤等），安排角色和掌握情境。

③模拟操作的进行。包括引导模拟训练活动及对学生的表现作相应的评估和给予反馈。

④提出报告。包括概述心理、所遇到的问题和事件经过，分析整个过程，比较模拟和现实世界的差异，进行评估和改进等环节。

【思考与练习】

1. 什么是多媒体教学？多媒体教学的模式有哪些？
2. CAI教学方法有哪几种？各有什么特点？
3. CAI有哪些特点和作用？
4. 什么是软件？什么是软件系统？试举例说明。
5. 什么是课件？课件与软件的联系是什么？
6. CAI课件的类型有哪8类？它们各有什么特点？
7. 教师在教学中怎样应用CAI？你准备在今后的工作中怎样应用CAI？
8. 教师应当掌握哪些CAI技能？
9. 你了解哪些有关互联网的知识？
10. 请列举你所知道的一些计算机常用工具软件的名称和功能。
11. 什么是信息化教学模式？信息化教学模式与传统教学模式相比有何特点？
12. 基于课堂的多媒体教学模式有哪些？各有什么特点？
13. 基于网络的资源型教学模式有哪些？举例说明。
14. 基于网络的远程教学模式有哪些？举例说明。
15. 基于实验室的人机教学模式有哪些？举例说明。
16. 你知道的信息化教学模式有哪些？举例说明。
17. 在教学中如何灵活应用各种教学模式？请设计一堂课或一门课程的教学，阐明你所运用的模式及特征。

实验一 教学录音带的制作

一、实验目的

1. 学习录音教材的制作方法。
2. 掌握录音设备的使用方法。

二、实验器材

录音机二台（其中至少一台带收音功能）、话筒一只、耳机一副、转录线一副、有声带若干盒、空白录音带一盒。

三、实验步骤

1. 实录

①机内话筒录音

由一台录音机通过扬声器对着另一台放音，另一台录音机使用机内话筒录制2分钟～5分钟的节目在空白录音带上。

由人对着录音机的机内话筒朗读或讲话，录制2分钟～5分钟的节目在空白录音带上。

要求：声源离录音机的位置要适当；作为录音用的录音机的放音音量要关掉，用耳机监听；操作暂停键，熟悉暂停键在"录音暂停"和"录音开始"时的应用。

②机外话筒录音

将话筒插入录音机的话筒插孔。由放音机对着话筒放音或人对着话筒朗读或讲话。录制2分钟～5分钟的节目在空白录音带上。

要求：录音之前试验一下话筒加录音机的扩音效果；录音内容完整、流畅；音量电平适中；声音无明显失真和噪声；在录音时录音机的放音音量要关掉，用耳机监听。

2. 转录

两台录音机通过转录线连接，放机信号由线路输出，录机信号由线路输入。如果是立体声录制，则左右声道分别连接。如实验一图1—1所示。

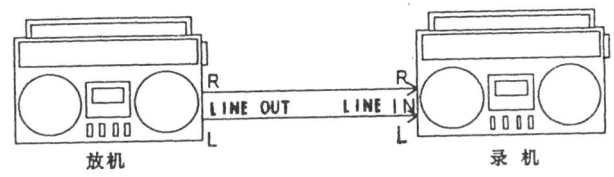

实验一图1—1　录音节目转录

转录制作2分钟～5分钟的节目在空白录音带上。

要求：录音内容完整、流畅。

3. 收录

用有收音功能的录音机接收电台广播，选定一个接收信号效果较好的电台，录制2分钟～5分钟的广播节目在空白录音带上。

要求：录制完后，通过放音比较三种录音方法的优缺点。

4. 编辑

准备好语言、音乐等放音素材录音带，使用空白录音带的另一面编辑录音，按预先设计的前后连接顺序和衔接要求，将有关各段的素材编辑成完整的录音教学节目。

两台录音机通过转录线连接，一台作放机，一台作编辑录机。

要求：各编辑点应连续、平滑；编辑好的节目整体感觉应自然、流畅，无明显杂音。

四、实验注意事项

1. 不能把有声带和空白带搞混了，否则就极可能把原节目抹掉，最好是把有声带的防误抹片去掉。

2. 扬声器音量不要开得太大，以免造成相互干扰。

五、思考习题

1. 实验所用录音机上有哪些开关和调节旋钮，其作用如何？
2. 为什么声音实录时不能用扬声器监听，而转录中则可以？
3. 试比较实录、转录、收录三者各自的特点。
4. 录音机在无磁带装入的情况下，放音键能否按得下去？录音键能否按得下去？为什么？

实验二 投影胶片制作

一、实验目的

掌握手工绘制投影片的绘制方法和复印制作方法。

二、实验器材

明胶片（单面覆膜、尺寸 15 厘米×25 厘米）、70 克或 80 克图画纸，复印用投影胶片。

铅笔、橡皮擦、炭素墨水钢笔、毛笔、水彩笔。

墨汁、各色透明液体颜料、水彩颜料、调色盘、脱脂棉。

硬纸片外框、透明胶带、订书机、直尺、小刀、剪刀。

三、实验步骤

(一) 确定绘画题材和绘画形式

绘画题材。结合自己的专业特点和中学教学内容，确定绘画题材。例如：

诗意画　　　（中文专业）　设备原理图(物理、化学专业)

卡通漫画　　（外语专业）　地图(政治、历史、地理专业)

动、植物图　（生物专业）

要求：绘画形式为单线平涂绘画形式。

(二) 绘制操作

1. 底稿设计

①在起底稿之前，应将硬纸片框内径尺寸量出，然后用铅笔

和直尺把片框内径画在底稿纸上。这样，画面的大小也就确定了。

②用铅笔画出图形轮廓线，用水彩颜料作画。

③可以选用印刷的图片或图画作临摹底稿。

2．墨线勾勒

①用哈气或笔试的方法判别明胶片的膜面和光面，将胶片光面向上用胶带纸固定在底稿上。

②用炭素墨水钢笔或毛笔在胶片光面上临摹，墨线勾勒出图形的轮廓。

③写上标题和注释文字。

3．平涂色彩

①将胶片药面向上铺在白纸上，用胶带纸固定。

②为使胶片上色均匀，先将胶片着色处用干净湿毛笔或脱脂棉微微湿润。

③用毛笔蘸透明液体颜料，以线为界，平涂着色。着色应由浅入深，层层加染。着色处不要留水渍，水渍可用脱脂棉吸掉。

④胶片检查修改。

4．裁剪装框

①按硬纸片框尺寸裁剪画好的胶片。

②将胶片装到片框上，用订书机把四周订好，一幅合格的投影片完成。

要求：标题用美术字，注释文字用正楷字体；色彩部分透明；画面干净。

四、实验注意事项

1．光面勾墨线如墨汁附着力差，可在墨汁中加少许洗洁精。

2．一定要在药膜面上色。注意：药膜面上画错后无法洗掉。

3．必须用透明液体颜料，不要用水彩颜料。固体水彩颜料不透光，只能用于底稿着色。

4. 如勾线、上色均在药面，必须先着色，后勾线。

5. 保持画面干净，不要用手的任何部位触摸药膜面。

6. 保管好完成的投影片，准备在《幻灯机和投影器的使用》实验中演示使用，进行检验。

五、复印法制作投影胶片

1. 把250毫米×250毫米大小的投影胶片作为复印纸，直接放入复印机复印文字、图表资料或复印打印出来的板书教案，称为复印法制作投影胶片。目前，一般均为黑白效果。

2. 选择能用于复印的投影胶片。选用的投影片必须是能耐高温的薄膜胶片，厚度一般应为1毫米左右。否则在用复印机复印时，易发生胶片高温熔化或卷曲的现象，损坏复印机的硒鼓。

3. 可以用于复印的投影胶片，包装袋上一般印有"复印投影胶片"字样，分一面敷膜胶片和两面均无膜的胶片两种，都可用于复印，敷膜胶片还可以用于书写绘画。注意，无"复印用"标记的胶片切勿选用。

六、思考习题

1. 怎样使明胶片着色均匀？
2. 用无药膜的明胶片画投影片，怎么办？
3. 没有透明液体颜料，怎么办？
4. 想一想，还可以用什么方法绘制投影片？

实验三 投影器的使用

一、实验目的

熟悉投影器的原理和构造。

掌握投影器的使用方法。

二、实验器材

书写式投影器一台,投影片(学生自制的投影片),白塑幕布。

对照投影器使用说明书,了解投影器各按钮、旋钮、开关的作用。打开投影器盖,观察其构造,思考各部件的作用。

1. 检查电源线及插头是否良好,抬起平面反射镜,并对准银幕,接通电源。

2. 开启机器背面的电源开关,风机开始工作。按动放映灯开关,灯泡点燃。一般情况下,放映灯应处在弱光档,以延长灯泡使用寿命。

3. 放一张清晰投影片于台面上,调节升降旋钮,使投射至银幕上的图像清晰。

4. 银幕上光栅四周如出现红边或黑圈,向左拨动光源"升、降"轮盘。如出现蓝、紫色边或黑影则向右拨动。

5. 使用时如灯泡损坏,可先关上电源,拨动"灯Ⅰ、灯Ⅱ"手柄,即可切换另一只灯泡。

6. 放映完毕,关闭放映灯电源和整机电源,拔掉电源插头,整理电源线于机器背部,整理好用具。

三、实验注意事项

1. 实验开始之前,应检查投影器是否干净。如需清洁,应注意清洁方法。一般部分可用湿润布擦拭。如果镜头的镜片、放映镜、反射镜、有机玻璃螺纹透镜等部件需要清洁,切忌用硬纸、粗布擦拭。若有污秽、尘埃,可用"皮老虎"吹风去尘,或用棉球蘸清洗剂(如无水酒精)轻轻擦拭。

2. 不能用手触摸放映灯泡玻璃壳,如灯泡玻璃壳上有印迹或污手印,应用棉球蘸酒精清除掉。

3. 风扇电机若不转动,必须先修复才能使用机器,否则将损坏机器。

4. 放映灯泡点燃时,应尽量少搬动机器。切忌做剧烈振动,以避免灯丝震断。

5. 投影器的传动、转动部位的齿轮、轴和轴承应定期加注润滑脂和润滑油。

6. 银幕摆放的位置应方便学生观看和教师讲解,张挂的高度以学生不抬头能看见为好。银幕张挂时应有一定的前倾度,以避免画面出现上大下小现象。

实验四 摄影

一、实验目的

1. 了解、熟悉照相机结构和功能。
2. 通过实际拍摄,初步掌握拍摄技术。
3. 掌握文件或图片资料的翻拍技术。

二、实验器材

凤凰相机或海鸥相机,近摄接圈。
135 黑白或彩色日光型 ISO 100/21°胶卷。

三、实验步骤

室外摄影

1. 照相机检查

镜头透镜和光圈的检查:打开相机后盖和开启"B"门,对着亮处检查,透镜有无损伤、透镜表面有无划痕、透镜内有无灰尘和杂质、透镜是否发霉。拨动光圈环,从最大光圈逐级收小,检查光圈叶片组成的孔洞是否规则,并观看光孔大小是否有明显变化,检查光圈叶片是否生锈。

快门的检查:用 1 秒、1/2 秒、1/4 秒、1/8 秒四档速度释放相机快门,从听觉上应能感到有明显的时间长短差别。打开相机后盖,观察从 1/15 秒~1/125 秒逐级释放快门时,从光孔里看到的光量应该感觉到越来越暗。

聚焦的检查：将相机对着一物体，通过目镜观察调焦屏中央，若两个半圆的光楔各自形成的影像彼此分裂错开，可调节聚焦环，当两个光楔各自形成的影像完全对齐时，可看到一清晰的影像。由此可判断聚焦正常。

此外还应检查自拍器、卷片装置、计数器、电池、测光指示是否正常。

2. 装胶卷

打开相机后盖，把位于相机左边的倒片轴芯向上拉，放入胶卷暗盒。把露在暗盒外的胶片头拉出少许，片头插入相机收片轴缝隙中将齿孔挂在倒勾上，使胶片的齿孔与收片轴旁的输片齿轮吻合。扳动输片装置的扳手，当把片拉直时，即可关上后盖。释放快门钮，空拍一张，并继续空拍两张，使计数窗内的倒三角形指向"0"处。每次扳动输片扳手卷片时，应注意倒片轴是否跟着卷片运动而转动。若转动，表示片子上好。

将相机上感光度锁定装置调准在所用胶卷的感光度数值上。实验所用的胶卷感光度是 ASA100（DIN21°）。

3. 光圈、快门选择

根据天气情况，时间的早晚，光线照射的方向，季节，地理纬度，物体本身的反光能力以及景深等条件和要求，估计曝光量，即选择光圈大小和快门速度。或者使用机内测光装置对着被摄物体测光，得到光圈、快门的组合。再根据景深的要求，推算出适宜的光圈和快门速度。

4. 取景构图和调焦

选择拍摄地点和被摄对象，将相机置于水平或竖直状态。前后移动机位，调节拍摄距离，以获得满意的被摄对象大小和取景范围。旋动聚焦环，利用聚焦显示装置将所摄影像调焦至最清晰点。

5. 卷片拍摄

卷片时应慢慢地扳动扳手，扳到位后手应轻托扳手复位，否则扳手猛然回弹容易损坏扳手弹簧或造成计数器计算不准确。眉骨紧贴相机目镜，轻轻按下快门释放钮，完成拍摄。

6.倒片取片

拍完36张后，应停止拍摄。按下倒片钮，拉起倒片手柄，按顺时针方向连续慢慢地倒片，当感觉轻微的"咔哒"声时，应停止倒片，打开后盖，取出胶卷暗盒，等待冲洗。

四、实验注意事项

1.拍摄实验必须按实验步骤进行，不得随意拨弄相机。

2.手持相机要稳，不能失手将相机掉落地上。不拍时应将镜头盖上。注意手指不要碰触镜头镜片表面。

3.拍摄完后应把聚焦环调至无限远，把光圈调至全开状态，以提高抗震性能。检查快门、自拍装置是否处在释放状态。

4.如果拍摄时相机出现故障，应立即停止使用，将相机交教师处理。

实验五 电视录像节目播放、收录和转录

一、实验目的
1. 掌握电视录像节目播放、收录和转录设备的连接方法。
2. 掌握电视录像节目播放、收录和转录设备的使用方法。

二、实验器材
彩色电视机一台、VHS录像机两台、大1/2英寸录像磁带两盒（节目带一盒、空白带一盒）、射频连接线一根、音频连接线一根、视频连接线一根、羊角电视天线一副。

三、实验步骤
（一）电视录像节目播放

彩色电视机一台、VHS录像机一台、大1/2英寸录像节目带一盒、射频连接线一根。

1. 设备连接

①用射频连接线连接录像机的射频输出（RF OUT）接口和电视机的天线输入接口（即射频输入接口）。设备连接，如实验五图5-1所示。

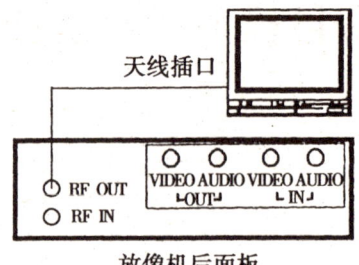
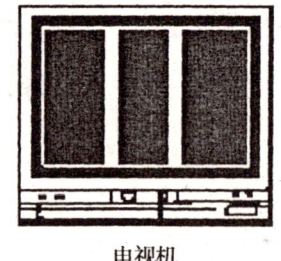

实验五图 5—1　放像系统　　　　实验五图 5—2　放像测试图

②接通录像机、电视机电源,开启两机电源。

2．电视机放像频道设定

①把录像机背面的试验通/断开关（TSG）拨到"ON"位置,看清一旁的射频输出频道（RF CHANNEL ADJ）标志数,或在说明书上查阅。如：25 频道。

②按下（预置）电视机一个频道选择按钮,打开调谐器面板。

③将调谐器的频段选择钮拨到录像机输出信号频道所在的波段。如 25 频道应在 U 波段（L 波段：1 频道～5 频道、H 波段：6 频道～12 频道、U 波段：13 频道～68 频道）。

④调节频道调节旋钮,直到屏幕上出现两条竖直的白条（或黑条）测试图为止。如实验图 5-2 所示。

⑤把录像机背面的试验通/断开关（TSG）拨回到"OFF"位置。电视机放像频道设定完毕。

3．录像节目播放

①将节目录像带防抹片去掉,放入录像机带舱。

②按下录像机的放像按钮（PLAY▷）,电视机出现图像和声音。图像和声音质量可进一步微调电视机频道调节旋钮予以改善。

③调整电视机音量、亮度、对比度、色彩,直到音像效果最

佳为止。

要求：连线时注意区分射频线不同的输出、输入接头。练习录像节目搜索和一般操作（快进、倒带、停止、出带）。

（二）电视节目收录

彩色电视机一台、VHS录像机一台、大1/2英寸空白录像带一盒、射频连接线一根、羊角电视天线一副。

1. 设备连接

在录像播放设备连接不变的基础上，把天线连接到录像机的天线输入插座（AERIAL）。录像机、电视机保持放像状态不变。

2. 录像机接收频道设定（以日立426录像机为例）

①观察录像机面板，找出频道按钮"CHANNEL"（↓）（↑）、自动频率控制按钮"AFC"、预设按钮"PRESET"、设定按钮"SET（+）（-）"、录像按钮"REC"等按钮位置。

②选择一个频道。按下"CHANNEL"（↑），显示器上出现频道数，定下一个频道。如：4频道。

③按下预设按钮"PRESET"，显示器出现"AFC L……"字样。如无"AFC"，可按下自动频率控制按钮"AFC"。

④节目搜索。按下设定按钮"SET"（+），录像机自动搜索各电视台节目。每到一套节目处，搜索停止并自动记忆在4频道。如不选该套节目，可再按"SET"（+）键，继续搜索，直到定下满意的节目频道为止。

3. 收录

①选择调好的频道。如：4频道。

②把空白录像带放入带仓，按下"REC"键，开始收录电视节目。

③收录结束，按下停止按钮"STOP"。

要求：观察录像带的结构，按住带盒侧面按钮，开启盒带盖片，观察录像带表面状况。

（三）电视录像节目转录（复制）

彩色电视机一台、VHS 录像机两台、节目录像带和空白录像带各一盒、视频线一根、音频线一根、射频线一根。

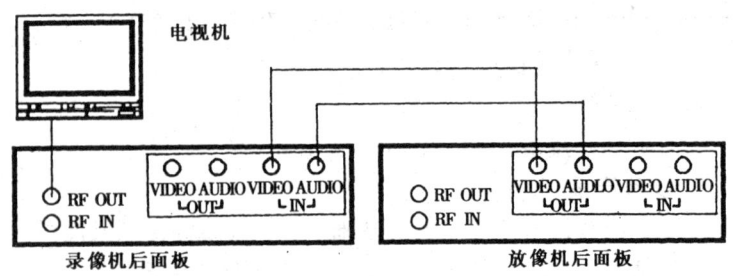

实验五图 5—3　录像转录系统连接

1. 设备连接如实验五图 5-3 所示。录像机和电视机之间处于放像状态。

2. 转录

①定 AV 档。按下录机的频道按钮，选择"AV"频道（或将 AV/TV 转换开关拨至"AV"）。

②将节目录像带送入放像机带舱，将空白录像带送入录像机带舱。播放节目录像带，找到准备复制的节目，在其起点停下。

③同时按下放像机放像键和录像机录像键，转录开始。

④复制完毕后，倒回录像带检查复制效果。

3. 结束整理工作

①取出机内录像带，关闭电源。

②拆除各连接线。

③设备、录像带、连线清理，归还原处。

四、注意事项

1. 节目录像带防抹片应去掉，空白录像带防抹片应完好。

2. 录像机操作中，放、录、快进、倒带等工作状态需改变时，一定要先按停止键，再按其他功能键。一切动作停止后，方能按出带键取出录像带。

3.放像中途,录像中途均可按暂停键,继续进行可再按暂停键,中止暂停并立即工作。

4.录像机面板上其他功能键不要随意拨动或按动,以免影响实验正常进行。

实验六　电视节目制作

一、实验安排

1. 全班以小组为单位，每组 8 人～12 人，分组进行实验。
2. 每组摄制一个 5 分钟～10 分钟表演型电视节目，在 40 分钟～60 分钟内摄制完成。一组接一组安排进行。
3. 小组内人员进行分工，按导演、演员、摄像、切换、录音、录像、灯光等分工安排。
4. 实验前预习，并写出文学稿本和分镜头稿本。或在课堂教学的稿本写作作业中每组推选一篇在实验中施行。

二、实验目的

1. 了解和认识电视节目制作的各种设备。
2. 初步掌握电视节目的基本制作方法，录制一个 5 分钟～10 分钟的电视节目。
3. 培养分工合作的实验工作作风。

三、实验场地和器材

1. 实验场地：电视演播室。
2. 摄像机两台、特技机（内装时基校正器）一台、录像机一台、监视器三台、话筒 1 个～2 个、空白录像带一盒、三脚架二个、各种电缆。
3. 灯光装置、电源装置。

四、设备连接

设备已连接调试完毕备用,连接图如实验六图6—1所示。

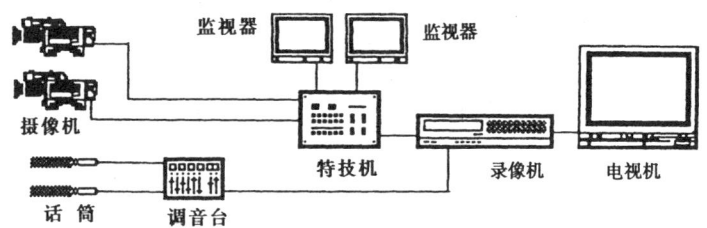

实验六图6—1 电视节目制作系统

五、实验步骤

1. 开拍前准备(10分钟)

了解和认识演播室内各种设备。根据分工,了解和熟悉自己负责操作的设备功能和基本使用方法。

2. 开拍前排练(10分钟)

①演员熟悉场地,在导演的指挥下,简单排练。

②开启电源,各工种进行设备试用、练习。摄像练习:调焦和推、拉、摇、移、跟;切换练习:镜头切换、淡化、叠化、划变和选择组接镜头;录像练习:录像的起停、快进、倒带操作;录音进行话筒的位置调整;灯光进行光位的调整。

3. 实拍

导演下令开拍,统一指挥表演、摄制、暂停和继续,实施电视节目现场拍摄录制。

4. 效果审看

在教室内播放摄制的电视节目,进行效果审看。

六、注意事项

①如特技机内不带"时基校正器",可只用"切换"功能组

接镜头。

②实验前必须有充分的稿本准备和排练准备。

③人员应当明确分工，但可以相互交换，轮流操作。

④注意全组的统一指挥，相互配合（教师指导）。

⑤将录像带交教师评阅。

【附录】

实验六 选择课题
摄像机的使用

一、实验目的

1. 了解摄像机的基本构造和主要部件在摄像过程中的作用。
2. 初步学会摄像机的使用。

二、实验器材

1. 便携式摄像机一台（如：DXC—327APK；或 M9000）。

2. 便携式录像机一台（如：VO—8800）、电缆、三脚架、白纸一张、录像带一盒、电池或交流适配器。

三、实验步骤

1. 准备工作

（1）阅读说明书，了解摄像机各旋钮、按键和插孔的用途和作用。

（2）架好三脚架，固定摄像机，连接电缆，插上电源（交流适配器或电池），装好录像带。

2. 摄像操作

（1）取下镜头盖，打开电源开关。

(2) 按照色温表，选择合适的滤色镜。

(3) 将焦距控制（自动/手动）和光圈控制（自动/手动）调到自动档。

(4) 将镜头对准白纸，按动白平衡按钮，调整白平衡。

(5) 运用镜头的各种拍摄技巧分别进行拍摄。了解各种景别、拍摄角度和运动拍摄的各种方式，并录下拍摄的镜头。

四、注意事项

当实验完毕后，要关闭电源开关。盖好镜头盖，关闭滤色镜，取出录像带，整理收拾好各种器材。如用的是电池供电，要及时将电池充电。

实验七 计算机设计电子教案

一、实验目的
1. 初步了解 Windows 操作软件和 Word 文字处理软件。
2. 用文字处理软件编写一篇教案。

二、实验场地和硬、软件
1. 实验场地：CAI 实验室。
2. 硬件：计算机、空白软盘一张、鼠标、键盘、打印机。
3. 软件：Windows 2000 中文版、Word 2000 中文版

三、操作步骤
（一）设计教案

1. 开机，机器自检，自动进入 Windows 2000 桌面。

2. 点击"开始"按钮，选择程序菜单中的"Word"文件，双击该文件名，打开 Word 2000 窗口。

3. 点击 Word 2000 的"文件"菜单名，在下拉的菜单中选择"新建"，打开一页新的空白文件。

4. 在任务栏右边点击"输入法"按钮，选择"全拼输入法"或"五笔形输入法"，准备输入汉字。

5. 在页面上光标位置，键入教案内容（可以练习将第二章"教案实例"输入）。

6. 用 Word 2000 的"绘图"工具，画出教学流程图。

7. 选择"字体"，选择"字号"，选择"加粗"，然后用"插入"按钮插入特殊符号，选择"居中"排列，对教案进行编辑排版。

8. 打开"文件"菜单，选择"页面设置"，定出张纸大小和版面尺寸。

9. 保存文件。打开"文件"菜单，选择"保存"；在弹出的对话框中选择保存类型为"Word 文档"，选择保存位置为"3.5 软盘"，在文件名框中键入你所取的文件名，如"教案"；将软盘装入驱动器内，点击"保存"按钮，教案即存入软盘。

10. 退出。点击 Word 2000 窗口右上角"退出"按钮，退回到 Windows 2000 桌面。点击"开始"按钮，选择"关闭系统"，在对话框中选择"关闭计算机"，点击"是"按钮，计算机自动关机。

(二) 打印文稿

1. 连接打印机。将打印机的连接电缆对接计算机 EPP 插口，开启打印机电源。

2. 在 Windows 系统提供的"设置/打印机/添加打印机/安装打印机"选项中依次点击，选择自己所使用的打印机厂家和型号，安装该打印机驱动程序。

3. 调入软盘中保存的电子教案，对文稿和板书的内容、字体、字号及排版样式再次进行处理。板书内容处理后，打印稿可供复印投影胶片使用。

4. 将打印纸装入打印机。在"文件"菜单内选择"打印"。在打印对话框中选择和填入打印的各项要求，最后点击"确定"，打印机进行文稿打印。

四、注意事项

1. 空白软盘需格式化。

2. 操作过程中不能随意关机,一定要退到 Windows 2000 桌面后关机。

3. 软件的功能和操作方法请参看书名和版本号与软件相符的有关书籍。

实验八　计算机扫描输入资料

一、实验目的
1. 学会计算机扫描输入图片资料。
2. 学会计算机扫描输入文字资料。

二、实验器材
1. 计算机、扫描仪。
2. 扫描仪驱动软件、OCR 软件。

三、实验步骤
(一) 扫描彩色图片

1. 接入扫描仪。用扫描仪的专用电缆线对接计算机 EPP 接口（有的扫描仪连接 USB 接口），开启计算机电源和扫描仪电源。

2. 在计算机上安装扫描仪驱动软件。

3. 启动扫描工具软件，如 Unis Color 1.0（或 Photoshop 中的"文件/输入/Twain"扫描工具）。

4. 在打开的扫描操作界面上选定操作模式，如"彩色"、"300dpi 分辨率"等。

5. 将彩色图片放入扫描仪，点击"预扫"按钮，扫描仪开始工作。操作界面上出现扫描后的图片。

6. 利用操作界面上的各种功能键，调整图片的亮度、反差等整体效果,选定扫描取舍范围。

7. 点击"扫描"按钮,进行正式扫描。屏幕上显现出图片的扫描结果。

8. 将图片选用*.jpg图形文件格式命名后存盘,备制作课件使用。

(二)扫描中文资料

1. 启动扫描工具软件,选定操作模式,如"黑白"、"150dpi分辨率"(文字扫描的分辨率必须大于120dpi),放入文字资料,开始"预扫"。

2. 调整亮度、对比度、去网纹等扫描效果,选定扫描范围,正式"扫描"。

3. 扫描后的文字资料是一种图形,将其命名,存为*.tif图形格式文件。

4. 打开OCR中文识别软件(或"尚书"汉字识别软件)。

5. 将上述扫描存盘的文件调入,矫正文字的水平位置。然后进行文字"识别"操作,将一个个图形字符转换为文本字符,再重新命名存为*.txt文本文件,就可以插入或拷贝到Word文件中去处理应用了。

四、注意事项

1. 扫描后的文字图形应清晰、完整、反差明显,画面干净,便于识别。

2. 文字识别转换后存在的错别字,可以在WORD软件中修改。

实验九 计算机制作多媒体演示软件

一、实验目的
1. 学会用计算机 PowerPoint 工具软件制作多媒体演示课件。
2. 学会应用图形、图像和声音资料。

二、实验器材
1. 多媒体计算机，耳机。
2. Windows 操作系统。
3. 幻灯片制作工具软件 PowerPoint 2000。

三、实验步骤
（一）创建一幅幻灯演示画面（有标题、文字、图片）

1. 在 Windows 98 桌面上点击"开始"，点击"程序"，点击"PowerPoint"文件名，进入 PowerPoint。

2. 在 PowerPoint 窗口菜单栏中点击"文件"，点击"新建"，出现新建对话框。

3. 在对话框中选"常用"栏目，在打开的选项框内选"空演示文稿"，点击"确定"按钮。

4. 在弹出的"新幻灯片"对话框中，选择一种版式（如有标题、文字和图片的一种版式），点击"确定"。

5. 在提供的幻灯页面上加入演示内容：

点击"标题栏"加入标题文字，用菜单栏"格式"中的"字体"选项确定标题大小、字体和色彩；

点击"文本框"加入文字内容，用菜单栏"格式"中的"字体"选项确定文字大小、字体和色彩；

双击"插图框"加入图片，选择一种"剪贴画"，点击"插入"按钮，在幻灯页面上调整插入的图片大小和位置（图片也可以通过网络上下载，供"插入"时选用）。

6．设计幻灯图案模式：点击菜单栏中"格式"，选择"应用设计模板"，在打开的"设计模板"对话框目录中选择一种类型（参看预览图形），点击"应用"按钮。（已初步完成幻灯片）

7．设计幻灯配色方案：点击菜单栏中"格式"，选择"幻灯片配色方案"，在打开的"配色方案"对话框中选择"标准"配色方案之一，或选择"自定义"配色方案对幻灯图案内各项内容进行随意配色，然后点击"应用"按钮。

8．修改背景色彩填充效果：点击菜单栏中"格式"，选择"背景"，在打开的"背景"对话框点击下拉菜单选择框，选择"填充效果"，选定填充方案后点击"确定"，点击"应用"，即完成一张幻灯片。

（二）制作第二张幻灯片

1．在第一张幻灯片完成后，点击工具栏中"新幻灯片"图标。

2．在弹出的"新幻灯片"对话框中，选择一种版式，点击"确定"。

3．按第一张制作过程操作。

（三）怎样制作动画效果

1．在幻灯片制作页面中选中需动画效果的文字。

2．在菜单栏中点击"幻灯片放映"，点击"自定义动画"。

3．在对话框中选字幕飞出"效果"。

4．在对话框中选字幕飞出延续"时间"：

选"单击鼠标时"（即点击一下，动画才开始动作），点

击"确定";

或选"在前一事件后","几秒后"动画自动开始动作,点击"确定"。

5. 再按此步骤设定其他文字或图片在画面上出现的动画效果。

(四)幻灯片播放

1. 打开幻灯片第一张制作页面,点击"状态栏"左边的"播放"按钮,开始播放幻灯画面。

2. 点击第二幅画面,即开始第二幅画面,依此类推。

(五)幻灯片浏览

在幻灯片制作页面菜单栏上点击"视图",点击"幻灯片浏览",可以观看整套幻灯片各张画面内容,并可以随意调整次序,随意插入新的幻灯片。点击"视图"中"幻灯片",恢复到选中的一幅制作页面。

四、注意事项

注意学习 PowerPoint 2000 的声音处理、链接设置、按键设置和转换为网络应用课件的方法和操作技能。

实验十 计算机图形制作

一、实验目的
掌握计算机处理制作图形的基本方法。

二、硬件、软件
1. 多媒体计算机、存储器。
2. Windows 2000 操作系统。
3. 图形处理工具软件 Photoshop 7.0。

三、操作步骤
1. 选择相关题材内容，构思图形方案，完成图形设计。
2. 搜集图形素材或扫描图片素材。
3. 启动 Photoshop 7.0，熟悉软件的工作界面、各种工具面板布局及功能特性。
4. 用"文件/打开"（File/Open）命令打开图形素材文件，用"选择"和"裁减"工具修剪不必要的部分，用"编辑/图像尺寸"（Edit/Image Size）命令调整图像尺寸为合适大小。
5. 利用选择、移动工具和编辑菜单中的"复制"、"粘贴"、"变换"命令等组合多幅图形。
6. 用"图像/调整"（Image/Adjust）及"编辑"命令分层调整每个图形的位置、大小和色彩、亮度等参数。
7. 利用"滤镜"（Filter）工具使图形产生特殊效果。

8. 用"图层/拼合图层"(Layer/Flatten Image)命令合并所有图层,并调整图形的色彩、亮度等信息。

9. 用"文本"工具输入合适的文字。

10. 用"图层"中的风格化功能,使文字产生立体效果。

11. 用"文件/另存为"(File/Save as)命令存储图形文件为 *.jpg 格式,以节约图形的存储空间。

四、注意事项

Photoshop 软件功能强大,学习者可根据具体情况,进一步掌握路径、通道、蒙版等工具的使用方法。

# 实验十一 计算机制作二维动画

一、实验目的
1. 理解动画原理。
2. 会用一到两种软件制作二维动画。

二、硬件、软件
1. 多媒体计算机、耳机、存储器。
2. Windows 98 操作系统。
3. 二维动画制作工具软件 Flash MX2004。

三、操作步骤
（一）实验准备
1. 选定需要制作成动画的相关知识内容，完成动画脚本设计。
2. 运行 Flash MX2004，熟悉 Flash MX2004 的工作界面及基本功能。
3. 用帮助菜单下的范例选项，打开 Keyframing 示例文件，观看时间线窗口中帧的设置，并拖动标尺，观看图形的变化，理解动画形成的原理。
4. 查看文件各图层，试着改变图层的名称、锁定与解锁、显示与隐藏等属性，观看图形变化效果，掌握图层的设置方式。
5. 以同样的方式，打开其他示例文件，结合帮助菜单中的教程进行交互式学习，进一步了解形状动画、路径动画及遮罩动画的制作原理及方法。

（二）形状动画制作

1. 用"文件"菜单中的"新建"命令新建一电影文件，再用"插入"菜单的"帧"命令，在时间线窗口中插入第一个帧。

2. 利用绘图工具及"编辑"命令，绘制相关矢量图形，并在时间线的第 30 帧处用"插入"菜单下的"关键帧"命令插入另一关键帧，修改工作区中的图形。

3. 选中第一帧，用"窗口"菜单下的面板中的"帧"选项，在新出现的面板中，点选帧数按钮中的变化选项右侧的小三角形，在下拉选项中选择图形命令，这时第 1 帧和第 30 帧就被一浅绿色带箭头的线条连接起来，表示形状动画设置成功，点按"控制"菜单下的播放按钮，可以观看动画效果。

（三）路径动画制作

1. 用"文件"菜单中的"新建"命令新建一电影文件，用"插入"菜单中的"新建组件"命令，在对话框中选择组件类型为图形，在图形组件工作区中绘制一矢量图形。

2. 回到场景中，点击"窗口"菜单下的"图库"命令，可以在图库窗口中看到上步制作的图形组件，选择第一帧，点选"插入"菜单下的"帧"命令，把该图形组件拖到场景工作区中，这时时间线的第一帧被小黑点填充，表示组建插入成功。

3. 选中第 30 帧，用"插入"菜单下的"关键"帧命令插入另一关键帧，适当移动图形的位置。

4. 选择第一帧，并点选鼠标右键，在快捷菜单中选择创建动画动作选项，这时第 1 帧和第 30 帧被一条浅蓝色带箭头的线条连接起来，表示动作动画设置成功，按 Enter 键可以观看动画效果。

5. 点击时间线工作区左下侧的"添加引导图层"按钮，添加一新引导图层，并用"铅笔"工具绘制一曲线作为图形的运动路径。

6. 选择图层1的第1帧,在工作区中拖动图形,使图形的中心点与路径起始端对齐(注意使工具面板的贴紧对象按钮处于按下状态)。

7. 选择图层1的第1帧,在工作区中拖动图形,使图形的中心点与路径末端对齐。

8. 点按"控制"菜单下的"播放"按钮,观看动画效果。

(四)遮罩动画制作

1. 用"文件"菜单中的"新建"命令新建一电影文件,选择文字工具在工作区中输入一段文字,并用"文本"菜单下的选项设置文本字体、大小等属性。

2. 选中第30帧,用"插入"菜单下的"帧"命令插入帧,以延长文本的显示时间。

3. 点击时间线工作区左下侧的"添加图层"按钮,添加一图层,并用矩形工具在第一帧处绘制一小矩形,用工具面板上的"比例缩放"按钮,调整其大小,让它刚好覆盖的第一个字,在该图层的30帧处插入一关键帧,调整矩形大小为覆盖整段文字。

4. 参照形状动画的制作方法,为图层2设置形状动画。

5. 选择图层2,点击鼠标右键,在快捷菜单中选择"遮蔽"命令,使图层2成为遮罩层。

6. 点按"控制"菜单下的"播放"按钮,观看动画效果。

(五)制作相关按钮和电影剪辑组件

1. 用"插入"菜单中的"新建"组件命令,新建一类型为按钮的组件。

2. 在按钮编辑窗口中,在向上和经过帧中设置按钮的向上和经过状态,按 Enter 键可以播放按钮。

3. 用"插入"菜单中的"新建"组件命令,新建一类型为影片剪辑的组件。

4. 用前面介绍的动画制作方法,制作需要的影片剪辑,按

Enter键观看影片动画。

(六)动画合成

1.点选时间线窗口右上侧的"场景切换"按钮,进入场景1工作区,打开图库窗口,在场景中放入需要的按钮或影片剪辑。

2.利用"文件"菜单中的"引入"命令,可以导入外部图形和声音并进行编辑处理。

3.用相关行为语言设置动画交互功能。

4.用"控制/测试影片"命令测试影片,用"文件"菜单中的"发布设置"命令设置输出影片的格式,并用"发布"命令输出动画。

四、注意事项

1.本实验的重点内容是掌握三种类型的动画制作方法,教学时可根据具体情况进行安排。

2.熟练掌握Flash各种用法和功能,尝试用Flash制作网页。

实验十二 多媒体教学课件编制

一、实验目的

学会用一到两种多媒体集成工具软件制作教学软件。

二、硬件、软件

1. 多媒体计算机、耳机、存储器。
2. Windows 2000 操作系统。
3. 多媒体创作工具 Authorware 6.0。

三、操作步骤

1. 准备相关多媒体素材,选定课题并完成教学软件的脚本编写。

2. 运行 Authorware 6.0,熟悉 Authorware 6.0 的工作窗口组成、各功能按钮和工具图标。

3. 选"修改/文件/属性"(Modify/file/properties)命令,在对话框中点选 Color 旁的灰色矩形,设置文件背景颜色,在 size 设置框中选择 640×480,或 800×600 作为文件尺寸大小,其他可取默认值。

4. 拖动一显示图标到流程线上,双击显示图标,利用工作区中的文本工具,输入合适文字,用"文本"(text)菜单可以设置文本风格及属性,利用矩形、椭圆及多边形工具绘制适合的几何图形并进行属性设置。(双击箭头选择工具,可以设置文本的显示属性；双击椭圆工具可以设置对象的颜色；双击椭矩形或多边形工具可以设置对象的填充方式；双击直线或斜线工具可以设置线条的粗细及箭头方向。）

5. 拖动一电影图标到流程线上，双击图标旁边的文字给电影图标命令，双击电影图标，在"操作"（Options）选项中设置影片的声音及显示等属性。

6. 拖动一声音图标到流程线上，并给声音图标命名，双击该声音图标，在对话框中点击"引入"（Import）选项，引入需要的声音文件，点击面板下方的"时间"（Timing）选项可以设置声音文件的同步及播放方式。

7. 点击"控制"菜单下的"重新开始"（Control/Restart）命令，试运行程序，观看设置结果，这时会看到显示图标和电影图标的对象产生重叠现象，如果电影文件的尺寸较大，会产生显示图标对象不出现的情况。

8. 为了解决上述问题，我们需在显示图标与电影图标之间设置一等待图标，双击该图标，在对话框中设置等待方式及时间，再次运行程序，会看到显示图标里的对象会在屏幕上呈现一段时间，当按下键盘上的某键或点击按钮时，电影图标里的内容才开始出现。

9. 拖动一擦除图标到等待图标的下方，双击该图标，当出现对话框时在工作区中选择需要擦除的对象，点击转换（Transtion）旁的带两小圆点的灰色矩形，可以选择对象的擦除效果。

10. 如果要设置对象的移动，可以在流程线上设置一移动图标，双击移动图标，在出现的对话框中设置对象的运动方式和属性。

11. 继续在流程线上设置需要的图标，如果窗口中图标很多，可以选择这些图标，然后用"修改"菜单中的"群组"（Modify/Group）命令将其群组，这时在流程线上会出现一个群组图标，双击该群组图标，可以看到刚才选中的图标出现在群组图标的第二级窗口中。

12. 拖动一交互图标到流程线上，再拖动一图标到交互图标的右下方，释放鼠标，使该图标作为交互图标的响应图标，在出现的对话框中选择适合的交互类型（Authorware 提供了 11 种交互类型设置），在后续对话框中进行相应的属性设置。

13. 如果要实现方便的浏览、查询、检索、顺序演示等功能，可以利用框架图标，设置程序页面，利用导航图标可以控制程序跳到框架结构中设定的图标处，增强程序的灵活性。

14. 要实现复杂而灵活的控制，需利用函数和变量功能，设置对象的交互控制及程序模块的链接跳转方式等。

15. 利用"控制"(Control)菜单中的"重新开始"(Restart)命令运行程序，用 Ctrl+P 命令可以控制程序的运行或中断，配合图标工具面板下方的开始和结束旗帜，选择需要的程序单元，对其进行调试修改。

16. 用"文件/发布/打包"（File/Publish/Package）命令对教学软件程序进行打包。

四、注意事项

本实验的制作需在多媒体素材搜集和创作完成后进行，软件设计应遵循教学设计原理。

实验十三 多媒体教学

一、实验目的
1. 熟悉课堂多媒体教学设备的配置和系统连接。
2. 学会多媒体教学应用技能。

二、实验器材
1. 液晶投影器、多媒体计算机、视频展示台、录像机各一台。
2. 话筒、扩音系统一套，投影幕布一幅。
3. 课件软盘、图片资料、白纸、钢笔、投影胶片和幻灯片等。

三、实验步骤
1. 系统连接

(1) 将计算机输出电缆连接到液晶投影器的 RGB 输入端（注意，有的计算机输出需通过信号分配器，一条电缆接液晶投影器，另一条电缆接计算机显示器），音频输出线连接到扩音器的线路输入端。

(2) 用一根视频电缆连接视频展示台的视频输出端和液晶投影器的视频输入端 A。

(3) 用一根视频电缆连接录像机的视频输出端和液晶投影器的另一视频输入端 B，用音频线连接录像机的音频输出端和扩音器的线路输入端。

(4) 将话筒线插入扩音机的话筒输入插口，并将音箱连接到扩音机上。

(5) 接入各设备电源。

2. 计算机多媒体投影教学

(1) 打开计算机、液晶投影器和音频系统电源，启动投影器光源；调节幕布上投影画面的大小、位置和清晰度。

(2) 将投影器输入选择调节到 RGB 信号输入档。

(3) 用计算机演示自己制作的多媒体课件，观察投影画面效果和调节音量大小。

3. 视频展示台投影教学

(1) 打开视频展示台电源，启动照明光源，取下摄像头镜头盖，将液晶投影器输入选择转换为 VIDEO 档。

(2) 在展台面上放上一张图片，调节投影画面的大小，观察投影画面的效果。

(3) 在展台面上放上一块手表，调节投影画面的大小，观察投影画面的效果。

(4) 在展台面上放上一张白纸，调节投影画面的大小，用钢笔在纸上写字、画图或推导算式，观察投影画面的效果。

(5) 如有透射光源装置的视频展示台，还可以展示投影胶片和幻灯片。请自行考虑，怎样操作和调节，并动手试一试，观察投影画面效果，与常规投影器和幻灯机的投影画面效果进行比较。

3. 录像投影教学

利用液晶投影器，录像机和扩音系统，可以实现录像投影教学。

四、注意事项

1. 实验结束后，先关闭液晶投影器光源，让风扇给设备散热。5 分钟后再关闭液晶投影器电源。

2. 退出计算机程序，关闭计算机电源和各种设备电源，盖上镜头盖。取下各种连线，整理好归还。

实验十四 网络教学课件制作

一、实验目的
1. 了解 Front Page 网页制作软件的界面。
2. 掌握 Front Page 的一些基本操作。
3. 使用 Front Page 软件制作初中语文课《鲁迅自传》教学内容的网络课件。

二、实验条件
1. 实验场地：多媒体网络实验室。
2. 硬件：计算机、空白软盘一张或 U 盘、鼠标、键盘。
3. 软件：Windows 操作系统（Windows98、Windows2000 等）、Front Page 中文版（此处使用的是 Office XP 版本）。

三、制作主页前的准备
（一）主题题材确定

课件要有一个明确突出的主题，本课件主要制作一个关于鲁迅自传的网络教学，从情景导入出发，引导学生学习此课文。

（二）规划框架

网络课件制作是一项大的工程，制作前要全面仔细规划架构好自己的网站。规划时，可以用树状结构先把每个页面的内容大纲列出来。列出大纲后，考虑页面间的链接关系：星形、树形还是网状。

本实验框架：

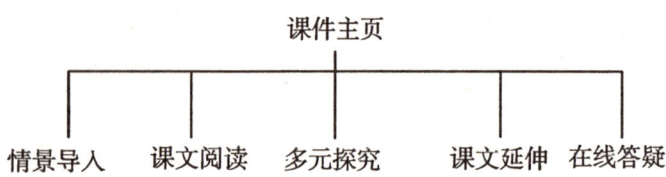

（三）资料收集

规划完框架后要搜集相关资料，方法是从报纸、杂志、光盘等媒体中搜集整理，并适当进行自行编辑；或者从网络上搜集、下载，使用百度，Google 等搜索引擎输入相应的关键字，可以找到相关资料。

但是，有一点必须注意：在 Copy 或引用他人的资料文章时，请尊重知识版权。对于允许引用的资料应该注明作者、出处。

本课件搜集的资料主要有课文段落文字，表现鲁迅生平事迹的动画以及图片，运用于导航的小图片，课文朗读的声音等素材。

四、FrontPage 操作步骤

1. 按下计算机的电源键（Power），打开计算机，进入 Windows 操作系统的桌面。

2. 首先点击进入"我的电脑"，选择一个盘单击进入，新建一个文件夹取名为"Iuxunimages"；然后根据搜集的资料按文本、图片、动画、声音等分类，建立不同的文件夹存放这些资料。

3. 点击"开始"菜单，选择程序菜单中的"Microsoft FrontPage"菜单项并点击，进入该软件编辑窗口，如图所示。

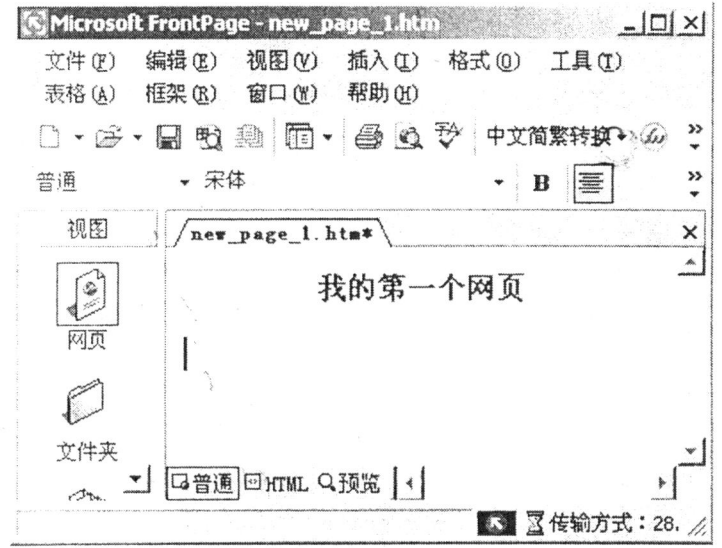

4. 单击文件菜单的"新建"命令,选择"新建网页",在"新建"对话框里选择模板建立相应的网页,然后点"确定"按钮。

5. 确认在"普通"模式下,单击菜单条的"表格",在弹出的对话框中输入"1"行"1"列,边框粗细为"0",单击"确定",在页面上出现了一个无边框的表格。

6. 鼠标右键单击"表格",选择"表格属性"命令,在表格属性对话框中勾选使用背景图片,单击"浏览"按钮,寻找你所存储的图片位置,单击左键选择事先准备好的作标题的图片,然后单击"打开"按钮。这样,图片便添加到页面中。鼠标移动到表格边框上,当出现双向箭头"↕"时,可以拖动鼠标适当调整表格的大小。

7. 定位光标到此表格的下方,重新插入一个"1"行"1"列的无边框表格。定位光标到第一个单元格内,插入一个"5"

行"1"列的无边框表格。

8. 在新插入的5行表格上单击鼠标右键,选择"表格属性"命令,在属性对话框中勾选背景颜色或者背景图片来修饰表格。分别右键单击5个单元格,选择"单元格属性",设置其布局的水平对齐方式为"居中",输入以上的5部分内容的名称,如:"情景导入"、"课文阅读"……对文字进行适当修饰,并适当调整表格左右宽度。

9. 在右面空白表格内输入本课的相关介绍,激发学生的学习兴趣。

10. 单击"文件"菜单,选择"保存"命令,输入文件名称,如"main.html"。注意:文件名一定要用英文或者汉语拼音。单击"预览",可以查看此时页面在浏览器中的情况。

11. 单击"文件"菜单,选择"另存为"命令,在保存对话框中输入文件名,如"qingjindaoru.html"。此时的页面是"情景导入",是在原主页面的基础上进行修改。选择5行表格的第一格,单击鼠标右键,选择"插入行"命令,在"情景导入"表格上插入了新行,输入"首页"并作适当修饰和调整文字。按住鼠标左键拖动鼠标,将"情景导入"选中,改变字体颜色,使其与其他表格内的字的颜色区别开来。表示现在打开的为当前页面。

12. 在"情景导入"页面中,在右面的文字表格中,按住左键从文字头拖动鼠标到文字末尾,选择该文字,然后按【Delete】键删除文字。单击"插入"菜单,选择"图片"选项,继续选择"来自文件"命令,在对话框中依次找到你所存放关于情景导入的图片或动画。最后点击"插入"按钮即可插入此图片到页面中,适当调整其大小。在表格之外,页面的下方定位光标,插入一幅小图片,作为返回主页的标志,并调整至页面的中央。修改之后,保存此页面。

13. 另存"情景导入"页面,改名为"课文阅读"主题页面。修改"课文阅读"文字与"情景导入"颜色相同,并将"情景导入"颜色修改为与其他颜色相同。替换掉情景导入的图片和文字,改为课文阅读的图片和文字等内容。保存此页面。

14. 按照同样的步骤修改完成其他页面。

15. 插入 Flash 动画或者影片剪辑时,使用"插入"菜单的"Web 组件"项,选择组件类型为"高级控件",选择控件为"插件",单击"完成"按钮,然后单击"浏览"按钮,寻找你所存放相关动画和图片的位置,并引入到页面中。

16. 全部页面完成后,打开主页,选择 5 行表格里的"情景导入"文字,单击鼠标右键选择"超链接",在打开的"插入超链接"对话框的地址栏中,选择"情景导入"主题内容的页面,点击"确定"按钮。预览主页,可以测试页面间的超链接跳转。

17. 按照同样的操作,完成其他页面中的超链接。在"课文阅读"的页面中,选择末尾的小图片,单击鼠标右键选择"超链接"选项,同样进行超链接的操作。其他页面做同样的操作,至此,所有页面的超链接已经完成,课件也制作完成。

18. 打开主页,预览该页面,然后详细地测试这些超链接,反复修改超链接直至完全正确。

五、注意事项

1. 操作过程中要注意随时存盘,可将文件先保存到硬盘上。

2. 软件的使用方面可以参考书名和版本号与软件相符的有关书籍,也可以直接使用软件的帮助,查阅相应的操作。